蔡仁厚等　撰著
象山書屋　編輯

蔡仁厚教授七十壽慶集

自訂學行著述年表・論著類目
酬應感懷之什・壽慶詩文輯錄

臺灣學生書局印行

蔡仁厚教授 玉照

1980高麗大學留影

谷關溪底看雲飛1975初夏

周甲壽辰　兒女門人（1989.2. 德英攝影）

1984年3月與同門友陪侍牟師榮受國家文化獎章

（周博裕攝影）

1984　東海校園

東海大學哲學系 首屆畢業留影 1983
(頗顯師資濟美之象)

何以笑容可掬 只爲莫逆於心 1984 鵝湖會講(周博裕攝影)

學術會議發言之神情（1986）（周博裕攝影）

1988年1月在香港唐君毅思想國際會議主講之神情

牟宗三先生墓園（名建築師李祖原設計）
1995年落成　次年冬月拜墓留影

黃山之巔 不老奇松　1991.8.

天涯草色伴牛群（南仁湖畔　1991.3.）

故園晨熹景物美

母壽迎匾　沿溪行　曉寒饒野趣
1993.2. 浩天攝影

小溪沙渚　如詩如畫
1993　浩天攝影

千年根土　1993
贛南　固院村故居　浩天攝影

與誼兄謝貞　誼弟張志朝合影
1993年夏月　攝於仁德居中庭

昔日懷中小兒女
如今文法兩博士

首次返鄉探親　回程遊香港海洋公園
野外山坡大電梯上留影　1989.7.

回看兒女童年時　天眞爛漫兮

德英攝影

今朝小橋佇立　意適心自閒　1998.9.
濟南舜耕山莊庭院一角（蕭振邦攝）

棲霞牟氏莊園「牟宗三先生紀念館」1998.9.

聯云：至仁大義、本乎一心、如如天德昭顯
內聖外王、開爲三統、穆穆人文化成（仁厚敬撰）

1998年9月　山東新儒會議
會後遊泰山於摩崖石刻下留影（德英攝）

第五屆當代新儒學國際學術會議（會後曾作泰山、曲阜、棲霞、青島之遊）

Twentieth Century Achievement Award

The
Board of Directors of the
American Biographical Institute
sitting in the United States of America
recognizes

Tsai, Jen-Hou

as most admirable and
whose career achievements and social contributions
have been selected for permanent documentation
in

Five Hundred Leaders of Influence

designed for biographical reference and
inspiration for present-day citizens of the
Twentieth Century as well as future generations.

Registrar
Original Volume of
Five Hundred Leaders of Influence
on Permanent Record and Display
at the U.S. Library of Congress, Washington, D.C.
Publication Date: 1996

TSAI, JEN-HOU（蔡仁厚）

第四期《世界五百名人錄》入選證書

美國傳記學會　1996年出版

壽慶徵文啓（代序）

民國八十八年（西元一九九九年）二月十四日，合農曆戊寅年臘月二十九日，是家父蔡仁厚教授七十歲的壽辰。我們做兒女的，除了籌措禮贄、張羅宴饗之外，也很希望爲父親過一個既有創意、又能彰顯其平生風範的生日。因而與父親弟子商量後，決定以父親歷年來之學行學思編成一本集子；同時邀約友朋撰文祝壽，爲其增色。請惠賜短篇，以百言、千言爲度：或抒懷、或憶往、或記事、或頌祝，皆無所不可；文章體裁，韻、散、詩、聯，亦無所不宜。如此，既可與時賢切磋酬唱，亦可供後學取法印證；而家父家母亦必同感欣慰。在此殷切地盼望諸位賜與嘉文，共成其美，不勝感激。

蔡維天　蔡維音　蔡浩天　敬啓

蔡仁厚教授七十壽慶集

——自訂學行著述年表

目次

乙編　學行著述資料

丙編　壽慶詩文輯錄

附錄：

甲編　學行著述年表

弁言

余不敏，賴賢師啓迪，良朋助益，乃能對先哲之學略有所窺。後生輩每以余之治學經歷爲問，然心頭點滴，實難一一道也。去年秋，余轉任東海大學教授屆滿六年，可得一年之休假，乃應約赴新加坡東亞哲學研究所作半年訪問研究。事畢返台，仍有半年餘暇，遂自草學行著述年表，以見梗概。豈敢自是自足，聊誌不忘云爾。

民國七十五年丙寅四月

增訂附識

六年之後，依例再度休假一年。壬申（八十一年）八月，絲路之旅歸來，休閒之意未央，遂趁暇續成五十七歲至六十二歲之年表一卷。今年新正，兒女輩意欲趁余七十誕辰之時，編印以平生學思行誼爲主之壽慶集，以示祝賀。此意亦甚嘉美，乃又將年表續至六十九歲九月。自此以往，則留待日後再作續訂。

民國八十七年戊寅秋月

於台中市雙十路惠宇椰風北軒

先世與家人

蔡氏系出周文王第五子叔度。叔度受命監殷，封於蔡。其子蔡仲，克盡敬德，成王命爲卿士。叔度既卒，仲繼爲蔡侯而就國（書經有蔡仲之命一篇），地在今河南上蔡縣。後遷新蔡，又遷下蔡。後世遂以國爲氏焉。

蔡氏自何時以濟陽爲郡望，已難確考。漢時置濟陽縣，屬河南陳留郡。光武之父嘗爲濟陽令，光武帝即生於濟陽宮中。蔡邕作有光武濟陽宮碑文，蔡氏之以濟陽爲郡望，蓋以此故。

我族始遷祖通政公，於唐憲宗時自浙來爲雩都縣令，遂家焉。唐初，雩都縣治在今治城東二十華里之貢水南岸潭頭墟旁，城隍廟至今猶巍然存也。通政公開基之地即在城隍廟南三里之高陂蔡屋。依世系，我爲通政公第四十六世孫，正出生於通政公祠堂左側之千年祖宅中。少時讀家譜，略知列列先祖中與宗支系別特爲相關者，爲文茂公、伯垂公、乃峻公、岐瑞公，然其世代已不能確記矣。

高祖奇寶公家道殷實，至曾祖學明公，以經洪楊之亂而中衰，田產典當殆盡。曾祖母盧老孺人生子四，祖父輔卿公居長，祖母丁老孺人生子三，生女四。曾祖逝世後，叔祖輩各自分居，祖父一面養育兒女，一面獨力清償曾祖生前債務。迨父叔成年，家道始漸有轉機。

父親運舟公讀私塾（夜學）兩年，塾師曾老先生乃近鄰不第秀才，對父親特爲愛重，故父親於鄉間禮俗文字，亦能酬應得體。祖父愷悌慈祥，克勤克儉，父親則樸厚而健朗，年十八即代祖父當家，漸次贖回田產，翻修祖宅，造成興旺之象。二叔澤皇公於弱冠之年隨父親出外行商，不幸以時疫客死異鄉，與同時罹患而卒者一同暫埋荒野。數年後往檢屍骨，而陵谷變遷，不復可認矣。父親愴痛自責，若干年後特爲二叔修造名字墓，並以吾弟觀長過繼二叔以承宗祧。三叔雲清公性氣剛急，而精明幹練，族黨稱賢。三嬸王太夫人，自幼爲祖母之養女，粗工細活，無不能，無不精，久享美譽於鄉里。自吾母凌太夫人來歸，妯娌款洽，謹事翁姑，一門稱和順焉。

抗日戰爭時，我鄉幸未淪陷，而農村以自給自足之故，生業仍能正常發展，故抗戰勝利前夕，父叔乃有餘力建新居於祖宅東畔。計廳堂兩進，正棟四間，另加長廳，橫屋五間，皆爲樓房。青瓦粉牆，庭階修整，大門軒朗，頗具氣象。祖父八十壽慶，特上堂匾，顏曰「輔卿堂」，並在通政堂與輔卿堂各上壽匾一方，曰「八千同慶」，曰「極婺雙輝」。族親又致贈輔卿堂聯曰：「輔仁君，佐周室，漁翁開基八百戰；卿侯伯，扶商王，農夫創業萬千秋。」姜子牙垂釣於渭水，伊尹耕於有莘之野，此聯用其故事，頗爲貼切。

我有胞弟三人（觀長、觀壽、觀保），堂弟三人（仁階、家喜、地福），皆在江西故居。或農或工、或政或商，各能自立。父叔已於民國五十七年、六十九年先後逝世，幸母親嬸母仍健在。然雲海蒼茫，家山遙隔，久違慈顏，請安無門。亂世形格勢禁，亦云苦矣。

民國七十五年丙寅仁厚謹述

民國三十八年夏秋，我隻身渡海來台。五十二年與甫自大學畢業之楊德英女士在台中結婚。德英任教台中一中三十餘年，身教言教，不遺餘力，潛移默化，作育功深。生子二，生女一。長男維天，獲美國麻省理工學院語言學博士學位，應母校新竹清華大學之聘，爲中文系與語言研究所副教授。女兒維音出身台灣大學法律系，獲德國慕尼黑大學法律學博士學位，現任教於台南成功大學法律研究所。次男浩天，專習機械，今在國產汽車公司任工程師。

民國七十六年冬月，兩岸開放探親。我於七十八年、八十年、八十二年，先後偕同妻子兒女，三度返鄉探親祭祖，謁宗廟，拜高堂，晤兄弟，接親友，情懷感動，不能自已。尤其離亂四十年後，猶能拜謁高堂慈親，藉慰孺慕之思。天恩浩蕩，感謝無既。

八十七年戊寅秋月　仁厚補記

卷一　出生之年至四十歲

⊙民國十九年（一九三〇），庚午（己巳），一歲。

·一月二十八日（農曆己巳臘月二十九日），生於江西雩都縣固院潭頭高陂蔡屋祖宅。

·附按：己巳臘月二十九，換算陽曆爲民國十九年一月二十八日。民國肇建，改用陽曆，我生爲民國之人，自應以陽曆紀年。唯論生肖，則我屬己巳蛇，而不屬庚午馬也。

又，古今人凡生卒月份爲臘月者，其年歲皆因曆法之異而有一歲之差。如蔡元培生於清同治六年，屬丁卯兔，該年合西元一八六七；但蔡氏生日在陰曆臘月十七，換算陽曆爲一八六八年一月十一日。又如張橫渠卒於宋神宗熙寧十年，合西元一〇七七；但張子臘月卒，實爲西元一〇七八年一月份；故依陰曆，享年五十八，依陽曆則享年五十九。再如近世張君勱先生，太虛法師、唐君毅先生，亦皆生於臘月也。

·是年，熊十力先生四十六歲，牟宗三先生二十二歲。

·明年，九一八瀋陽事變，日寇侵佔東三省。

⊙民國二十六年（一九三七），丁丑，八歲。

·春，入固院鄉中心小學。（當時農村仍習慣於開春入學。約三年後，我鄉小學始有秋季班。）

・七月七日，盧溝橋事變，抗日戰爭全面爆發。

⊙民國三十一年（一九四二），壬午，十三歲。

・秋，入雩都中學初中部。（時，我方讀畢小學六年上學期，教導主任慫恿以同等學力報考，幸得錄取。）

・次年，自購王天恨四書白話句解，隨意誦讀，不強索解，而時有會心。某日，偕同學瞻拜縣城孔子廟，只見部分屋宇已爲日寇轟炸機炸塌，我等沿大成殿東西兩廡巡行之後，步上泮池拱橋，注視池水中映現的雲天，忽有所感。當時心想，如果能在孔子廟裡做一個學生，該有多好。

⊙民國三十四年（一九四五），乙酉，十六歲。

・一月（時當冬臘），日寇陷贛州，雩都已聞烽火味。學校暫遷城南五十里之禾豐鄉，借民宅上課。

・夏六月，初中畢業。

・八月，日寇無條件投降，抗戰勝利。

・秋，考入雩都中學高中部（時已遷回城區原址）。

三年高中教育，以言知識傳授，其條件實欠充備。但就人文陶養而言，則質樸自然之中，實有深醇之意存焉。猶記高二之時，嘗與學友數人合組文壘社，並在雩都新聞報闢欄編「文壘」月刊，每期三五篇文字，皆由社友撰稿，共出刊六七期。後竟以筆墨文字引發一場司法官司，雖經化解而歸於無事，但文壘竟因此而停刊。少年文事，已如春夢了無痕矣。

⊙民國三十七年（一九四八），戊子，十九歲。

・夏六月，以第一名高中畢業，由江西教育廳保送私立廣州大學。

初，消息傳來，原謂保送北平師大，當時我已抵南昌，聞訊甚喜。及保送書寄到，乃爲廣州大學。私立大學，費用昂貴，父親深以爲慮。唯三叔深愛我，特與父親商同，函促赴粵入學。

⊙民國三十八年（一九四九），己丑，二十歲。

・七月，自廣州來台灣。

此後數年，或行戍於定海、金門，或入學受訓於陽明山前，遭逢時艱，多所磨練。時營養不良，又罹瘧痢諸疾，身體羸弱。更有一回在台南新營跌落火車軌溝，傷及右額及背部，種種災難，諸多不順。

所幸質樸渾沌，亦知好學。後獲機緣，得從游於大師之門，故終能踏入學問之途轍。今茲回思，殊深慶幸也。

⊙民國四十二年（一九五三），癸巳，二十四歲。

・在基隆。

・五月，奉介聘，赴基隆水產職業學校任教職。該校圖書館多藏上海中華、商務版之人文書籍，皆陸續借而讀之。而「民主評論」所刊錢穆、唐君毅、牟宗三、徐復觀諸先生之文，亦每期必讀。心胸器識，大爲開擴。

⊙民國四十三年（一九五四），甲午，二十五歲。

・在基隆。

・上半年，以友人繆全吉兄之督促，重讀政法之書，準備文官高等考試。八月赴試，失利。

・秋，致函台中農學院（後擴充爲中興大學）程兆熊先生請益。（香港人生雜誌連載程先生之〈憶鵝湖〉，對我感發甚大。明年，乃自撰〈羅田岩之憶〉，發表於人生，後編入《新儒家的精神方向》書中爲附錄。）

・秋末，以高價（將近三個月之薪水）購得台北坊間之奇貨：宋元明清《四朝學案》（民國二十五年上海世界書局初版，精裝四大冊）。時時翻閱，漸次熟悉。

・冬臘，以程先生之介，自基隆赴台北拜謁當代哲儒牟宗三先生於東坡山莊寓舍。返基，作「牟宗三先生謁見記」，寄牟先生過目。

⊙民國四十四年（一九五五），乙未，二十六歲。

・在基隆。

・農曆新春，得牟先生首次書函，有云：「吾觀足下，沉潛有穎悟，盼能立志，順路前進，不負此生。」然上款稱「仁厚吾兄足下」，深感不安。乃修書表示向學之誠，第二次復函改稱「仁厚賢契」，始信將有忝列門牆之望。又經三數月，來函逕稱「仁厚棣」，至此，乃敢正式尊奉牟先生爲「師」。

・七月，趁暑假之暇，自基隆赴台北參加人文友會（隔週週六之夜，聚會講習）。獲知台北中山堂旁，有省教育會所設之客舍可供廉價住宿，得此方便，乃得每次出席友會，未嘗間斷。次日自北返基，即憑記憶作記詞，郵寄牟師批閱。八月所記者甚稱師意，遂採爲正式講錄。自此之後，即專任友會記錄之責。

・八月，師函示有云：「努力向學，無論爲國家，爲自己，皆是大事業。吾來台任教師院五六年，苦不得好學生。今年有某、某、某，尚不差，然其程度與根器，似皆不及棣。望棣好自爲之。」又云：「吾在大陸，曾教幾個學生，皆甚好，惜不得出。來台後，甚感孤苦。得吾棣，亦足慰也。歷史哲學可細讀，先得大頭腦，然後再做致曲工夫。秋後，理則學可出版，吾當爲汝講一遍。經此步訓練後，發爲思想言論，方可立得住。見棣所記，甚喜，故感而作書。望精進。」

〔附識〕

去秋文官高考失利，轉而參加中國文化學會國學函授學校古詩文組，前後曾作古文七八篇，古詩七八首。由但衡今老教授與申姓老詩人批改。每次所得評語，皆甚佳。如云「學有根柢，大具卓見，如能多讀歐蘇之文，不難登峰造極。企予望之，贈書一本。」「義理完足，行文得法，猛進於前，眞須刮目。」「義理透徹，結段尤爲出色有力。文氣充沛，進於前也。」尤其持志論一文，更獲兩位老者同聲歎賞。申先生評曰：「此乃見道之文，具見心得。讀書得法，見解已出恆常。後生可畏，非泛論也。」但教授評曰：「此題非深於義理、出入程朱陸王者，不能著得一字，不意蔡生能任此也，可喜之至。」此類評語，自可欣喜，但我亦知高低，未敢自足。及從牟師游，益知學問之莊嚴與不易。某次返基途中有感，乃賦句云：「親炙棲霞游未易，此生不敢作詞人。」（師籍山東棲霞）

⊙民國四十五年（一九五六），丙申，二十七歲。

·在基隆。

·一月某日，與戴璉璋侍師於東坡山莊。師說及近年生活實況，引佛家「大生大死」與齊克果「病至於死」之言，以印證其存在之感受。我深感師之生命正處於艱難之奮鬥中，返基，即陳書述所感，並敬致禱祝之意。師復函，有云：

「我若不能翻上來而至大生，不足以爲棣等之師。近來漸見轉機，故在心境平靜蒼茫之下爲棣等言之。此前，我一直在悲劇之觀照中，哀憐感傷，靜觀下墮之業力看至於何極。中庸言戒愼恐懼，曾子言戰戰兢兢，如臨深淵，如履薄冰，吾實未嘗一刻不在念中也。吾棣有感於此奮鬥之艱難而虔誠禱祝，吾實得一極大之安慰。法願不孤，而待增上，則棣乃吾之增上緣也。願共體斯艱，同臻聖域。然吾人現在尙說不上。」二月，另有一函論拘謹與慌張，以指點學問工夫。編入《人文講習錄》頁九八至一〇〇。

・五月，爲文介述程兆熊先生新著《中國歷史大勢》於香港人生雜誌。

・八月，改換類科參加文官高考，百日之後放榜，以該類科第一名及格。

・同月，唐君毅先生自港來台作半月訪問。師偕友會諸友如陳問梅、周文傑、王淮、唐亦男、戴璉璋、郭大春、周群、韋政通、蔡仁厚等，設宴爲唐先生洗塵，又至螢橋竹林茶館聚談，經日如坐春風。（時，杜維明將升入東海大學，特於是日持唐先生之著作，來竹林茶座請唐先生題簽。）

數日後，適逢人文友會第五十次聚會，特邀唐先生主講。（二十二年之後，唐先生逝世，我特將該次記詞檢出，發表於鵝湖三十三期紀念專號。）

・九月十六日，得唐先生自港復函，言及今之青年，皆捨難趨易，總向滑熟路上走，終站立不起。又云：

「來函所述牟先生之言，於毅亦多稱許過當之處，不必如實。方今之世，唯牟先生著書講學能樹立標準，有泰山巖巖氣象。而牟先生平日之學亦由翻山越嶺中得來。

故在牟先生之一般學問及人格生活上，皆有大開大合之歷程，而艱難之處，天梯石棧，牟先生皆能獨來獨往。諸同學能從之游，亦甚爲不易。」

·九月，牟師應東海大學之聘，赴台中。先後函示有云：「無眞性情，不足以上達高明，無思辯學力，不足以酬對俗諦。《歷史哲學》見吾之性情，《認識心之批判》見吾之思辯。」又云：「論德性，則重敦厚篤實；而超曠之悟，昂首天外，則尤見智及之風姿，此陸王之所長也。唯智及之形態，有屬德性面，有屬知性面（以邏輯爲代表）。中國於後者有不足，此不可不知也。」

·冬臘，過新竹訪周群兄，次日，相偕至東海牟師處度歲。徐復觀先生特相邀共喫新年春酒。

⊙民國四十六年（一九五七），丁酉，二十八歲。

·在鹿港。

·二月，轉赴彰化鹿港中學任教職。

·四月，發表〈我們的反省與用心之道〉於香港人生雜誌。此文引起主編王道先生之討論質疑，又因王道借用「窮智見德」一詞而與勞思光立此詞之原意不合，故勞先生亦投文於人生而有所說明，文端言及「蔡先生不知何許人，其文慧識卓卓，非時流所及。觀其思路語脈，似涵泳人文思想中甚久，或是牟先生人文友會中人。」

此外，尚有多人各述所見。牟師既以我對「政統」一詞之解說有所偏指而欠明徹，又見王道諸人之討論多有不諦，乃特撰〈略論道統、學統、政統〉一文刊於人生，以解衆人之惑。

·六月，另撰〈激發我們的文化意識〉一文，牟師閱後似不滿意，主張暫不發表。半年後，該文寄民主潮月刊發表，署名蔡家麟。師見之，以爲所說殊不差，問韋政通識此人否，答曰不識。某日赴東海，師亦問識得蔡家麟否，乃具述原委，師亦莞爾。據此可知，師之衡文，於諸友責求甚嚴，於他人則尺寸放寬，苟有一得之善，皆關切甚殷，此亦陽明「求友於天下」之心也。

·暑假，赴高雄美濃六龜中學訪王淮唐亦男伉儷，其長兒一歲餘，相與提攜，徜徉於山鄉野溪之間，留止旬日。之後，與郭大春、劉述先、林清臣、韋政通等，在東海大學聽牟師講《認識心之批判》一書之大旨。

·中秋，赴南投碧山岩佛寺訪韋政通，蟬聲聒噪，殊擾人意。幸夜來月白風清，敘談甚樂。

·冬臘，與諸友在東海師處度歲。時，師與唐先生、徐先生、張君勱先生聯合發表之中國文化宣言，已於新曆元旦在民主評論刊出。適人生雜誌約諸友爲青年節專號撰文，遂商定就「民主、科學、道德、宗教」諸問題提出討論，以與文化宣言相呼應。

⊙民國四十七年（一九五八），戊戌，二十九歲。

·在台中。

·三月，人文友會主編之青年節文化問題專號，由人生雜誌出刊。論文六篇：1.陳問梅就民國以來之青年運動作反省，2.王淮論科學與現代化，3.蔡仁厚論民主建國，4.韋政通論社會道德，5.周群論宗教精神，6.唐亦男就整理國故提出討論。另請牟師撰刊前語，我以友會名義寫編後言。

專號出刊後，各方反應甚佳，某老詩人並在「人生」刊登感懷詩，有「忽訝老樹發新枝」之句。

·秋，轉赴中壢某校任教職，非所願也。

·十一月，發表〈師友之義與時代使命〉於人生雜誌。

·十二月，發表〈立志與實踐：略說聖賢人格之完成〉於香港新亞書院大學生活雙周刊。

⊙民國四十八年（一九五九），己亥，三十歲。

·在中壢，秋轉赴新店。

·一月，發表〈中共推行人民公社的理想性與反動性〉於人生雜誌。主編王道函告，唐先生對此文甚稱讚，許為台港兩地評論人民公社最有深度之文章。王淮亦於「虛無之理想性與強度之反動性」一節，特致讚賞。

·五月，發表〈民主建國之實踐途徑〉於人生雜誌。

·同月下旬，遭細人讒誣，離中壢，暫住基隆七堵友人處，抄錄明儒羅近溪《盱壇直詮》

兩卷。（此書乃徐復觀先生之藏本，明年十二月，始交由廣文書局影印出版。）

·六月，發表〈歷史文化的悲情〉於人生雜誌。

社長王道來函，有云：「拜讀大文，感歎敬佩之餘，輒覺有深情者必生大慧。對兄未來之成就，實未敢以一般尺寸相衡量也。每與唐先生言及爲人生事業求人，就年輕朋友中多方品鑒，莫不首屈吾兄。倘兄願以鐵肩擔道義之精神，來共嘗一番艱辛，則信三兩年後，當可盤根錯節，有所開拓。未知吾兄亦願試作考慮否？」此時，我正遭受小横逆，心緒不順。且由台赴港，事亦非易也。

·八月，在台北新店溪畔某校掌理教育計畫事宜。十四日師函有云：「欲在此時代起作用，若不順俗投機，便須具大心力與眞學力。」又云：「歷來弘法，必有護法之人。此時助緣甚少，大傷孤零。」

·九月，發表〈儒家學術與儒教〉於人生雜誌。（後編入中華叢書：孔子研究集。）

·十一月，諸友赴東海爲師之小公子賀彌月，商定兩事：一、友會改以研討之方式，由會友輪流提出研究報告，共同討論。寒暑假各聚會一次。二、籌集友會學術雜誌基金，每人每月繳股金若干，自明年一月起集股，五年爲期。（按，此二件事，以牟師於次年離台赴港，故皆未致成效。）

·十二月，撰〈關於儒教復興〉一文寄師過目，師復示謂：「諸緣不備，茲非其時。凡此類事件，人與世運俱關重要。此時唯宜存之於心，先且廣結師友，發揚學術。」

⊙民國四十九年（一九六〇），庚子，三十一歲。

·在新店。

·三月春日，與繆全吉、陶天翼、許振興陪同馬服君先生赴台北內湖遊山，楊德英偕李妙英同來。數年後，我與德英，許振興與李妙英，遂結為夫婦。

·八月，發表〈我對孔子與儒家精神之契會〉於人生雜誌。

·同月，人生雜誌社社長王道先生隨香港新聞教育訪問團來台北，特赴旅社訪候，巧遇張丕介先生。張先生乃新亞書院創校元老之一，亦隨團來台，有緣晤見，甚感快慰。王社長重申前議，邀我赴港編人生雜誌。適我正另有謀畫，未即應承。

·十一月，正式轉赴基隆市立一中任國文教師。（時，師已應香港大學之聘，於上月攜眷赴港。）

·十二月，《家國時代與歷史文化》由香港人生出版社印行。請唐君毅先生題簽，牟師作序。序有云：「近來喜用內容眞理與外延眞理兩詞。以此兩詞劃分眞理領域，尤見確切。凡道德宗教、家國天下、歷史文化之眞理，皆是內容的眞理。內容眞理是人間之大本，欲盡而契之，端賴人之眞性情與眞志氣。由眞性情而有單純之肯定，由眞志氣而有單純之信念。」

又云：「仁厚從予游，觀其性情甚厚甚篤，觀其心志甚專甚一。常與之講說，使其篤厚之性情調適上遂而與內容眞理相契會，使其專一之心志灼然確然而與單純之信念而為一，仁厚常能契接而無所乖謬舛訛。故亦發其悲憤，撰為文字，以期於虛無之時代稍有裨益。王道先生時稱而美之，以爲接引青年，不可無此類性情之文字以爲媒介，故力促其編輯成書，樂予付印。」

⊙民國五十年（一九六一），辛丑，三十二歲。

・在基隆，秋轉赴台中。

・春，人生雜誌約人文友會諸友定期撰文，編爲專號。諸友相商以時風與學風爲主題，由陳癸淼、陳問梅、韋政通、王淮、蔡仁厚，分別撰文。牟師於癸淼一文特致稱賞，以爲文字眞摯生動而富創闢性。專號於五月出刊。

・五月，開始撰寫韓非子疏解。

・六月，政通提議我轉台中一中任教，黃冠宇校長詢之徐復觀先生，徐先生答曰：他人之言，你或不信，但你可相信蔡仁厚本人。事遂決。

・七月，與中興大學楊德英在台北訂婚。隨即南下應台中一中之聘。（擔任高中國文教學，共七年。）

・八月，在人生雜誌發表〈文化教育的途徑〉，爲陽明山文教談話會獻言，建議政府在現行學制之外，另成立「儒學院」、「哲學院」、「史學院」。某與會人士手持人生雜誌，指出文中所說，眞乃國家學術之根本大計云。唐君毅先生亦出席此次談話會，會後過台中，諸友特爲設宴歡聚。

・十月，發表〈從文制意義論儒教復興之途徑〉於人生雜誌。

·同月，台中一中黃校長邀約諸友爲講會（定名尚友會），每月一次。參加者有陳問梅、周文傑、周群振、韋政通、黃校長與我。另台中師範（黃原爲台中師範校長）校友沈秋雄等，亦來聽講。講會持續至明年五月而暫停。

⊙民國五十一年（一九六二），壬寅，三十三歲。

·在台中。

·二月，發表〈道德與宗教〉於獅子吼月刊。（一年後，見該刊有法師與居士攻訐熊十力先生，乃致書編者，略云：站在學術立場，任何人任何書皆可批評，但不可落於「逞口舌」的層次。凡知人論世的話語，是要公之於天下後世的。古德有云：「龍蛇易辨，衲子難欺。」面前衲子且不可欺，更何況天下後世人的眼目！人身攻擊的歪風，陣陣吹刮，希望佛門刊物，要「貞定」、「不染」才好。旬日之後，該刊寄來寺廟醃菜一罐，厚意可感也。）

·六月，韓非子疏解完稿。（按，此乃爲學過程中之事，稿雖成，未必可用。至今已時隔三十年，猶未及作一檢查也。）

·八月，列名參加「東方人文學會」。（由牟師與唐先生發起，是月二十六日，正式成立於香港。）

·九月，發表〈東方文化精神與世界前途〉、〈宗教狂熱與宗教品性〉於人生雜誌。

·是年，友會諸友頗顯散失之象，有累於情者，有困於職事者，有生活顚倒者，有心思固閉者，令人憂心。

·十二月十九日，師自港函示有云：「十年來，吾以全幅精神貫注於棣等，情甚切，意甚遠，蓋欲為時代作一砥柱也。來港後，一刻未能忘懷。鑒於此間之不行，益念棣等，不料如此散塌也。某，無論矣；某，蓋尤甚焉，則不能無傷感也。」又云：「陳癸淼、林清臣、皆極好，望棣善團聚之。棣等於中國學術若不能有所樹立，則吾人之團聚有何意義？吾總望在台成立一講學所，大家共同作研究工作。若無安身處，亦只好流寓香港耳。」環讀師函，憮然愧煞。然我一時亦無能助益於諸友也。

⊙民國五十二年（一九六三），癸卯，三十四歲。

・在台中。

・二月，美國某女士發起籌建「世界六大宗教相互了解堂」於紐約，特赴香港拜訪唐牟二先生，並發動捐款。人生社來函徵詢，乃將去年〈宗教狂熱與宗教品性〉一文之稿費捐助之。（按，六大宗教指儒教、佛教、印度教、猶太教、基督教、回教。堂之形式，定為六角形，聯貫相通，消泯賓主，融為一體。）

・五月，發表〈學問與師友之道〉於人生雜誌。

・六月二十九日，與楊德英在台中市鹿鳴春舉行婚禮，請徐復觀先生福證。岳父母自台北來主婚，我則請李滌生先生代表牟師為男方主婚人。

師自港寄賀儀賀函云：「家庭幸福，關乎福分。惟婚姻為兢兢，司馬遷已慨乎言之。歷來賢哲，鮮有美滿之家庭生活，西哲尤甚。此不正常，終屬缺憾。此雖關乎命運，亦實視乎修養。君子之道，造端乎夫婦。家庭美滿，愉悅和樂，總是性情之正，是福，亦是慧也。棣與德英，俱敦篤樸厚，宜福之相也。望棣於福中修慧，慧中修福，是謂福慧雙修，不落凡俗。非福不足以安定，非慧不足以振拔。望能時時勉之，勿溺勿肆。道遠，不能親與喜筵，以此爲祝。」

・九月，發表〈道德生活與宗教精神〉於人生雜誌。

・十月，由合作新村遷入育才街台中一中新宿舍。

⊙民國五十三年（一九六四），甲辰，三十五歲。

・在台中。

・二月，德英應省立豐原高商之聘，教女生班國文。

・三月，應張曉峰先生之約，赴華岡大成館午餐，飯後，相偕登大仁館樓架（正施工中）眺望，言及其辦學之宗旨與理想，致望於我能北上共事云。

・六月，發表〈孔子的人格〉於人生雜誌。

・七月，發表〈科學、哲學與宗教〉於中國一周雜誌。

・八月二十三日，長兒維天生。時，德英亦接得台中一中聘書，可謂雙喜臨門。（唯當時教師待遇微薄，夫婦同時教中學，以兩份薪資養一個兒子，猶感吃力也。）

⊙民國五十四年（一九六五）乙巳，三十六歲。

·在台中。

·三月，發表〈學、識、志、行〉於人生雜誌。

·九月，發表〈大學分章之研究〉於孔孟學報第九期。（後編入：學庸研究論集，孔孟學會出版。）

·九月二十八日，當選台中市優良教師。

·十二月，發表〈孟子的人格精神〉於孔孟月刊。

⊙民國五十五年（一九六六），丙午，三十七歲。

·在台中。

·二月，發表〈忠信勇決的子路〉於人生雜誌。

此文，爲孔門弟子書中最先刊出之一篇，其餘論顏子、曾子、閔子騫、伯牛、仲弓、冉有、宰我、子貢、子游、子夏、子張、有子、公西華、原憲、高柴、公冶長、南容、宓子賤、巫馬期、樊遲、漆雕開、澹臺滅明、司馬牛、曾點、顏路、林放等二十餘篇，皆利用教課之暇撰寫，發表於人生雜誌，時斷時續，前後兩年有餘。

·六七兩月，發表〈孔子論魯卿大夫〉、〈孔子論衛諸君子〉於孔孟月刊。

·八月五日，女兒維音生。（曾雇請一阿婆爲保姆，半年而止。）

・十月，發表〈爲宋明理學辯誣〉於學園雜誌。次年四月轉載於人生雜誌。

⊙民國五十六年（一九六七），丁未，三十八歲。

・在台中。

・二月，以徐復觀先生推介，應東海大學兼任講師之聘，講授「論語」「孟子」兩課程。

・四月，〈孔老墨的戰爭價值觀〉刊於出版月刊，〈孔子論齊相管仲〉刊於孔孟月刊。

・八月，同時應「東海、中興」兩校中文系兼任講師之聘（東海仍授論孟，中興任大一國文）。

・十一月，由教育廳獎助，輯印《儒學與文化》二百冊。書中所輯各文，於數年後編入《儒家哲學與文化眞理》一書。

⊙民國五十七年（一九六八），戊申，三十九歲。

・在台中。

・一月，發表〈孔子論鄭賢子產〉於孔孟月刊。

・春，編訂論語分類（共二十篇：勸學、教育、修身、處世、交友、孝弟、忠信、恕直、仁智、性道、詩教、禮樂、爲政、君子、論人、弟子、自述、行誼、贊聖、記聞），閱三月而成。（按，其篇目已編入《論語人物論》台北商務版，頁一二一至一三七。）

・五月二十五日，父親運舟公在江西故居逝世，距生於清光緒三十年三月二十四日，享壽六十五歲。（吾父棄養噩耗，至明年春夏之間始得知。海天遙隔，哭祭無門。天乎，痛已！）

·七月某日薄暮，寧都宗老愛仁教授（前清優貢，同盟會志士，時八十三歲）偕溫先生來育才街宿舍相訪。因係首次見面，驚喜之情溢於言表，數日後，愛老自台北惠詩一首云：「匆匆兩度過台中，景色蒼茫各不同。小巷燈前尋上舍，深宵雨後挹清風。肅穆伉儷驚迎客，活潑兒童學作東。差喜端明非冒牒，殷殷握手慰初衷。」時維兒將滿四歲，頻頻取餅果敬客，故詩云「活潑兒童學作東」也。

·八月，辭台中一中之聘，轉中興大學專任，竟曲折困阻而未成。乃改就樹德專科講師之聘，授中國文化概論，並繼續東海與中興之兼任課程。兩年之中，三校奔波，備極辛勞。

·九月，撰〈巍巍大人〉一文，敬悼熊十力先生。（熊老夫子於五月二十三日卒於上海，較吾父早二日逝世。）

⊙民國五十八年（一九六九），己酉，四十歲。

·在台中。

·九月，《孔門弟子志行考述》，由台北商務印書館出版，共二百餘頁。

自序末段云：「今年農曆新正，是先祖父輔卿公謝世二十周年忌辰。他的愷悌慈祥，誠樸儉約，以及表現在生活事業上的勤奮建構之精神，是我永遠仰念不忘的。現在謹以這本小書紀念他，永祈他在天之靈，隨時呵護我，支持我，使我奮勉不懈，以免辱沒了他的令德和家聲。」

數年後，又爲此書第五版封底作簡介云：「昔賢所作孔門弟子考，大體皆枯燥瑣屑，而缺乏可讀性。東邦學人之作，雖間有述論，而又識見淺俗，亦不可讀。本書以論語爲據，旁採古籍，列敘孔門諸賢之生平行誼、學識藝能、志節風義、人格精神，兼及其資稟氣度、才情聲光；娓娓道來，引人入勝。既情味深醇，又發人省悟。而附錄之孔門弟子名表與孔門師弟年表，簡明醒目，不僅可供查考，尤能襯顯孔門師弟之時代社會背景，以加強讀書之效果，引發閱覽之情趣。」

·十月，發表〈論語人物事蹟考述〉於樹德學報。

·同月，發表〈孔廟奉祀沿革述略〉於中華文化復興月刊。

卷二　四十一歲至五十歲

⊙民國五十九年（一九七〇），庚戌，四十一歲。

・在台中。

・七月，以謝幼偉先生之介，應聘華岡中國文化學院哲學系任教。（家仍住台中，每週往返授課，前後達九年之久。）

・八月二十六日，次兒浩天生。雇一保姆照顧，至四歲上幼稚園止。數年之間，家用甚感拮据。

・九月開學，赴陽明山華岡上課，講授「孔孟荀哲學、宋明理學、墨家哲學」三課程，並同時編寫三課之講義，印發學生爲教材。

・十月二十五日，大兒子（小學一年級）在巷口爲機車撞斷右腳脛骨，住醫院半月。師自港來函云：「維維撞車，甚念。台灣交通太亂，小孩子不要讓他們亂跑，一受傷便不得了。人之生長途徑固隨時可有災難，然亦當謹慎趨避爲是，今幸無事，小孩亦易復原，跌打損傷亦是常事也。棣近年來事多不順。視作玉成之磨練可也。」

・十二月，發表〈名家與墨辯〉於台北幼獅學誌。

⊙民國六十年（一九七一），辛亥，四十二歲。

·在華岡、台中。

·一月，發表〈鵝湖之會與象山兄弟之詩〉於文藝復興月刊十三期。

·三月，得師函云：「謝幼偉先生來信，謂吾棣教課很成功，甚感欣慰。今見棣鵝湖會詩一文，詮釋皆諦當，甚不易。此間後起者皆不能至棣之程度。大抵文字表達與義理印持，棣等皆優於時下之浮泛不切者。唯不能讀西書，西學知識較差，但亦無彼等東抄西撂之混雜。西學亦不易言也。」

又云：「新亞近年得一李天命，精於邏輯，亦有悟解，將來可用另一方式弘揚斯學。彼之碩士論文甚佳，此爲新亞二十年來唯一聰明可喜而又能自闢爲學途徑者。他對棣等，因我常說及，亦有神交。」

·三月起，發表〈孟子知言養氣章釋義〉、〈識仁篇之義理疏解〉、〈定心與定性〉、〈孟子政治思想之精義〉、〈論仁的眞實涵義〉等五文，於文藝復興月刊十五、十六、十七、十九、二十一各期。（時，該刊爲十六開大本，王邦雄主編。）

·四月、九月，發表〈南宋胡氏家學與湖湘學統〉、〈孟子心性論研究〉於孔孟學報二十一、二十二期。

·十二月，《儒家哲學與文化眞理》由人生出版社印行。

序之末段有云：「二十年來，我是離鄉背井、有家歸未得的海外遊子，無從對父親稍致甘旨之奉，以盡人子之孝。如今子欲養而親不待，我竟已成爲無父之人。雲天蒼茫，家山遙隔，天涯奇跡，哀祭無地。縱河山無恙，他日得歸家門，但我再也不能親接父親的音容笑貌，以陳訴孺慕之思與愧悔之情了。父親於弱冠之年，便開始在時代的大風浪中，堅篤辛勤地興家治產，敦親睦族，而有聲於鄉里。從父親身上，我眞切地看到了中國農村人慘澹經營和建構創業的精神，以及安土敦乎仁和貞固足以幹事的恆德。父親的風範，給予我極大極深的薰陶和啓示。在這二十多年離家的日子裡，我仍時時感受到來自父親的、綿綿不盡的支持和鼓舞。每逢逆境之時，我之所以能夠保持一份篤實的性情和貞定的信念，這都是父親的賜予。而書中的文章，正是我拜別父親之後，對學術思想與時代文化用心致思的若干記述，暫時就以它作爲對父親在天之靈的小小獻禮吧。我默禱父親的神靈，照護年逾花甲的母親。我也永祈父親監臨我，呵護我，如果我在克盡其分上能夠幾及父親於萬一，亦庶乎可以免於不肖之譏了。」

⊙民國六十一年（一九七二），壬子，四十三歲。

・在華岡、台中。

・二月，升等爲副教授。

・年前所撰〈陽明學中工夫指點之意義〉，編入中華學術院《陽明學論文集》，於二月出版。

・七月，應聘爲中華學術院哲學組研士。

·九月，發表〈孟子的修養論〉於孔孟學報二十四期。
·同月，發表〈中日陽明學之特色〉於華學月刊。
·十二月，發表〈墨辯論知識〉於文藝復興月刊。

⊙民國六十二年（一九七三），癸丑，四十四歲。

·在華岡、台中。
·是年，發表下列諸文：〈周濂溪太極圖說的形上思想〉、〈荀子的禮義之統〉刊於華學月刊十八、二十期。〈王陽明思想的發展與完成〉刊於新亞書院中國學人第五期。〈荀子的認知心及其義用〉刊於孔孟學報二十六期。〈周子通書首章的義理疏導〉刊於文藝復興四十七期。〈民族精神與文化意識〉刊於國魂三三九期。
·八月，讀師〈王龍溪致知議辯疏解〉長文，深有所感，遂上函云：
「昔陳同甫謂孔子點化三代，故欲朱子亦能點化漢唐。點化之義甚深甚大，而每讀師之書文，輒對點化之意生親切感。古先聖哲之學，經師一番表述，即見綱脈朗現，常有畫龍點睛之妙。講古學者多矣，然有幾人具眼者！知人論世，平章學術，誠非易易也。如王門二溪之學，從未見言之中肯者，而三百年來，人皆謂江右得陽明之傳，若非師之巨識洞徹，孰能抉而別之，以辨其眞似！師所著書，皆綱維嚴整，義海弘深，生順之而作申述，固甘心於講習者。但求漸次磨勘，熟能生巧，庶他日亦可有孤明獨發之時耳。」

・同月，得師復示，有云：

「棣所言是也。學問與作文不同，不能師心自用，亂出新花樣。孔子亦只是述古耳。述古只論是非，一是文字理解的是非，一是義理理解的是非。是者從之，非者可以改，不能定者則存疑。吾所作者只是此基本工夫，期有助於來者。」

又云：「前人學統不泯，皆只是述。述之而熟，則有作。如佛教之天台華嚴，皆是由述而作，其所作者皆有據也。宋明儒皆只是述，述中有引申，有發展，人謂之作，實亦只是述之深切耳。述中之作，有作之多者，有作之少者。作之最多者，在西哲中唯康德一人而已。然其學亦有本有據，非妄作也。故凡學問原皆只是學知。謂之作者，只是學知後消化融和所湧現之新意耳。此則非可輕言者。學知不諦、不切、不廣，妄說新意、新解、新說，實只是雜亂而已。否則，亦只是顢頇籠統以爲高耳。」

・九月二十八日，德英當選爲台中市優良教師。

・十二月，復星洲蘇新鋈函，略云：「來教言及南洋大學徵聘中國哲學教授而詢及於弟，盛情可感。然就弟而言，時猶未至也。明夏牟師將退休，可能來台，弟將留此侍教，此其一。兒女尚幼，教養之事，台灣爲宜，故不欲輕出，此其二。正教授之證書未獲審定之前，不擬他就，此其三。來日如有機緣，或終將與兄共事論學耳。」

⊙民國六十三年（一九七四），甲寅，四十五歲。

・在華岡、台中。

·一月八日，師來長函，言及中國哲學史之撰述，略云：

「年來棣所印持者獨多，甚可喜慰。印持即是客觀的了解。於各期各家有客觀了解，始可有客觀之綜述。歷來多顢頇籠統，不中肯要，各家學術眞面貌不得呈現。近人講者私智穿鑿，益增混亂，故至今無一部像樣之哲學史。棣印持久，可望作此工作。吾於每期學術作詳細疏解，即爲此項工作鋪路也。但我無意再作此工作，故期望棣任之也。」（今按，受囑六年後雖曾撰《中國哲學史大綱》出版，而正式之書，至今方擬開端也。慚愧之至。）

又云：「哲學史只是綜述。但此綜述必須具備兩條件，一是義理之恰當了解，二是文獻之確定。在恰當之了解下必闢邪闢私。如馬派，即邪也；時下之混亂不能入或得一察焉以自好者，即私也。文獻不確定，張冠李戴，指鹿爲馬，如依大乘止觀法門講天台宗者即此類也。有明確之文獻而不讀，或讀之而不入者，亦何能作綜述？然文獻如此之多，故必須積學久，眞面貌呈現，然後可綜述。如是，則水到渠成，成之甚爲自然，此便是一部成熟之哲學史。」

又云：「故客觀了解是理上自如此，非某某之說如此也，只是某某如是如是呈現之耳。歷來得眉目分際爲難，故下斷語亦難。此非紮實工夫與眞切了解，焉能至此！不下工夫，動輒隨便作哲學史，焉得不私心用智？」

又附筆云：「周海門有九諦九解之辯，此亦辯王龍溪無善無惡之說者，此文亦值得作疏解。吾不欲再作，棣可作之，看能得其意否。」

・二月，發表〈評介牟著：王學的分化與發展〉於華學月刊二十六期。

・四月，發表〈論知行合一〉於獅子吼月刊。

・七月，發表下列四文：〈象山心學與朱陸異同〉刊於漢城韓國學論叢，〈心即理的義蘊〉刊於韓國東洋文化年刊，〈王陽明的詩境〉刊於文藝復興五十四期，〈王陽明的四句教〉刊於哲學與文化第五期。

・九月，發表〈陽明學的基本義旨〉於孔孟學報第二十八期。

・十月，《王陽明哲學》，由台北、三民書局出版。

・全書二百六十餘頁，分為十章：一、陽明思想的演變與發展，二、陽明學的基本義旨，三、知行合一，四、良知與知識，五、良知與中和寂感，六、工夫指點的意義，七、四句教與天泉證道，八、心即理的義蘊與境界，九、陽明的親民哲學及其事功，十、陽明的人格與風格。另有附錄兩篇：一為王陽明學行年表，二為日本的陽明學及其特色。

自序有云：「近年承乏宋明理學一課，自度才識慧悟，未足上企先哲於萬一，因此，雖志存乎高遠，而心實歸於平正。我不歆羡時下學術界的各種風光熱鬧，亦不屑於今人爭欲自立一說的虛矜心理：我目前所致力的，只是對先哲之學作相應的疏解與表述。我希望在商量舊學之中，日漸涵養新知。我亦相信漸次磨勘，熟能生巧，將來總有孤明自發之時。若終未能，則是力有不及，亦無可悔。語云，人之有善，若己有之。為學如果沒有服善之心，眞理終將離我們而遠去。反之，一念眞誠，量力盡分，賢者識其大者，不賢者識其小者；細大不捐，義無隱棄，眞積力久，水到渠成，則儒聖先哲之學，終有光大發皇之日。」

·十二月，上唐君毅先生函云：

公原道篇三冊，均先後拜領。皇皇巨帙，彌綸開合，通貫古今，交光互映，其間勝義聯綿而出，以厚目前之學力，實不足默識心通，以把握其經緯縱橫之綱宗條脈，唯當信守「爲學以漸」「眞積力久」之訓，漸次熟習，漸次領攝，沾溉既久，或可得之於心，以仰報長者惠愛於萬一耳。聞原教篇將出，厚讀後如能會解其中心義旨，當撰一文以盡介述之責。拙撰王陽明哲學，另航郵奉上，恭祈教正。

⊙民國六十四年（一九七五），乙卯，四十六歲。

·在華岡、台中。

·一月，發表〈朱子理氣論的幾個要點〉於哲學與文化月刊第十二期。

·三月初，周邦道先生惠寄《瑞金文獻》一冊，展讀之餘，激動鄉情。復函略云：

貴縣與雩都相鄰，而敝鄉潭頭，正在雩瑞道上，誠可謂同飲貢江水，地接人相親者矣。況宋代以前，本屬同邑，後雖有區域之分，而實無情誼之殊。且人文之起，氣脈本通，如羅臺山與雩都賴村宋氏之交誼，可爲徵驗。今讀羅先生之文，高邁遒勁，眞足爲瑞金文獻生色。而陳次亮侍郎倡行維新自強之卓識，張書魚將軍參預民國締造之忠烈，皆足爲贛人增光。

余生也晚，於鄉邦前修，鮮所知聞，於時賢鄉長，復少所親接。而敝邑旅台同鄉素無聯繫，視貴縣之編印同鄉通訊錄，刊行鄉邦文獻，且歲行春節團拜者，感愧何如！茲爲酬答贈刊之雅意，特郵奉拙著王陽明哲學一冊，尚祈教正。（按，我獲保送升大學時，周氏正任江西省教育廳長。）

·同月，復淮安顧翊群先生函云：

承惠贈管艇書室詩鈔乙冊，甚感甚謝。公淮海名族，風雅世家，祖孫父子，昆仲姊弟，皆長於詩，可謂積厚而流光者矣（按，顧丈之祖、父，爲前清翰林、名宦，其大兄乃北大教授，而姊氏亦善於詩云）。今拜誦美京集一卷，最感少陵沈鬱之氣與放翁忠愛之思，至於雅集之懷，唱和之樂，與夫麗辭清音，在公蓋猶爲餘事也。

詩歌之事，原始民族亦有之。然非人文化成，固難有佳構，尤不能成風教以淑世，作士氣以匡時。吾中華之詩教，深蘊厚蓄，源遠流長，不幸於今式微矣。世變方亟，人心緊迫，日唯馳騖於外，而忍令心靈之田荒涼枯瘠，痛慨何如！雖然，神州終不陸沉，華族終不死滅，而儒聖之學與先哲才士之明慧，亦終將重新昭顯；唯時之遲速，天心猶難卜耳。（今按，次年，大陸文化大革命浩劫，終於收結。）

·六月，講「人文主義的精神與文化意識」於台北醫學院人文醫學社。

·春夏之間，師大國文研究所有意分設學術思想組，邀請牟師返台講學。師亦有「仿孔子歸魯之意」，返台盡數年心力之願望，七月八日來函有云：

「培養中國哲學人才，很難寄望哲學系（按，當時實情如此），故寄望於師大。現各大學中文系教中國哲學史者，多爲師大出身之老學生，然實不夠健全，故欲回去重新培養一批較年輕者。西方哲學與中國哲學宜殊途發展，師大國文系宜負中國哲學之責，不應專限於說文爾雅以窒息青年也。」

又云：「去年在台三月，發覺以棣之了解爲最多，其他皆無長進。我寫的書，他們皆未讀，而對棣之多寫文則以爲無新見而屢致責言，此俗見耳。學問自有義法，那來許多新見？老師亦無新見，只是如實理解。理解不如實，自可改正，理解對了，如何不從？換一方式表示，可，而義理不能違也。他們識見尙不及廖鍾慶，廖生知棣，是也。」

·七月中，復師一函，略云：「昔呂與叔東見二程問學，伊川嘗謂，凡橫渠有說處，與叔皆持守而不肯從云。與叔非固執成見者，實乃眞切於師門義理故然耳。猶憶二十年前與百谷初識，即極賞其穎悟。私心自度，以爲只能爲王門之緒山，而以龍溪推百谷。此意藏之於心，未嘗形諸言語，今對師吐露，惶悚莫名……惜諸友於此猶懵懵然無所覺耳。人到中年，進步非易，故總請吾師返台，培養後進新銳以再開生面，如孔子歸魯裁成「參、師、游、夏」故事也。

·八月，評介唐先生《中國哲學原論：原教篇》，發表於哲學與文化第十八期。（後改題爲「近千年來理學主脈之相續發展」編入「儒家心性之學論要」卷下。）

·九月，發表〈張子西銘所開示的理境〉於鵝湖月刊第三期，又發表〈王陽明論心學即經學〉於中華文化復興月刊八卷九期。

・十月起，發表〈王門天泉四無宗旨之論辯〉（即周海門九諦九解之疏解）於鵝湖第四、五期。（後編入「新儒家的精神方向」書中。）

・十二月，發表〈荀子的思想體系〉一長文於華學月刊四十八期。（按，已編入《孔子的生命境界》頁八三至一二二。）

・是年，應中華學術院之約，撰寫「哲學辭典」之詞頭共計五十一條，約十萬言。以集稿不齊，未能出版。（數年之後，院方又籌印「中華百科全書」，凡前項詞頭可用者，皆酌予訂改，編入百科全書。）

⊙民國六十五年（一九七六），丙辰，四十七歲。

・在華岡、台中。

・二月起，發表〈性即理的兩個層次與朱子學之歧異〉、〈了解儒家之學的幾個要點〉、〈張子仁化篇的義旨〉三文，於鵝湖月刊八、十三、十四期。

・五月，發表〈周濂溪論聖道工夫〉於文藝復興月刊七十二期。

・七月，〈良知與知識的關係〉編入華岡哲學論文集。

・九月，發表〈張子正蒙之天道論〉於孔孟學報三十三期，又發表〈張子正蒙之性論〉於華學月刊五十七期。

・十月六日，函告牟師，謝幼偉先生已於今晨逝世。另寄正蒙二文請正。十四日師復示云：「謝先生作古，甚爲感傷，附一輓聯，棣可再加潤色託人書寫送去。正蒙二文，皆切當順適，可見獨棣能印持也。講述古學，只在確認古賢之思理與語句，不可隨意妄解以增亂。不能釐清，其過小；增加混亂，其過大。楊祖漢近期鵝湖一文甚佳，他原不如廖鍾慶，而年來大有進步。快馬見鞭影即上路，將來有可望也。」

·同月下旬，敬撰輓謝幼偉先生一聯：「學界尊老成，師保儀範春煦暖；海隅啓多士，哲人風標夕照沉。」又爲華岡哲學系代撰一聯：「課室憶音容，正仰啓沃，何堪梁壞山頹，儀型日遠；華岡論學術，永銘教誨，記取道尊德貴，文運重開。」

按：聯語固小道，亦非所素習。唯對聯文字，言短情長，詞簡意深。無論抒懷抱，誌勝蹟，表忠烈，彰徽德，慶頌贈予，傷逝悼亡，皆無不宜，其間必有美者焉。然欲其雅正雄健，高華妍麗，則關乎識力筆力，亦須才情文藻，故撰製聯語，固易學而難工也。

·十一月初，師應教育部客座教授之聘，返台講學於台大哲學研究所，台北各大學師生聞風來聽講者，每堂恆百餘之數。（此番講學，每學期前半在港，後半在台，連續三年。我每週北上華岡授課，必抽空前往，重溫聽講之樂。）

·十一月下旬，台中諸友北上，在師前攻我唯知承師學而寫文，未見新義；又責我獨來獨往，不與諸友相訪相敘；甚至說我與群振兄亦鬧翻了云云。師曰：

蔡仁厚是否與周群鬧翻，一問便知。此其一。他五六年來台中台北往返奔波，授課多而待遇薄，極是辛勞。你們不去關心他、探問他，何以反責他不來訪候你們？此其二。他如此辛苦，仍能勤奮寫文以講習師門之學，你們理當在我面前稱讚他，卻反而群起而攻之，是何理也？此其三。十多年來，我不斷有新書出版，你們誰用心讀過？除了蔡仁厚，你們又有誰寫過一篇文章相介述？……

·群振在台南，聽聞我受圍攻，屢函相慰，並推測諸友攻我之故甚詳。十二月三日復彼一函，有云：

「兄所指說，與弟所省思者大致近合。弟之爲人，有時頗明通而溫潤，有時卻渾沌而孤冷。尤其情理當然之事，輒直道而行，不甚理會他人之觀感。德英時相提醒，而弟總不在意，以爲事理本當如是也。不料如今竟成糾結。兄所謂此中尚有踐履工夫須做。誠屬的切之言。諸友之不諒，實出于善意，雖覺彼等隔閡不相知，仍心生感激，引爲鍼砭也。」

·十二月中，台北有「爭大阿哥」之戲喻，諸友聞之，又不豫，正所謂一波未平，一波又起。月尾，師應東海大學之邀作演講，而我早經決定於三十一日攜維兒琴兒浩兒、陪同德英率其高三導師班之學生作畢業旅行，遊橫貫公路與蘇花公路。行前，與群振函云：「明早出發旅行，幸青山顧我，綠水滌我，更願牟師台中之行，化解諸友情結，還我天清地寧。」

⊙民國六十六年（一九七七），丁巳，四十八歲。

·在華岡、台中。

·一月，講「儒家的狂狷精神」於師大國文學社。

・十五日上師函，有云：

「昨日，中興授課畢，與癸淼晤談，彼云，上月底師在東海演講，中南部諸友來相敘晤，師言及十年來諸友相負，而傷感落淚。諸友愧默二三分鐘，無辭以對。事後下山，彼此感悔欷歔，如出夢寐。師台中之行，對諸友誠動、德潤、慧徹，生雖身未與而心實同霑。癸淼又云，他爲百谷轉述當時情景，百谷知師愛念之深，亦愴然淚下，徹夜失眠，是百谷亦可得一機以騰躍上達矣。利根之轉，機熟則速。機未至則亦仍祈寬假以俟也。」

・二月起，發表〈張子正蒙論心之知用義與形著義〉、〈宋明理學之開展與分系〉（上下）於鵝湖月刊二十、二十三、二十四各期。

・三月，與璉璋等相商編印牟師七十壽慶論文集事，並發出通知，約諸友寫稿。

・四月，發表〈程明道的識仁篇與定性書〉於孔孟學報三十三期。

・四月，講「周子太極圖說的思想」於台中師專。

・五月，講「儒家學術之發展及其當前之使命」於政大孔孟學社。又講「宋明理學的基本觀念」於師大國文系。

・八月，升等爲正教授。

・九月，撰述〈牟師的學思歷程與著作〉（四萬六千言）完稿，寄香港請師過目。

・十月初，師復函有云：「文稿已看過，敘述得如此相契，甚爲不易。將來傳法者蓋非棣莫屬也。」十四日上師函云：「綜述之文，幸無誤失，心稍得安，而責望之深，則甚感愧悚。生雖不敢妄自菲薄，而亦自知分限。故每念及師門之學，總致望於同門新銳之堅篤精勤，早成龍象。俾先進後進，截長補短，合力弘法。如此，庶可慧命永續，勿陷辱沒耳。」

・十月，發表〈程伊川對性情心的理解〉於孔孟學報之三十四期。

・同月，《宋明理學北宋篇》，由台北學生書局出版。

全書計四百七十餘頁，分爲十八章。前三章講周濂溪，依次爲：一、對道體的體悟，二、聖道工夫的入路，三、太極圖說的形上思想。次四章講張橫渠，依次爲：四、西銘開示的義理，五、正蒙之天道論，六、正蒙之性論，七、正蒙之心論。次五章講程明道，依次爲：八、二程遺書之鑑別與明道義理之綱維，九、對天道天理之體悟，十、圓頓化境之一本，十一、生之謂性新義，十二、識仁與定性。次五章講程伊川，依次爲：十三、義理之轉向與理氣說，十四、對性與情之理解，十五、氣稟與才性，十六、心與中和問題，十七、居敬與格物窮理。最後一章，講關洛之學與洛學南傳。

・十二月，發表〈宋學的先驅人物：孫泰山〉於文藝復興月刊八十八期。（此文擴充後，編入商務出版之《中國歷代思想家》叢刊中。）

⊙民國六十七年（一九七八），戊午，四十九歲。

・在華岡、台中。

・一月，發表〈王學發展之高峰：羅近溪〉於華岡哲聲第三期。後又訂改，以〈王學的最後境界〉爲題，刊於東海哲學第五期。（十年後，編入《儒家心性之學論要》卷下。）

•一月底，牟師自台返港度歲，忽來函云：陸象山與劉蕺山書稿，遍尋不著，問是否由我借去。我在台北師寓雖讀過部分章節，但未嘗攜借，乃即復函說明。數日後，又得師函云：「接棣信，甚感迷惑，百想不知此稿在何處。乃重翻行李箱，竟壓在箱底，爲一長褂蓋住，及見，爲之大喜。」

•二月二日（客歲臘月二十五日），唐君毅先生在香港逝世。敬撰輓聯寄唐端正兄，請代爲上獻於靈前。聯云：「香江雲天，遽隕山斗，哀仰情何限，賴有哲士盈庭，永續慧命；蓬島客館，屢接音容，啓沃意特多，今唯青燈含淚，常誦遺書。」又撰〈敬悼唐君毅先生〉一文，介述所著各書之基本義旨，刊於鵝湖三十三期紀念專號。

•三月，唐先生靈櫬抵台北，將安葬於觀音山。十二日，各界假台大法學院禮堂開追悼會，我與周群振兄合送輓聯云：「蜀江蔚哲思，悲智宏發，重振人文爭世運；嶺海流教澤，德慧孔昭，更弘聖學卜天心。」

•同月，《墨家哲學》由台北東大圖書公司出版。

書分上下兩卷，上卷講墨子思想，分七章：一爲天志，二爲尙同，三爲兼愛，四爲墨學之中心觀念，五爲墨學中之心性問題，七爲墨學評論。下卷爲墨辯，亦分七章：一爲墨辯的時代與作者，二爲墨辯與名家，三爲墨辯中的邏輯理論，四爲墨辯論知識與時空，五爲墨辯中的辯術，六爲墨辯中的道德觀，七爲墨辯中的科學知識。書前緒論，敘述墨子的生平及墨學之傳授，書後附錄，論孔老墨的戰爭價值觀。

・四月，在華岡哲學學社講〈唐君毅先生的生平與學術〉，講詞刊於鵝湖三十四期。

・五月，發表牟師七十祝壽集之〈編印緣起〉、〈學思小傳〉於鵝湖三十五期。某日，師告以北宋篇初版自序所顯示之意態宜再作省察，聞之悚然驚懼，遂改寫序文，明年再版時即廢舊序而不用。

・六月，發表〈客觀的悲情與具體的解悟〉於鵝湖三十六期。

・九月，主編《牟宗三先生的哲學與著作》，由台北學生書局出版。精裝一巨冊，計九百六十二頁。

此祝壽集以介述牟師之思想與著作爲主旨，其中學思歷程與著作一長文，屬於縱的通貫之綜述，由蔡仁厚執筆。其餘論文，則作横的分類之介述與討論，分三部分：(1)關於歷史文化者，爲甲編：由陳問梅、周群振、朱維煥、陳修武、鄭力爲、陳癸淼執筆。(2)關於中國傳統哲學者，爲乙編：由蘇新鋈、廖鍾慶、蔡仁厚、戴璉璋、楊祖漢執筆。(3)關於中西哲學之會通者，爲丙編：由劉述先、冼景炬、李天命、陳榮灼、李瑞全、鄺錦倫、郭善伙、謝仲明執筆。

・十月，群振來函，有云：

「祝壽集典麗堂皇，令人喜出望外。裝印既美觀大方，論文編排亦理序分明，此皆吾兄一年來愼謀勤事之所致，弟不得不爲兄掬誠一頌也。尤其尊文分五階段以綜述牟師之學思歷程與著作，可謂精要允當之極。日來細讀一遍，深感兄所親炙而有得於師學者，實較諸友爲切摯而多，深入而熟。弟於欽佩之餘，不禁自愧相去之甚遠也。」

（按，群振所說，自爲溢美。唯二年來承受諸友因隔閡而來之寃屈，一直困鬱難宣，今得群振肯許讚勉，知己之感，深印於心。）

・十一月，發表〈從講習與師門之學說起〉於鵝湖四十一期。此文於明年增入宋明理學北宋篇爲「後跋」，略云：

「每一個時代的學術，都是靠當時與後世人的反覆講習，而後乃能延續而光大。講之益精，習之益熟，便自能有推進，有開發。但不經過對古學或前輩師儒之學的講習之功，便直接想要有創發，則其創發是否眞能站得住？如站得住，又能有多大價值？如有價值，他是否能繼續有所創發？這三點恐怕都不是不成問題的。天才而不繼之以學（講習便是學），則他所發的慧光，亦不過如電光石火，一現即逝，豈能久乎！伊川有言：「生而知者不待學，然聖人必須學。」這眞是達旨之言。就宋明儒學來說，沒有二程門人之相續講習，那能有洛學之南傳與發展？沒有朱陸門人之講習，又豈有朱陸之學的綿衍？沒有王門諸子的講習，陽明良知之學豈能風行天下？再如魏晉之玄學，南北朝隋唐之佛學，皆分別在歷史上佔有數百年的時間，而形成那個階段的學術主潮，這亦都是相續講習之功。」

又云：「我近年講習牟先生之學，一方面是『爲己』以增進學思，一方面亦是『爲人』以利便初學。我向來只認師門，不識門戶。我只服從理性以辨眞僞，別是非，而根本討厭門戶以相標榜、相吹捧。所以師門之學，本來就不是一個圈圈，而應該是一個「軌轍」。你眞能走上一個學問的軌轍，便亦自然可以通往任何值得走的學問之路道。何況牟先生所開發的學問層境，所確定的義理綱維，所釐清的思想脈絡，亦不是單屬於牟先生個人的。牟先生只是把中國傳統哲學中的本有之義，闡揚出來，以恢復其眞面貌、眞精神：他對中國哲學思想所作的推闡、引申、批判，都是本於他綿綿穆穆的文化意識與學術意識而發出來，而且亦是義所應有、理所必然、並沒有隨意而爲增損，更沒有任意強加褒貶。對於西方哲學方面，牟先生主要的用心，是就其最能有助於中國文化學術之充實發展者，加以介譯說明，消納攝取，進而予以提挈升進，以期爲中國文化乃至人類文化開啓新機運、新途徑。然則，我的講習豈有私意乎？」

⊙民國六十八年（一九七九），己未，五十歲。

・在華岡、台中。

・元旦之始，整理牟師在台大哲學研究所之談話錄音：〈從美國與中共拉邦交說起〉，發表於鵝湖四十三期。（五年後，編入《時代與感受》書中，由鵝湖出版社印行。）

・二月，得傅偉勳教授自美來函，言及數年前讀《心體與性體》而難以契入，近讀《宋明理學北宋篇》而多有體悟，特函致意。又詢及《王陽明哲學》，乃特爲航空寄贈一冊。

旬日之後，偉勳來函，謂連夜快讀一遍，淋漓酣暢，爲之歎賞不已。並云，書中有解析，有評論，亦有考證。若取之以與近年有關陽明學之論著對較，固乃出類拔萃之作也。（按，偉勳與我不相識，三年後出席夏威夷國際朱子會議，始獲晤見。初見之日，與劉述先兄偕同，三人把酒夜話，高談闊論，大慰平生。）

·三月，發表〈南宋湖湘之學序論〉於鵝湖四十五期。

·四月，發表〈朱子中和舊說與新說〉於孔孟學報三十七期。

·五月，在台中市文化基金會哲學講座分講「鵝湖之會與朱陸異同」、「王陽明的四句教」。

·六月，發表〈寫給鵝湖諸友〉於鵝湖四十八期。又發表〈朱陸異同平議〉於華岡哲聲第五期。

·八月，東海大學成立哲學系，應聘為該系專任教授。

九年來「南北奔波」之教學生涯，至此乃告一段落。（唯華岡哲學研究所之課，仍須隔週北上講一次，每次四小時，連續四年。）

·推薦楊祖漢為中國文化大學專任講師，接替我所任各課程，獲得通過，甚感快慰。

·同月，長兒維天，考取台中一中高中部。

·九月，發表〈朱子以大學為定本的義理規模〉於華學月刊九十三期。

·同月，《宋明理學北宋篇》改換序文，增入後跋，修訂再版。

·九月二十八日，德英當選為全省特殊優良教師，並應邀赴彰化孔子廟，參加台灣省各界祭孔大典。

·十月，應台中市文化基金之邀，假教師會館主講「四書講座」第一期孟子課程，共十週。講錄輯為《孟子要義》，明年秋月，由台省文復分會洽請台灣書店印行。

·十一月，發表〈新儒家的精神方向〉於東海大學「中國文化月刊」創刊號。又應東海研究生聯誼會之約，講「理學家的理路」。

·同月十一至十四日，赴台北出席「近世儒學與退溪學」第四次國際會議，宣讀論文〈性理的全義與偏義〉（編入會議論文集）。韓國學者來出席者，有李家源、李東俊、裴宗鎬、安炳周、柳正東、金斗河、尹絲淳、李楠永、李佑成、李完栽等數十人。日本學者，有宇野精一、麓保孝、山崎道夫、友枝龍太郎、佐藤仁等十人。中國學者亦數十人，不備錄。

·十二月，發表〈哲學思想的時代性〉於民衆日報學術周刊。

·同月二十九日至明年元旦，赴台北出席輔仁大學主辦之「國際哲學會議」，宣讀論文〈儒家精神與道德宗教〉。（按，此文獲致極大之回響，並引發宗教會通問題之往復論辯，連續二三年之久。）

卷三　五十一歲至五十六歲

⊙民國六十九年（一九八〇），庚申，五十一歲。

・在台中。

・一月，〈孔子與耶穌〉刊於中國文化月刊第三期。

・二月，〈儒家精神與道德宗教〉一文，分別在哲學與文化十九期、鵝湖五十六期刊出，次月，又發表於中國文化月刊第五期。

・同月，應台中市文化中心之邀，主講「四書講座」（大學），共五週。

・三月，《宋明理學南宋篇》，由台北學生書局出版。書分八章。第一章，南宋湖湘之學序論，第二章、胡五峰「知言」大義綜述。第三、四、五章、朱子學綱脈之疏導（上、中、下）。第六、七章、象山心學與朱陸異同（上、下）。第八章、朱陸門人及其後學。（三年後之增訂版，另加〈南宋理學三大系〉、〈檀島國際朱子會議後記〉二文爲附錄，合計四百一十七頁。）

・同月，台中縣太平鄉坪林房舍落成，迎請岳父母自台北前來安居。（住至七十二年冬臘，還回台北，而房舍亦於兩年後轉售。）

・四月，發表〈哲學、思想、現代化〉訪問錄，於鵝湖五十八期。

·四月三日，三叔雲清公在江西故居逝世。距生於清宣統二年，享壽七十一歲。

·五月，發表〈朱陸門人及其後學〉於孔孟學報三十九期。

·六月，出席台灣大學哲學研究所論文口試（何淑靜、胡以嫻）。

·七月二十三日，在東海大學文化研討會講〈如何了解儒家學問〉，講詞發表於文化月刊十一期。香港中文大學哲學系陳特教授，亦應邀來研討會作兩場演講，並主持座談，彼此慕名，故雖初次晤面，而情誼自然款洽。

·八月，發表〈從漢武帝獨尊儒術說起〉於鵝湖月刊六十二期。

·九月，《中國哲學史講義》，由東海大學哲學系印行。

書分五卷。第一卷講先秦時期：中國文化原初形態之百花齊放（共十章）。第二卷講兩漢魏晉：儒學轉形而趨衰與道家玄理之再現（共六章）。第三卷講南北朝隋唐：佛教介入：異質文化之吸收與消化（共六章）。第四卷講宋明理學：儒家心性之學的再開展（共五章）。第五卷講近三百年：文化生命之歪曲沖激與新生（標四章，有目無文）。

·十月九日，應邀赴韓國漢城，出席第十屆「東洋學會議」，十日由辛勝夏教授陪同，訪檀國大學、民俗村，十一日上午宣講〈朱子學的綱脈與朝鮮前期之朱子學〉，下午與韓邦學者二十餘人座談討論。十二十三兩日，南下遊陶山書院、大邱、慶州（新羅古都），夜宿退溪裔孫李完栽教授家。十四日回漢城，十五日返台，作遊韓詩詞三首，錄「陶山行」一首於後：

陶山居，花木深；秋谿古院有清音。
濯纓潭，漫湖水；盤陀石，水底沉。
簷下觀瀾當年事，成遙想，變古今。
我來隴上訪雲影，引得松風吹滿襟。

·十一月，發表〈朱子學的綱脈與朝鮮前期之朱子學〉於鵝湖六十五期、中國文化月刊十三期。（明年八月，又發表此文之論要於華學月刊一一六期。）

·同月，《孟子要義》，由文復會委託台灣書店印行。分爲「心性、修養、處世、政治、知人論世」五篇，一百八十六頁。

·十二月，發表〈韓國紀行：兼述出席東洋學會議之經過〉一文，於中國文化月刊十四期與鵝湖月刊六十六、六十七期。

·是年，當選爲中華民國哲學會第十五屆理事。

⊙民國七十年（一九八一），辛酉，五十二歲。

·在台中。

·撰春聯二首：「彌天正氣，遍地梅花」。「萬樹梅花昭正氣，一輪明月見天心。」

·一月，在東海文化研討會講〈關於宗教之會通問題〉，提出會通之六個焦點：「1.人人皆可成爲基督嗎？2.耶穌是神而人，還是人而神？3.人不通過耶穌就不能得救嗎？

4.是耶穌獨尊，還是與孔子釋迦同尊？5.非基督宗教必須讓位嗎？6.是基督教中國化，還是中國基督教化？」

·三月，偕同孫守立赴觀音山展拜唐先生之墓，並發表〈懷念唐君毅先生〉一文於書目季刊春季號。

·四月，發表〈孟子一生的行跡〉於中國文化月刊。

·五月，在華岡哲學學社講〈新儒家的批判性與戰鬥性〉，講詞發表於鵝湖七十一期。

·六月，閱中國文化大學哲學研究所高柏園卷，實十年來所僅見，喜而有感，綴成四句：

華岡煙雨日遲遲，各自辛勤各自知；
十載浮雲遮望眼，於今喜見發新枝。

·七月二日，在東海文化研討會講〈中國哲學史的分期〉，講詞發表於中國文化月刊二十四期、鵝湖月刊七十五期。

·八月，女兒維音考取台中女中高中部。

·同月，德英所撰《倫理與文化》，增訂再版。甲編有「外子的吟興」一文（按，已附載本書乙編之末），對我早年詩作做出述解，可謂知音。

·九月二十八日，獲頒教育部「六藝獎章」及證書。

·十月，在東風社講〈個人的地位與人權自由〉，講詞發表於中國文化月刊二十七期。

·十一月，發表〈禪宗話頭證會舉隅〉於鵝湖七十七期。（後編入《儒家思想的現代意義》，頁三九八至四一五。）

·同月起，發表〈孔子的一生及其論贊〉、〈孔子言仁的實義〉於中國文化月刊二五、二六期。

⊙民國七十一年（一九八二），壬戌，五十三歲。

·在台中。

·一月，發表〈孔子對文化的貢獻〉於文藝復興月刊一二九期。

·二月一日，講〈儒家倫理思想的反省〉於東海大學文化研討會，講詞發表於中國文化月刊二十八期。

·同月，出席鵝湖第一屆論文研討會，宣讀〈朱子學的新反省與新評價〉。（此文係爲七月夏威夷國際朱子會議而作，先刊於中國哲學會年刊新一期，並提供鵝湖研討會先作討論。）

·三月，《新儒家的精神方向》，由台北學生書局出版，近四百頁。自序有云：

「本書所輯各文，前半大體是近兩年來所撰的論文和講錄。在我講論這些問題時，有一個最中心的意思，就是要通過中國文化的開合發展，以肯定儒家的主位性，和顯示當代儒家的精神方向及其文化使命。而對於儒家與道德宗教的關係，亦作了一些比較明確的說明。

書之後半，計有六篇論及宋明儒學，可以作爲拙撰宋明理學各書之補述。另有四篇則是紀念或介述當代幾位師儒的文字。他們都是學術思想界的磐礴大才，都是可以爲民族文化生命作主的人；我的介述，只有不及，絕無過之。而且我深信：時間愈往後，他們的孤懷閎識和艱貞苦志，將愈爲人所了解，所敬仰；他們挺顯的義理綱維和文化理想，亦將愈發爲人所印持，所弘揚。至於書末幾篇附錄，有憶想、有感懷、有記述、有答問，和本書的精神意向，亦是頗相一致的。」

·同月二十七日，復林安梧一長函，有云：

來函所說生命困惑之意，在早年我亦曾有此心境，但爲時甚暫。所謂機芽乍露，隨即潛消。在我，或是性情稍較厚實，或是靈台少積塵垢，或是家國念重，親恩未報，故而有所不忍，有所不敢。總之，我時時自覺地不使它起波瀾，不使它成死水，故勉能有某種程度之綿穆不斷與超越不滯。但要說是工夫，則亦無可說也。

又云：你說學問是知解的浮塵，人生必有大於是者。此固然，明道以爲堯舜事業亦如一片浮雲過太虛，何況區區學問知解！然而，你若想另尋一個「大於是」的東西，則亦仍是騎驢覓驢也。心慌慌，向外尋，耽誤多少古今聰明人！什麼是學問？什麼是知解？可暫勿論。人有青壯期，有中晚期，處在那一段，便做那一段之事。在此不容躲閃，不容跨越。離開眼前這一段事，更別無正經事可得。試思，在你目前的分位上，能離開學問知解而別有一個「大於是」的物事乎？你轉而之東，或轉而之西，轉過四面八方，亦仍須歸到自家身心上。身心收管得住，在農便是農事，在工便是技藝，在商便是生意，在「學」者便是學問知解，知解豈可少哉？唯僅僅落於知解，則不可耳。

又云：人生，只是一個平平實實的人生，生活諸事亦無非是實理之昭顯。平則正，實則在，能平能實，而後乃能超越成敗得失、毀譽升降，以化解相互之對較與彼此之爭競。明乎此，自然可有：成敗以上的自成，得失以上的自得，毀譽以上的自肯，升降以上的自立。生命，只是一個綿綿穆穆的生命，任何時地亦皆當有體用之發露。綿則貫，穆則通，綿穆融貫，故能通徹動靜斂放、隱顯幽明，而脫出知解之蔽障與情意之糾葛。明乎此，乃能：動不躁妄而靜不枯寂，斂不封閉而放不蕩肆，隱不困窘而顯不忘形，幽通鬼神而明照天人。

末段云：楊老師（德英）見你來信，憂心忡忡，歎口氣，說：怎麼辦？我說：小小生死海，豈容頭出頭沒！我即時寫信給他，應無問題。其實，不是無問題，而是問題來了，要對付，要化解，對付得宜，問題化爲體驗，便是人生之進境。在生命成長的過程中，要眞實成爲一個「人」是甚爲不易的。神會來擾你，魔會來纏你，你將如何？平平而對，自歸無事。必要時，亦不妨奮我「人威」，神來神斬，魔來魔斬，慧劍一揮，正氣凜然，兵不血刃，而神退魔消。此時天清地寧，人便返本歸位而眞可成其爲一個人了。

（三個月後，林君考取台大哲學研究所，步入另一段人生之歷程。）

·四月，〈天理人欲之疏通去礙〉刊於中國文化月刊三十期，〈孔子理論之形成與引申〉刊於華學月刊一二四期。

·四月一日，徐復觀先生在台北逝世。發表〈敬悼徐復觀先生〉一文於鵝湖八十二期，並敬撰輓聯云：

貫精誠，爭世運，嶙峋勁挺，勵志一生留型則；
尊孔孟，振人文，正大剛方，抗懷千古是眞儒。

又遵師囑，代製輓聯云：

崇聖尊儒，精誠相感，鉅著自流徽，辣手文章辨義利；
闢邪顯正，憂患同經，讜言眞警世，通身肝膽照天人。

・同月十二日，在東海大學徐先生追悼會上講「徐復觀先生對中國思想史的貢獻」，講詞發表於中國文化月刊三十一期、鵝湖八十三期。

・五月，發表〈南宋理學三大系〉於香港中文大學「新亞學術集刊」第三期。

・同月，指導東海大學歷史研究所李紀祥碩士論文「大學改本及其思想之研究」，以優等通過。

・六月，發表〈中國哲學的現代化與世界化〉於鵝湖八十四期。

・七月五日，赴美國夏威夷大學出席「國際朱子會議」，宣讀論文〈朱子學的新反省與新評價〉。

會期十日，爲一大型之國際學術會議。各國與會學者四十餘人，中國（含台港海外與大陸）學者約佔三分之二，日韓歐美共佔三分之一。另有青年學者三十餘人參加討論，中國佔九人（大陸無青年學者出席），日韓共六人，其餘則爲美國治中國思想史之年輕學者。

會後，由夏威夷大學博士生劉國強、梁燕城相陪，偕同劉述先環遊全島，於十八日返抵台北。

·八月，發表〈檀島國際朱子會議後記〉於鵝湖月刊八六、八七兩期。又在東海文化研討會講〈從國際朱子會議談起〉，講詞刊於中國文化月刊三十四期。

·同月，應邀赴高雄佛光山講〈宗教與文化〉（講詞刊於中國文化月刊三十五期）。遊山有句云：

福田由自力　淨土非茫渺
看山無限情　處處見芳草

·八月，長兒維天考取清華大學中語系，作詩三首以示賀勉，其一云：

梅園碧草映窗紗　紫閣雕龍校作家
出匣青鋒驚蝶夢　爭傳名劍到清華

·同月，聞友人繆全吉教授之椿萱由杭過港來台，喜成二絕句寄之，其一云：

楊柳垂垂傍水栽　西湖煙雨夢千回
精誠不礙關山遠　靄靄慈雲渡海來

・十月，發表〈孔子對宗教、義務、自我問題的態度〉於鵝湖八十八期。

・十一月，以林鎮國之介，應邀赴高雄文藻語文專科講〈從儒家看生命〉，講詞發表於文化月刊三十九期。

・同月二十八日，在台北中泰賓館爲楊慶亮劉慧葵證婚，致詞時，特以周易乾卦卦辭「元亨利貞」說明夫婦之道的終始過程，並贈以嵌字聯云：「慶雲獻瑞，慧心映照；亮節含章，葵日生輝。」

・十二月，發表〈再談宗教的會通問題〉一文，於鵝湖月刊九十期。

按，自今年六月至十一月，周聯華牧師（東海校董會前任董事長）爲回應我年前〈關於宗教的會通問題〉一文中所提出之六個焦點，特撰寫六篇論文，連載於宇宙光雜誌。拜讀之後，即撰此文作一總答。

・是年，爲友生作新婚嵌字聯如下：⑴廖仁義張碧珠：「仁心通大義，志存一辨；碧海現明珠，緣締三生。」⑵蒯光才郭玉蘭：「器宇軒昂，光華才調；風儀秀雅，玉藻蘭心。」⑶林安梧林若蕙：「有鳳安梧，乾坤濟美；其質若蕙，金石同心。」⑷黃瑞明尤美女：「瑞氣繞山河，美善綿穆；明堂修福慧，女貞吉祥。」

⊙民國七十二年（一九八三），癸亥，五十四歲。

・在台中。

・一月，日本東方學會主辦第三十一屆「亞非地區國際人文科學會議」，來函相邀，以無機票膳宿之接待，乃辭謝之。

·二月二日，在東海文化研討會講〈儒家思想與中國現代化〉，講詞發表於中國文化月刊四十期、鵝湖月刊九十五期。

·同月二十日，出席鵝湖第二屆哲學論文研討會，宣讀〈心的性質及其實現〉，論文刊於鵝湖九十四期。

·五月，講〈龍場悟道與致良知教〉於台大哲學學會。

·六月，發表〈荀子的天論與性論〉於東海學報二十四卷。又指導師大李嘉鑫碩士論文「中山思想與儒家學術」優等通過。

·同月，東海哲學系第二屆畢業，特撰〈帚穗自拾〉短文，刊於「東海哲學」第四期。

·七月，應邀赴陽明山台灣神學院講〈生命的提升與流通〉，講詞發表於鵝湖九十七期。

·同月二十六日，在東海文化研討會講〈哲學教育的時代功能〉，講詞刊於中國文化月刊四十六期。

·八月，東海大學成立哲學研究所，特集「道生物，理生氣，智潤思，德潤身」四句懸壁，以表賀勉。（四句之解說，撰成〈哲學與人生〉一文，編入東大公司版《儒學的常與變》頁二三七至二四〇。）

·同月，赴台北，與黃振華、戴璉璋共商籌設哲學研究中心事，期能迎請牟師返台主持，以培養中國哲學人才。

返台中，即依黃振華原計畫草案，再酌加修訂，並詳擬基本章則六種：⑴董事會組織規程，⑵研究中心組織規程，⑶研究人員聘任及服務規程，⑷行政人員任用及服務規程，⑸研究人員聘任與升等標準及其實施辦法，⑹研究工作簡則。

·二十七日，上函蔣（彥士）秘書長，略云：「中央研究院，依理當設中國哲學研究所。唯以學風之異，乃形格而勢禁；即使勉強成立，亦仍不免駁雜混亂，而難能語於端方向而正歸趨。然則，如之何則可？曰：公立機關既有陋習爲礙，則當轉歸民間，贊助成立一社會性之中國哲學研究中心，斯可矣。政府只須籌撥基金以贊其成，無須特設公立機構，即可獲得弘揚學術培養人才之實效，此非上上之策乎？」又云：「素聞鈞座與在位諸公皆敬重牟先生，唯尊賢必有其道，必得其宜，否則，賢者不敢受也。愚以爲苟能早日成立研究中心，即可敦請牟先生返台定居，專負指導研究之責。三五年後，必將大有績效。不僅可以樹立國家學術研究之新形象，且可培養有用之哲學人才，以加強對中共作思想競爭之憑藉與聲勢。國家尊師儒，師儒報國家，不亦善乎！」

·又，此前旬日，曾先函杜維明，請彼以海外學人之身分，向有關方面建言，略云：

「民國六十五年起，牟師連續三年在台大講學，一時頗有風行草偃之象，研究生之論文十之八九皆寫中國哲學，其中顯才慧有創意者亦不乏人，師甚感欣慰，然間斷二年之後，師再來，學生便接不上矣。其已畢業者，亦以無人指導而有流散之虞，師乃深感青年之成才與學術之研究，非長期連續不爲功。故亟思成立哲學研究中心，一面團聚講習，以培養人才；一面分工合作，有系統地疏解中國哲學典籍，闡釋中國哲學思想。假以時日，即可編成一部眞正之中國哲學史，並陸續完成各種哲學專著與研究專輯。」

又云：「此研究中心，爲財團法人，是社會性的。創辦之時，希望政府經費贊助。成立之後，法理上受教育部之監督，但其研究與講學，必須完全獨立自主，不受任何干擾。若政府仍欲仿新加坡之做法成立儒學研究院，吾人自亦樂觀其成（維明曾向有關人士作此提議）。然若欲借重牟師，則以民間講學之方式爲宜。今依吾人之設計，則政府只須籌撥一筆經費，不必任其事而可坐收弘揚學術之功，豈不大佳！」

按，此事採取管道，歷經半年餘之往復磋商，而未果。在位者器局識度之不足，及其學術意識之薄弱，可爲浩歎。

・九月，發表二文：〈孟子的學術批評〉刊於鵝湖九十九期，〈中國傳統政治與現代化〉刊於自由青年月刊六四九期。

・十月，發表〈孟子的價值、倫理觀〉於鵝湖一百期。

・十一月，復廖仁義函，有云：

「得信，知已由暖流社轉時報文化公司，甚好。才貴得其用，用貴得其正，古人鄭重出處，非偶然也。名，固不可強求，而亦無須閃避。有名而傲肆，固將淪爲自欺欺人，然若善用其名，亦正可拓殖價值之幅度與功能也。」

・同月，發表〈中國哲學史專題研究芻議〉一長文，於中國文化月刊五十期。

⊙民國七十三年（一九八四），甲子，五十五歲。

·在台中。

·一月二十五日，主考文化大學哲學研究所博士論文「老子形上思想之詮釋與重建」（袁保新）、「老子無的哲學之研究」（黃漢光），皆獲通過，而袁君之作特佳。

·同月，在新竹清華大學講〈談傳統與文化變遷〉，講詞刊於中國文化月刊五十二期。

·二月十六日，在東海文化研討會講〈中國人品之美〉，講詞發表於中國文化月刊五十三期。

·同月，爲東海大學撰寫「本校榮譽講座牟宗三教授榮受行政院文化獎章」之提名書及事蹟簡介，略云：

「牟宗三先生，早歲就學北大，從黃岡熊先生遊，繼而宣教於國內各大學，聲光四溢。五十年來講學論道，著書抒義，莫不時時念念以光暢中國哲學之傳統、昭蘇民族文化之生命爲職志。而其精敏之學思，弘卓之器識，與夫綿穆強烈之文化意識，尤足踵武先哲，範式士林。先生之著作，有發揚內聖心性之義理者，如「心體與性體、才性與玄理、佛性與般若」。有開展儒家外王學之宏規者，如「歷史哲學、道德的理想主義、政道與治道」。有會通中西哲學思想者，如「認識心之批判、智的直覺與中國哲學、現象與物自身」。凡此諸書，皆規模宏遠，思維精嚴，久爲國內外學界所崇欽。先生力振孔孟之學脈，融攝中西哲學之智慧，以挺顯儒家第三期學術發展之義理綱維，對中國文化之維護與發揚，可謂貢獻深鉅。而近年來更發讜論，闡釋文化建設之意義與方向，其卓見閎識，尤足鼓舞群倫，爲民族文化開創新機。」

·同月，輓友人繆全吉父喪（繆翁於去年自杭州經香港來台，壽九十四歲），聯云：「三十年與少君訂交，客歲造訪，適慈雲東來，猶記庭階親顏色；八千里爲菩提證果，今朝聞訊，正鶴駕西歸，更教煙雨夢江南。」

·三月十五日，偕同王邦雄、謝仲明、楊祖漢、何淑靜等，陪侍牟師赴行政院出席文化獎章頒獎典禮。

·同月，新購台中北屯路鴻霖大廈四樓一棟，價款一百八十萬。另裝潢約三十萬元。

·四月初，輓宗老蔡愛仁教授（壽九十九），聯云：「寧邑流光，文章節義崇華表；易堂繼志，人德風標接翠微。」

按，愛老乃遜清優貢，亦同盟會之老革命黨人。籍寧都，與余爲鄰縣。易堂，即寧都三魏等九子講學之所，在邑內翠微峰上。

·四月七日，出席中國哲學會議（台北白沙灣），宣讀〈中國哲學的現代化與世界化〉，論文刊於中國哲學會年刊第二期。

·五月，發表二文，〈當代儒家的關懷與落實〉刊於鵝湖月刊一〇六期，〈荀子的心論〉刊於東海學報。

·六月二十日，應邀赴新加坡東亞哲學研究所作爲期一週之學術訪問，發表二次公開演講，題目爲「儒學的時代性與普遍性」、「禮與法的層位及其效用」。又臨時應約講「人際關係之反省」於儒家倫理教師講習班。二十五日，偕蘇新鋈伉儷及曾淵澄、劉燊發、何子煌諸友，同遊南洋大學故園，以及雙林寺、貴賓山、聖淘沙音樂噴泉等處。

・二十六日，離星洲飛香港，拜謁牟師，訪問新亞研究所、中文大學哲學系，過沙田，特赴某寺向唐先生、徐先生靈位行禮，並拜候唐師母。連日來由端正兄、逑先兄、牟師、新亞全漢昇所長、霍韜晦兄等設宴聚敘，席間先後相敘晤者，尚有勞思光、李天命、石元康、李弘祺、岑溢成、鄭力爲、趙潛等。留止三日，於二十九日返抵台中。

・七月吉日，從育才街二號之二十三（共住二十年九個月）遷入北屯路十二巷二十六弄十八之六號鴻霖大廈仁德居，特賦小詩二首贈德英，其一云：

內湖山道昔登臨　款款情懷歲月深

鬢髮飛霜渾不覺　育才巷屋轉鴻霖

又撰聯語，請曾昭旭、杜忠誥、邱財貴書寫懸壁：(1)「蓮伴書香欣麗日，風隨荷影舞清波。」（曾書）(2)「萬樹梅花昭正氣，一輪明月見天心。」（杜書）(3)「時風有來去，聖道無古今。」（杜書）(4)「千秋事業從根起，萬里江山直道行。」（邱書）(5)「聖道流光，深仁厚澤；春風化雨，茂德英才。」（邱書）

・八月十三日，在東海大學文化研討會講〈禮與法之層位及其效用〉，講詞刊於中國文化月刊五十九期。

・同月十九日至二十三日，出席「世界中國哲學會議」（東海），宣讀〈從前瞻性的觀點看儒家哲學的價值及其貢獻〉。

會議期間，先後邀約劉逑先、唐端正、蘇新鋈、翟志成、戴璉璋、王邦雄、曾昭旭、袁保新、楊祖漢、萬金川、林安梧諸友，至新居餐敘。

·八月，女兒維音考取台灣大學歷史系（後轉法律系），作詩三首以示賀勉，其第一首云：

清純標格女玲瓏　爛漫春光逗曉風
有鳳來儀傳信息　瑤琴飛響傳園鐘

·同月，改訂去年哲學研究中心方案爲「中國哲學研究十年計畫」，提請國科會資助，俾便迎請牟師返台主持。唯此一設計，與國科會章程不合，仍未獲同意。次年，始商定以講座教授名義，由國科會與教育部合聘，假師大爲講壇，請牟師返台講學（連續三年）。

·九月，爲老友周群振《儒學探源》作序，刊於鵝湖月刊一一一期。

·同月，輓舊日台中一中同事齊治平先生，聯云：「世路蒼茫，才情不掩寒士守；天涯落寞，風義留教故人思。」

·十一月，發表〈從天子不讓說論荀子的政治思想〉於中國文化月刊六十一期。次月，又發表二文：〈荀子思想的新評價〉刊於文化月刊六十二期，〈荀子論道德修養〉刊於華學季刊五卷四期。

·十二月，《孔孟荀哲學》，由台北學生書局出版。

全書五百三十餘頁，分爲三卷，上卷爲孔子之部，中卷爲孟子之部，下卷爲荀子之部，每卷各九章，共二十七章。自序有云：

「儒家之學，是生命的學問。這由孔子仁教而開顯的內聖成德之學，經過二千五百年的發展，早已凝成民族生命的常道（定常的骨幹）。生活的原理與生命的方向途徑，都植根於此。這實在是國脈民命之所繫，應該永遠承續不絕，並不斷求其充實與開展。而要想達到這個目的，就必須時時講明，以保持文化心靈的醒覺；亦唯有如此，乃能提撕精神理想，以貞定文化生命的原則和方向。蓋歸根而後可以復命，返本而後可以開新。沒有綿綿穆穆的文化意識之醒豁貫注，是不可能有文化慧命之相續不斷的。而歷代儒者之所以鄭重於講學，其用心正在於此。」

又云：「本書的論述，並非專重於各項觀念理論作特爲深細的層層探索（這是屬於專題研究的工作），而比較著重於基本綱領及其義理的疏導說明。多年來筆者一直有一個感覺，覺得有關先秦儒家的哲學思想，似乎缺少一本統括性、基礎性的書。從思想綱脈和文化教養的意義上看，這是一個很大的缺憾，亦可以說是人文學者對青年的一份虧欠。而這種性質的書，應該是專著中的通論：一、不以專深爲尚，而以通義爲本；二、不以精奇爲美，而以明達爲貴；三、不以立異爲高，而以平正爲歸。如此，則初學者可以循序而入，而積學之士亦可參證而有所取益。當然，這樣的一本書，是很不容易寫的。筆者撰著本書，雖確乎以表述儒聖之學爲志，而不敢以標舉私己之見爲心；但是否眞能免於謬誤，則敬俟時賢碩學不吝指正。」

⊙民國七十四年（一九八五），乙丑，五十六歲

·在台中、新加坡。

·元旦，浩兒偕同學溜冰，摔倒，右腳踝骨受重傷。先送草地醫生敷藥，無效。改住澄清醫院，開刀打鋼釘，旬日出院，挾拐架上學一月有餘，甚可憐惜。

·二月，台北宇宙光出版社編印《會通與轉化》，將我前撰有關宗教會通之兩文，與周聯華牧師、梁燕城先生之文合編成書。（二年後，我另有一篇回應文字〈關於必然的與或然的〉，編入《儒家思想的現代意義》三九三頁。）

·同月十一日，在東海文化研討會講〈古典教育與人才〉，講詞刊於中國文化月刊六十六期。

·三月，賀翟本瑞、尤惠貞新婚嵌字聯云：「本心淵懿，彰善行惠；瑞靄華藻，含章可貞。」

·五月十九日至二十二日，出席「中韓文化關係學術研討會」（台北），宣讀論文〈韓國性理學的淵源與前瞻〉（編入中韓學會韓國學報第五期）。

·同月，陪同韓國鄭仁在博士拜謁牟師於台北青田街寓所，面請為「中國哲學十九講」韓譯本寫序。師略述大意，囑為代筆。韓譯本改書名為「中國哲學特講」，書後並附錄〈牟宗三先生的學思歷程與著作〉一文，由嶺南大學講師鄭炳碩君韓譯。鄭君隨即來華修博士學位於文化大學哲學研究所，我適有新加坡之行，及返台，兼授宋明理學研究一課，鄭君亦來選修，可謂有緣。

·六月，指導東海大學哲學研究所陳一峰碩士論文「陽明良知學之探究」優等通過。

·七月，應紐約「國際中國哲學會議」之邀，撰寫〈三心與三性〉一文，因事未赴出席，託友人傅偉勳教授代爲宣讀。論文發表於中國文化月刊六十九期。

·七月二十八日，赴新加坡參加東亞哲學研究所主辦之儒家倫理會議，宣讀論文〈禮的涵義及其功能效用〉。

　會議由劉述先籌畫，出席之學者有陳榮捷、勞思光、劉述先、余英時、杜維明、蔡仁厚、石元康、蔡美麗、翟志成、馮耀明、王守常、葛瑞漢（英人）、徐文祥（韓人），以及新加坡當地之吳德耀、林徐典、蘇新鋈、龔道運、劉蕙霞、陳榮照、呂武吉、梁元生等。勞思光有會議詩云：「何必湖山感昔今，新邦盛會聚儒林；相逢莫惜披肝語，學統絲懸劫正深。」會後，作步韻捲簾各一首以和之：「忍向河山感昔今，漫天霜雪壓儒林；靈根不死由心發，學脈南傳意正深。」（步韻）「聖道由來海樣深，千年血脈在儒林；天南莫計神州劫，直取尼山變古今。」（捲簾）

·同月，次兒浩天考取南開工專機械科。在星洲聞訊，甚感喜慰。勉以句云：「勤讀書，行孝弟，多忍讓，慎交遊。」

·八月，東海大學哲學研究所成立博士班。我適逢休假，並應聘爲新加坡東亞哲學研究所高級研究員，於儒家倫理會議結束之後，即留該所作訪問研究。在星洲半年，可記者有下列諸事：

㈠所見大陸出版之文科書籍，覺其著述態度不外三類：甲類頑固僵化，仍死守馬列唯物之框架教條；乙類特爲單純，只就古典文獻作選輯或訓解；丙類則有意突破，多從事於所謂範疇或邏輯結構之探究。其中甲類仍最佔勢力，乙類成績稍較可觀，而丙類則以條件不備，而又限制太多，故績效不彰。

㈡先後應邀在南洋學會、新社、儒學研究會、新加坡大學中文系，作公開演講。並校訂去年先期訪問之兩次講演稿，由該所合印爲單冊：《儒學與禮法》。另訂正何子煌所記〈訪蔡仁厚教授談儒家倫理〉，重刊於鵝湖一二三期。

㈢完成半年期專題研究論文〈荀子與朱子心性論之比較〉，計五萬餘言。分上中下三篇，上篇討論荀子的心性思想，中篇綜述朱子的心性之學，下篇爲荀子朱子心性論之比較及其評價。

㈣在熊十力先生百歲紀念座談會上，講〈熊先生的生命格範〉，講詞刊於中國文化月刊七十八期。

㈤爲各方友朋作嵌字聯八副，頗足自賞者有三：一爲贈翟志成華瑋伉儷者：「志橫四海，卓犖成章飛劍氣；華表九州，貞明瑋質洗心塵。」二爲贈李瑞全李碧坤者：「瑞靄呈祥，碧芳欣化雨；全眞葆性，坤道積流光。」三爲贈新大中文系陳榮照林寶環伉儷者：「榮美照庭光奕葉，寶文環翠映華園。」

㈥與江西老家通信，並寄款、寄祖堂聯與祭祖文：

⑴始遷祖通政公祠堂聯云：

通濟利群生，祖庭遺愛懷先德；

政平敦教化，明府施仁裕後昆。

(2)祖父輔卿公祠堂聯云：

輔相參天地，德愛千秋留惠澤；

卿雲耀日星，光華四表起人文。

(3)祭輔卿公文：

維歲次丙寅新春吉日之辰，長孫東海大學教授仁厚，函囑同堂兄弟，謹以三牲酒醴，上獻於輔卿公丁老儒人暨運舟公雲清公之靈前曰：

維我祖父，篤實務農。克勤克儉，厚德家風。

維我父叔，孝友是崇。肯堂肯構，一門和雍。

嗟我小子，久別家門。幸未荒墮，文昌紫宸。

勉我昆弟，仁德是親。光前裕後，永繼家聲。

敬懷先德，山高水深。神明在天，來格來歆。

謹告　尚饗。

·十月，德英以任教屆滿二十周年，獲頒行政院二等服務獎章。

·十一月，發表〈黃岡熊先生誕生百周年〉紀念文於鵝湖一一五期。又發表〈群經言治之九義：讀「讀經示要」隨感錄〉於中國文化月刊七十三期。

卷四　五十七歲至六十二歲

⊙民國七十五年（一九八六），丙寅，五十七歲。

・在台中。

・一月，新加坡訪問研究結果，東亞哲學研究所特於二十五日舉辦論文發表會，由我宣讀「荀子與朱子心性論之比較」，邀請各方學者公開討論。二十九日，自星洲返抵台灣。

・二月，爲友人謝仲明博士新著《儒學與現代世界》作序，刊於鵝湖一二八期。另有〈論語疑難三則試解〉（爲新加坡倫理研討會而作）一文亦同期發表。

・同月，爲友人周志鯤教授〈四體千字文曲筆法帖〉作序，文見〈酬應感懷之什〉。

・三月，編撰「熊十力先生學行年表」完稿。次月牟師自港返台講學，乃將此稿寄請過目，某日北上謁師，師云：此表敘述妥恰，對熊先生之心事亦能有所表顯與辯證。因而謂在座諸友曰：知人論世，也是學。須當衡情審勢，乃能切入事理，言之有度。這方面蔡仁厚差有一日之長。而近年所撰文字，多有自得之見。

・四月，編撰「牟師學行著述紀要」草稿成。

・同月二十七日，在桃園文化中心中壢藝術館講「當代儒家的文化使命」。（該中心此次人文講座之海報，標舉兩語甚佳：傳統人文之省思，人文傳統之重建。）

・五月，「黃岡熊先生學行年表」，分別刊於鵝湖一三一期、中國文化月刊七九、八○期。

・同月，指導東海大學哲學研究所周文碩士論文「從僞的觀念論荀子的思想」口試通過。

・六月，指導中國文化大學哲學研究所徐惠珍碩士論文「張載化氣成性理論之研究」優等通過。

・同月，維兒畢業於清華大學中語系，並以榜首考取該校語言學研究所。

・七月，受聘爲香港新亞研究所博士班校外考試委員。

・八月七日，偕同周何、陸寶千兩教授，赴日本東京出席「東方思想前瞻年會」，宣讀論文「儒家思想對人類前景所能提供的貢獻」。會後，遊覽東京皇城、明治神宮、新宿、銀座與富士山，於十二日返台。

・九月，休假一年期滿，恢復授課。博士班開授「儒家哲學專題研究」，碩士班開授「陸王哲學」、「程朱哲學」及「中國哲學史專題研究」；大學部開授「中國哲學史」。原「孔孟荀哲學、宋明理學」兩課，仍由楊祖漢兼任。

・此年開始，再度應聘爲中國文化大學哲研所博士班講授「宋明理學研究」，選修者隔週來台中上課，每次四小時。

・同月，出席師大國文研究所韓籍博士生宋河璟論文「王陽明心學之研究」之口試。

・十月二十三至二十五日，赴香港出席浸會學院「中國文化與基督教」學術研討會，擔任勞思光教授論文之講評與討論。

·同月二十六日，與王邦雄共同出席新亞研究所陶國璋博士論文「王陽明哲學：良知之三性」口試。留港數日，承牟師與李瑞全、關子尹、張燦輝、葉保強、文思慧、劉國強、及新亞研究所邀宴，復承趙潛、陶國璋、吳明陪同遊覽海洋公園，又煩陳特開車，偕唐端正與王邦雄，暢遊九龍新界各地。

·十二月，出席文化大學哲學研究所高柏園博士論文「中庸形上思想之研究」口試，以優等通過。

⊙民國七十六年（一九八七），丁卯，五十八歲。

·在台中。

·一月二十四日，偕同王邦雄、曾昭旭等，赴香港中文大學出席第九屆退溪學國際會議，並宣讀論文〈李退溪辯知行合一之疏導〉。牟師應邀擔任大會主題演講，與會學者主要來自韓國、日本、台北、香港，而大陸學者辛冠潔、丁寶蘭、李錦全、蒙培元、張立文、高令印等，亦來參加。二十八日（除夕前夜）自港返台，再由桃園機場包租計程車返抵台中。

·二月，政大董金裕教授自台北來電話，謂香港轉來大陸「國際儒學會議」（預定八月在曲阜召開）之邀請書四份，問應如何處理，答云：既形格勢禁，未便出席，唯有置之而已。（按，此時海峽兩岸猶未開放探親旅遊也。）

·同月六日，在東海大學文化研討會講〈儒家的人文教育〉，講詞刊於中國文化月刊八十八期。

·四月，發表〈李退溪辯知行合一之疏導〉於鵝湖一四二期。又應台北弘化文化講座之約，講「宗教與文化」。

·五月，《儒家思想的現代意義》，列爲鵝湖學術叢刊第三號，由文津出版社印行。

書共四百五十餘頁，分三部分。卷上爲「儒學、現代化」，收文十二篇；卷下爲「生命、倫理、教育」，收文十篇；附篇爲「宗教問題與人文關懷」，收文九篇。自序有云：

「儒家學術，不同於分門別類的專門知識，也和一家之言的諸子之學有所不同。儒家一直是立根於民族文化生命之大流，以開顯文化理想、揭示生命方向、建立生活規範爲職志。因此，儒家所講論的，實以常理常道爲主。而儒家哲學的基本觀念及其具有代表性的思想，也都可以作爲人類生活的基本原理，和人類文化的共同基礎。」

又云：「從歷史演變之迹看，時代有古今之別，文化有新舊之異。然今從古而來，新由舊而生。雖然每一個時代都應該要開新，但不能爲了開新之故，就截斷傳統，而移花接木，偷梁換柱。任何一個社會也都必須應變，但不能爲了應變之故，便拋棄常道，而脫序越軌，散塌失度。對於傳統，自當深切反省，以定其因革損益；但不可截然割斷，以阻絕源頭活水。蓋文化之發展，總是前有所繼，後有所開。因此，儒家一向抱持返本以開新、守常以應變的態度，以期守護文化之生命，恢弘文化之價值。返本以開新，才能承續文化慧命以顯其剛健動進；守常以應變，才能隨順事機之宜以得其時中之道。」

·五月，應台大哲學學會之約，講〈從先秦儒到宋明儒〉，講詞刊於中國文化月刊九十二期。

·六月，先後出席師大國文研究所顏國明碩士論文「魏晉儒道會通思想之研究」，以及文化大學哲研所蘇順子（韓尼眞弘）博士論文「中國格義佛教之研究」二文之口試。

·夏月，《荀子與朱子心性論之比較》，由新加坡東亞哲學研究所印爲單行本，計六十八頁。

·七月三日，在東海大學文化研討會講〈中國現代化之綱領與層次〉，講詞刊於中國文化月刊九十四期。

·同月十五日，德英偕同台中一中同事七八人，赴歐洲（法國、瑞士、意大利、英國、荷蘭、比利時）作一月又半之觀光旅遊。歸途經日本東京，留止二日，於八月三十日返抵台中。

·八月，浩兒轉考北區專科，取入中華工專機械科。

是月，撰兒女生日訓勉語（見「酬應感懷之什」七十六年下）

·同月，《熊十力先生學行年表》，由台北明文書局出版，計一百三十七頁。前序有云：

「先生近承船山之緒，遙契尼山之旨。神思獨運，融攝道釋，而歸宗於大易，故其學深閎無涯涘。自神州易色，先生息影滬濱，貞固抱一，窮且益堅。延聖賢學脈於一線，爲炎黃子孫作典型。來日華族文化剝而能復，正賴衰世猶有巨人耳。前年在南洋星洲，得見若干大陸書刊，返台撰成先生之學行年表初稿，同時發表於鵝湖月刊與中國文化月刊。茲再略作訂正，送由台北明文書局出版印行，以供學界參考之資焉。」

·同月十六日，應邀赴台北出席「方東美哲學國際研討會」，與劉述先、傅偉勳、成中英、郭大春、唐力權、金忠烈等敘談甚歡。

·九月六日，與誼弟張志朝將軍會同，爲誼兄謝貞四哥設宴於台中，以祝賀其六十壽誕。

·同月二十八日，赴台北出席鵝湖哲學論文研討會，宣讀〈荀子與朱子〉，該文於明年五月刊於「鵝湖學誌」創刊號。

·十月，偕同顏國明、曹淑娟伉儷與邱黃海、關亮清，赴淡水觀音山唐君毅先生墓前展拜，並順遊凌雲寺。回程時又過士林訪陳德和。

·十一月十二至十六日，出席台北「國際孔學會議」，宣讀論文〈孔學精神與現代世界〉，該文編入《國際孔學會議論文集》，於明年六月出版。（此乃大型之國際學術會議，巨冊論文集厚達一千八百餘頁。）

·十二月十六日，應邀參加香港大學以「儒學與中國文化」爲主題之國際學術研討會，因趕辦手續不及，特將論文〈儒家精神與中國現代化〉，託台大教授繆全吉兄代爲宣讀。該文發表於中國文化月刊九十九期。

⊙民國七十七年（一九八八），戊辰，五十九歲。

·在台中。

·一月，託香港友人寄款回江西老家，爲母親大人祝八十壽。

·同月，發表〈關於中國文化基本教材的兩點反省與一點建議〉於鵝湖月刊一五一期。

·二月二日，發表〈文化意識宇宙中的巨人〉於中央日報副刊。（此文又以「唐君毅先生逝世十周年祭」爲題，刊於鵝湖一五三期。）

·同月，發表〈儒學與中國哲學〉於中國文化月刊一百期紀念專號。

·五月，出席台大哲研所以「中國人性論」爲主題之學術研討會，宣讀〈陸王一系人性論之省察〉，該文於十二月刊於「鵝湖學誌」第二期。（後編入《儒家心性之學論要》上卷。）

·六月，指導東海哲研所關亮清碩士論文「孟子人性論中的善惡問題」優等通過。

·七月，改寫《大英簡明百科全書》中文版「牟宗三」條八百字，寄交中華書局。

·八月，《中國哲學史大綱》，由台北學生書局出版，計三百四十頁。

此書先於八年前由東海大學哲學系印爲講義，以工本費供同學作教材用，前後印行四版。茲因東海無力再印，而各方讀者仍不斷來函需索，無已，乃改送學生書局正式出版。增訂新版小序有云：

「本書之編寫，既原爲便於教學，自須配合講堂之講解與申述。以是，書中各章之深淺難易，繁簡詳略，乃至體例不嚴之情形，實所難免。而粗疏闕略之處，亦須待正式撰著哲學史時，乃能求其完備。」

·八月二十九日至九月四日，應邀赴新加坡出席儒學會議，宣讀論文〈儒學的常與變〉，返台後又增寫五點討論，全文發表於中國文化月刊一〇七期。又發表〈新加坡儒學會議誌感〉一文於鵝湖一五九期。

此次會議，出席者皆屬華夏子孫，而來自大陸者特多，如湯一介、蕭萐父、龐樸、余敦康、孫長江、金春峰、包遵信、方克立、吳光、陳來、王守常、朱維錚、金觀濤、甘陽；來自香港者，勞思光、劉述先、唐端正、趙令揚；來自台北者，蔡仁厚、戴璉璋、韋政通、張亨、梅廣、沈清松、傅佩榮；來自美國者，杜維明、余英時、傅偉勳、張灝、林毓生、秦家懿；新加坡本地者，吳德耀、林徐典、梁元生、劉國強、李焯然、郭振羽等。

・同月，應「國文天地」月刊之約，撰〈悼念梁漱溟先生〉一文，發表該刊三十九期。

・九月，發表〈中國宗教徒與中國文化〉於鵝湖月刊一五九期。

・十月九日，出席鵝湖論文研討會，以〈唐君毅先生的文化意識〉爲題作專題演講，講詞發表於鵝湖月刊一六〇期。

・十二月四、五兩日，出席師大「陽明學研討會」，宣讀論文〈對致良知前後向的一個考察〉，該文發表於中國文化月刊一一〇期，並編入會議論文集於明年三月出版。

・同月，出席國文天地月刊社主辦之「河殤的衝擊與省思」座談會，發言稿以〈黃河不殤，中華萬年〉爲題，於明年一月發表於該刊四十四期（後編入《儒學的常與變》書中）。

・十二月二十四日至二十七日，應邀赴香港出席「唐君毅思想國際會議」，宣讀論文〈唐君毅先生論人格世界〉，大陸學者十餘人亦來參加，初識周輔成、唐至中（唐先生之妹）諸前輩。其餘如蕭蓮父、李錦全、方克立、郭齊勇、景海峰、羅義俊、李宗桂、黃海德、譚世保，皆來出席。明年二月，又撰〈一百三十二個月的文化風向：紀念唐先生逝世十二周年的迴思與前瞻〉一文，與會議論文同時刊於鵝湖一六四期。

⊙民國七十八年（一九八九），己巳，六十歲。

·在台中。

·一月二十一日，應邀出席台大「宋代文學與思想研討會」，擔任陳郁夫教授論文之講評。

會後，赴林口訪老友周志鯤，並請代書岳父母八十雙壽嵌字聯：「玉振金聲，裁成英傑弘道化；乃宣慈教，誨育兒孫樂天倫。」又書一中堂，文曰：「春暉漫漫，歲月悠悠，慈心永裕，福澤緜流。」

·同月二十九日，全家赴台北參加岳父母八十雙壽慶祝酒宴。次日，赴華岡出席文化大學哲研所金周昌（韓）博士論文「王弼易研究」之口試。

·二月五日（客歲臘月二十九日），六十初度，恰為大年夜，全家歡敘。

·三月，發表〈儒家與中國現代化的種種問題〉（文化研討會講詞）於中國文化月刊一一三期。

·同月起，連續發表〈牟宗三先生學行著述紀要〉於鵝湖月刊一六五、一六六、一六七各期。

・五月，發表〈道家「無」的智慧與儒道之間的一些關聯〉（文化大學哲研所座談會講詞）於中國文化月刊一一五期。

・同月起，發表〈學思的圓成：牟師七十以後的學思與著作〉於鵝湖月刊一六七、一六八期。

・六月二十四日至二十五日，出席東海文學院主辦之「中國思想史研討會」，宣讀論文〈儒法異同平議：以禮與法爲中心〉，該文編入會議論文集，於同年十二月出版。

・同月，應鵝湖之約，爲「天安門事件、文化省思座談會」撰寫書面發言稿，刊於鵝湖一六九期。

・七月二十二日，攜同長兒維天、女兒維音，返江西雩都老家探親。經香港、廣州，於二十六日早晨車抵贛州，二弟六弟備車來接，上午十一時許安抵老家，與母親、叔母、弟、侄全家大小三十餘人團聚，歡慰無限。有句云：

家山雲影三千里　台海萍踪四十年
歲月悠悠人健好　乾坤不改太和天

二十八日，在祠堂行祭祖禮，並設席十五桌宴請親族，族人惠贈榮歸橫匾，大放鞭炮，鑼鼓吹奏以相迎。特撰二聯，張貼祠堂門柱：

通政堂：四十年心志操守，台海萍踪深歲月；

三千里夢魂牽繫，家山雲影妙乾坤。

輔卿堂：台海萍踪四十年，日就月將，弘揚儒學；

家山雲影三千里，峰迴路轉，歸拜祖堂。

又維天維音，適於上月獲得清華碩士與台大學士之學位，亦特於兩祖堂大門張貼喜報。次日偕諸弟與兒女赴始遷祖通政公、曾祖學明公、祖父輔卿公、父親運舟公、叔父雲清公墓地展拜行禮。是晚，又在輔卿堂宴請親友，攝影留念，並放映電影，招待鄉鄰。

·八月二日，辭離老家返台。諸弟送至縣城，而二弟七弟且陪送至廣州。次日相別，乘直通火車赴香港，住二宿。由吳明陪同，遊海洋公園，並出席新亞研究所盧雪崑博士論文口試，於五日搭機返台。

·八月，接任東海大學「哲學研究所」所長。

·同月十五至十八日，出席中國文化大學哲研所主辦之國際哲學會議，宣讀論文〈天道與上帝：以儒與耶之天人關係為線索〉。牟師亦受邀擔任大會主題演講。

·同月，為北京「孔子基金會」紀念孔子二千五百四十週年誕辰國際學術會議，寄送〈孔學的常道性格及其應變功能〉論文綱要四千言。又，第十一屆退溪學國際會議（北京人民大學主辦）、北京中華孔子學會紀念孔誕國際學術會議，上海復旦大學主辦之國際儒學會議、北京中華文化聯誼會主辦之西安學術研討會，亦先後來函邀約參加宣讀論文，皆以「開學上課期間，無暇出席」為由，辭謝之。

・九月，修訂「東海大學哲學研究所修業規則」，提交所務會議通過。並推動「東海哲學講會」（月會）與「研究生論文發表會」。

・同月，發表〈中國哲學研究中心成立緣起及其基本旨趣〉一文，於鵝湖月刊一七二期。又發表〈哲學與人生〉於聯合報副刊。

・十二月，岳丈楊公玉振當選爲中華民國太極拳協會理事長，特與德英電話道賀。

・同月三十、三十一日，赴台北出席以牟師思想爲主題之鵝湖論文研討會，以〈牟先生的思想及其對文化學術之貢獻〉爲題，作專題報告，講詞刊於鵝湖一七六期。

・是年秋冬，寄款回江西老家，囑諸弟重新安裝輔卿堂之堂匾與神主牌位，並修建門樓，粉刷廳堂。

同時，重修運舟公墓地，並立墓表，表文曰：

故顯考蔡公運舟府君，一生孝友持家，克勤克儉，肯堂肯構，有令譽於鄉里。德配凌孺人，有懿德、生子四、仁厚、觀長、觀壽、觀保。觀長三人從事工農之業，勤勞職事，敦睦親族，無忝先德。仁厚弱冠渡海至台灣，勵志修學，發憤著書，任大學教授，經常出席國際學術會議，爲知名儒家學者。自睽違桑梓，歷四十載，雖夢繫家山，而形格勢禁，無由得歸。直至己巳季夏，始獲返鄉探親，而府君謝世已逾二十寒暑矣。所幸慈親猶健在，孤子之情，尙得依恃。伏祈上蒼護佑，父靈安息，母氏康寧。仁厚謹念府君遺澤，會同諸弟重修墓地既竣，特再恭立墓表，並贊以辭曰：

白雲靄靄　田野青青　南山毓秀　神靈式憑
父兮劬勞　振揚家聲　敬懷先德　光耀門庭
己巳冬月，長男仁厚敬立

·臘月，再寄款回江西故居，成立輔卿堂娶親週轉基金。

⊙民國七十九年（一九九〇），庚午，六十一歲。

·在台中。

·二月，特撰〈當代新儒家應負什麼責任〉一文，發表於鵝湖月刊一七六期。

·三月，應約撰寫〈近三十年來新儒家著作出版述略〉，刊於學生書局三十周年特刊。

·六月，指導東海大學哲研所蔡介裕、李相勳二人之碩士論文「朱子參究中和之研究」、「朱子心性思想之研究」皆優等通過。二人亦皆考取博士班。

·同月，東海大學哲學研究所舉辦「儒釋道與現代社會」學術研討會，論文集將於同年十二月出版。

·七月，《儒家心性之學論要》，列爲鵝湖學術叢刊第九號，由台北文津出版社印行。全書三百一十頁，分三部分。卷上爲「心性與心性論」，討論心性之涵義與關係，以及孟子陸王系、荀子朱子系之心性思想。卷下爲「心性之學散論」，共收文八篇，乃出版宋明理學三書之後的後續討論。第三部分爲「宋明理學綜述通表」（共約八十個表）。

・同月十五日，德英偕同台中一中同事十人，赴東歐各國遊覽（由西德轉東德、波蘭、捷克、匈牙利、奧地利、南斯拉夫等國），前後一個半月，於八月三十日返台，特偕琴兒赴桃園機場迎接。是日，有亞柏颱風襲北部，飛機幸能安全降落，甚感欣慰。

・八月一日，長兒維天赴美國麻省理工學院（MIT）攻讀語言學博士學位，特偕維音、浩天到桃園機場送行。該校允免四年學費，並同意先給予第一年之生活費八千美金。（按，此項優渥，就文科研究生而言，非常難得。）

・八月十九日，應邀赴漢城出席「第十屆中國學國際會議」，宣讀論文〈中國哲學之特質與中國哲學之世界化〉。（金忠烈教授講評。）

會議前，由韓邦友人金炳采、李明漢、高在旭陪同，遊朝鮮第一名剎海印寺（高麗大藏經之經版，即存藏於該寺，爲韓邦之國寶），住一宿。次日上午遊晉州故城矗石樓，下午遊松廣寺（高麗之國師，多爲該寺出身），該寺監院德興禪師殷勤接待，並贈送書刊數種。次日，經光州遊內藏山，而返抵漢城。

・同月二十六日，會議結束，李漢正、千炳敦，皆來會晤並由李相勳、周才會、黃甲淵三人陪同，先遊奧運會會場。次日，南下遊清州獨立宮、俗離山、法住寺、安東河回民俗村、陶山書院，再經東部山嶺谷地，夜宿江陵。次日遊鏡浦台、烏竹軒、栗谷紀念館，中午在淺草吃海鮮，下午遊雪嶽山，留一宿。二十八日經外雪嶽山道，過江原道首府春川、大水壩，而返抵漢城，由金東浩招呼住一宿。次日返抵台北。

·九月，當選為東海大學教學特優教授，由教育部頒發獎狀與獎金。

·十月，《儒學的常與變》，由台北東大圖書公司出版，計二百九十二頁。

本書是繼《新儒家的精神方向》、《儒家思想的現代意義》二書之後，另一部非學究式的學術論集。甲編「儒學與現代化」，收文六篇；乙編「儒學、思想、人物」，收文七篇；丙編「現實關懷與文化反思」，收短文十四篇。

·十月，發表〈中國哲學之特質與中國哲學之世界化〉，於中國文化月刊一三二期。

·十一月，發表〈聞大陸將編印：孔子文化大全〉，於中國文化月刊一三三期。

·同月，撰寫〈從「我們還是信孔子」說起〉發表於鵝湖月刊一八六期。次月，又發表〈慧命相續的新儒家〉於中央日報二十七日長河版，發表〈草色遙看近卻無〉於聯合報二十八日副刊。

·十二月，「儒釋道與現代社會」學術研討會論文集出版（十六開本），計二百一十三頁。特撰出版前言，有云：

儒釋道三家（三教）各有最中心和最根本的關懷：(1)儒家最關切的，是價值（人文）世界之創造和安立的問題，由此而顯發出「生生的智慧」；(2)道家最關切的，是生活（行為）世界之有為和無為的問題，由此而顯發出「無的智慧」；(3)佛教最關切的，是眾生（萬法）世界之空假和不空的問題，由此而顯發「空的智慧」。三教所開顯的智慧與安身立命之道，皆有永恒而普遍的意義，因而也自然含有時代和社會的意義。

又云：三教的「理、道」，在不同的時空條件之下，雖或有隱有顯；而究其本質，實永恒持續而並無斷滅。只要我們維持文化心靈的醒豁，它隨時都可以由隱而顯，而光大發皇。至於文化在現實層面上的功能和作用，自須配合政治體制、社會組織、科技知識，隨事斟酌損益，因時而制宜。

・十二月二十九日至三十一日，赴台北出席「當代新儒學國際會議」，宣讀論文〈中國哲學的反省與新生〉，該文編入《當代新儒學論文集》上冊總論篇，於明年五月由台北文津出版社印行。

・是年冬，江西故居五家庄新屋落成，計兩廳、六房、一中庭，由四弟奉母居住。

⊙民國八十年（一九九一），辛未，六十二歲。

・在台中。

・三月，依據教育部取消研究生學科考試，改爲學位候選人資格考核之新規，特召開哲學系所會議，再度修訂「研究生修業規則」；並積極進行「東海哲學研究集刊」第一輯之集稿編印事宜。

・六月，指導東海哲研所黃甲淵、朴龍模二人之碩士論文「陸象山倫理學說之研究」、「孟子心性思想研究」口試通過。同月，二人（皆韓籍）分別獲准升入東海、輔仁博士班。

・同月，應邀出席新加坡大學「國際漢學會議」，宣讀論文〈通觀華族文化生命的走向〉。

唯因主持東海大學哲研所博士班招生事宜，未克分身與會，託友人蘇新鋈博士代爲宣讀。

・同月，先後出席台大哲研所林安梧博士論文「熊十力體用哲學之詮釋與重建」，與師大國文研究所莊耀郎博士論文「王弼玄學」之口試，皆優等通過。

・七月一日，右足腳踝處患痛風，三日無法行走，服中藥七日而癒。

・八月十三日，偕德英參加九寨溝、三峽、黃山之旅，然後轉赴江西老家爲德英補行廟見之禮。行程如下：

首日，經香港直飛成都。次日，經大草原到紅原，住一宿轉赴九寨溝，遊兩日，再順岷江河谷經松藩至都江堰。再回成都遊武侯祠與杜甫草堂。然後飛重慶，遊江橋與鵝嶺，再乘大遊輪經瞿塘夔門到巫山，遊小三峽大寧河，再過巫峽、西陵峽到宜昌葛洲壩。飛武漢遊黃鶴樓、辛亥革命紀念館。二十四日再飛屯溪，登遊黃山。

・同月二十六日，旅遊同仁自黃山飛廣州，我與德英則在屯溪再住一晚，次晨乘火車經景德鎭到鷹潭，二弟六弟備車來接，經龍虎山下，過金溪、南城、南豐、廣昌、寧都、雩都，於二十九日返抵故里，拜見母親、叔母，又展拜父親運舟公墓地與新修之墓表。次日廟見會親，族人鑼鼓鞭炮以相迎。特撰對聯張貼祠堂門柱：

通政堂大門：雲海渺茫，鄉夢思遊子；

家山依舊，祖庭挹清芬。

輔卿堂門樓：最念親恩深厚，再轉乾坤歸故里；
　不辭路途遙遠，攜同妻子拜家門。
輔卿堂大門：遊子思鄉，不礙浮雲遮望眼；
　新婦拜祖，常懷寸草報春暉。
五家庄母宅：慈竹依依，遊子歸桑梓；
　停雲靄靄，新婦拜庭闈。

中午在輔卿堂宴請親族，晚上放映電影，與鄉鄰同歡。次日包車赴贛州，遊鬱孤台、章貢合流、八境台。又次日（九月一日）自贛州飛廣州，再飛香港轉機返台。（留存美金一萬元，成立輔卿堂創業基金，由老家諸弟謀劃運用。）

·九月，受頒教育部任教三十年資深優良教師獎狀與獎金。

·同月，所撰〈高狂俊逸透闢深徹的大哲：牟宗三〉一文，編入《當代中國思想家》，由台北正中書局出版。

·十月，發表〈從陽儒陰釋說起：平章學術之一例〉於鵝湖月刊一九六期。（此文乃爲八月香港新亞研究所「宋明儒學與佛老」學術研討會而作，以返江西故居探親之期早定，無法出席會議，故託人代爲宣讀。）

·同月，發表〈道德上的義利之辨與經濟上的義利雙成〉於中國文化月刊一四四期。

·同月，獲東海大學著作獎助共四萬五千元（計專書「儒家心性之學論要」三萬元，論文發表三篇各五千元。）

·十月，《東海哲學研究集刊》第一輯出版，計二百四十餘頁。所撰〈論文化生命之正途〉（代序）與〈韓儒曹南冥之性理學說及其精神特徵〉二文皆編入。出版前言有云：

「東海大學哲學研究所，成立於民國七十二年，八年來諸位教授或出版專書，或發表論文，或參加國內外學術會議宣讀論文。凡此，皆個別進行，未及匯聚。爲期本所教授之研究成果，彙爲專刊，特定於本學年度出版學術集刊第一輯。以後，仍擬陸續編印出版。」

·十一月，當選爲中華民國哲學會監事會常務監事。

·十二月，因事未克出席國際佛學中心舉辦之學術會議，請蔡瑞霖代爲宣讀論文：〈從兩岸之儒學研究說到中國文化之未來〉（該文編入會議論文集，於次年出版。）

卷五　六十三歲至六十八歲

⊙民國八十一年（一九九二），壬申，六十三歲。

・在台中。

・一月，應約撰述〈中國思想史〉三萬言完稿（編入台北三民書局《國學導讀》第三冊，頁四一至八七。八十二年十月印行。）

・同月，指導東海大學哲研所楊長鎭碩士論文「荀子類的存有論研究」，與周才會（韓）碩士論文「朝鮮朝陽明學之研究」，皆口試通過。

・三月，發表〈有關大陸儒學二三事〉於中國文化月刊一四九期。

・五月十九日，牟師來東海哲研所主持尤惠貞之博士論文口試。二十一日，又以東海大學榮譽講座之身分在茂榜廳作公開演講，題目爲「眞美善的分別說與合一說」，台中各大學師生來聽講者甚爲踴躍，不但座無虛席，後廊、走道，亦爲之塞。全程皆錄影，效果甚佳。

・同月二十九日，出席中央研究院文哲所「國際朱子學會議」，除擔任主持人、評論人之外，並宣讀論文〈朱子的工夫論〉。大陸學者蒙培元、陳俊民、高令印等，亦來參加。

·六月，指導東海哲研所金起賢（韓）碩士論文「李退溪道德進路之探究」，優等通過。同月，金君獲准升入博士班深造。

·同月二十五日至二十七日，東海大學爲紀念創校時期之元老教授徐復觀先生逝世十周年，特舉辦「徐復觀學術思想」國際研討會（教育部、文建會、太平洋基金會贊助，東海大學哲研所籌畫執行），邀請牟師作主題演講，杜維明作專題報告，論文分三個範域（學術與思想、文學與藝術、歷史與社會）進行討論，與會學者共約七八十人。徐夫人王世高女士、徐公子武軍、帥軍，女公子均琴及其兒女，皆來出席。

·六月，編印東海大學「哲學研究所概況」三百冊，分爲十節：1.本所成立經過，2.本所修業規則摘要，3.師資，4.教授著作目錄，5.歷年開授課程與任課教授，6.學術研究與活動，7.學術會議，8.學術論文集之出版，9.畢業研究生及其學位論文題目，10.在學研究生姓名。另附錄「學年度經常工作簡表」與「最近三年所務記事」。

·七月初，女兒維音碩士論文「罷工行爲規範之憲法基礎探討」，以台大法研所近三年來最高口試成績通過。其另一論文〈德國基本法第一條「人性尊嚴」規定之探討〉亦發表於憲政時代季刊、第十八卷第一期。

·同月，維天通過MIT博士候選人之檢試，乃趁機自美返台，度假省親。

·八月，交卸哲學研究所所長行政職務，十三日，偕德英參加台中一中旅行團，作半月絲路之旅（德英於上月先遊桂林、貴州、昆明、大理、湘西張家界，約定在廣州會合）。經香港、廣州直飛烏魯木齊，再往回走，經吐魯香、敦煌、嘉峪關、酒泉、張掖、武威（古涼州）而至蘭州。自蘭州飛西安，二十七日再直飛香港轉機返台。此番西北之旅，雖走馬看花，但半月壯遊，上天池，度戈壁，過火燄山，入葡萄溝，探莫高窟，賞月牙泉，騎雙峰駝，爬鳴沙山，又經安西，登嘉峪關，並沿祁連山下古長城，穿越河西走廊，經西涼而至蘭州，再飛越隴西而訪古都長安，遊城闕，訪雁塔，觀看秦兵馬俑，憑弔漢唐陵墓，探視華清池水，凡此等等，皆令人穿越時空，感懷滿盈。

・同月二十六日，女兒維音赴德國，先在歌德學院加強語文，再入慕尼黑大學修法學博士學位。

・秋月，大陸各學術機構陸續來函邀約出席明年之國際會議，如(1)杭州三月之馬一浮學術研討會，(2)河南四月之宋代哲學研討會，(3)廣西柳州市七月之柳宗元思想研討會，(4)山東威海市八月之孔孟荀學術會議（北京孔子基金會主辦），(5)北京大學八月之國際中國哲學會議，(6)太平洋歷史學會十一月之年會……原則上我擬出席河南山東兩會，但屆時能成行否？未可知也。

・十二月，「徐復觀學術思想國際研討會」論文集，由東海大學哲學研究所編印出版，共計五三六頁。出版前言有云：會議之宗旨，在於對徐教授之學術思想進行反思與省察。除主題演講與專題報告外，共宣讀論文二十四篇。另並附錄徐先生著作年表、會議資料等，以供學界參證。（十九日，恰逢台北舉辦當代新儒學國際會議，特由哲研所同仁攜帶論文集一百冊，分贈與會學者。）

・同月十七日，發表〈從絲路之旅說到必歸於儒〉（爲第二屆當代新儒學國際會議而作）於聯合報副刊，該文又刊於鵝湖二一〇期。

·十二月十九日至二十一日，赴台北出席「第二屆當代新儒學國際會議」，宣讀論文〈所謂開出說與坎陷說：有關民主科學出現的內因與外緣〉。開幕式請牟師作主題演講（題目：中國文化發展中的大綜和與中西傳統的融會），閉幕式請美國狄百瑞教授作專題演講，學者論文五十餘篇，各大學青年學子出席聽講者恆一二百人，實與兩年前第一屆會議同其盛況。

·同月二十三日，牟師因心臟肺部不適，住院療養。次日北上赴台北中華醫院探視。

⊙民國八十二年（一九九三），癸酉，六十四歲。

·在台中。

·一月，發表〈牟老師學行著述紀要〉（續）於鵝湖二一一期。

·新年正月，攜同浩兒返江西老家探親，為母親八五大壽、叔母八十大壽上匾祝嘏。陽曆一月二十九日，經香港直飛南昌，住青山湖旅館，六弟偕兒子寶聯備車來接。次日遊滕王閣後，沿贛江公路而上，經豐城、樟樹、新淦至吉安，遊文天祥紀念館。住一宿，天氣特冷。次日，經贛州返抵雩都，遊羅田岩，見《羅田岩誌》小冊中，錄載我的舊作〈羅田岩之憶〉數段文，亦堪作紀念耳。傍晚抵家，拜謁母親後，與諸弟敘晤甚歡。

·二月一日，偕二弟與浩兒展拜父親墓地，並訪兆雄大哥，商酌母壽上匾禮儀之事，又訪候周老師。下午書寫聯語三副，懸貼輔卿堂門樓、大門與五家庄母宅。聯云：

芝蘭風薰，瑤池桃熟登瓊席；（門樓）
萱堂日永，玉樹柯榮絢綵衣。

蘭桂騰芳，菽水承歡忘憂草；（大門）
賢慈多福，華堂並祝益壽花。

明月有恆，紀年合獻九如頌；（母宅）
青山不老，添潤當稱百歲人。

次日一早，依鄉俗迎高燈彩與嗩吶鑼鼓往溪流上源（長流水）迎接牌匾。午時升匾、酒宴，晚間放映電影答謝親戚鄉鄰。二月三日早晨拜壽、攝影、散客。

·二月七日，包車由四弟五弟陪送，於當晚十一時抵達廣州。八日遊黃花岡。下午，吳明之妹、妹婿與侄兒同來送廣九直達車票，盛情可感。晚八時抵九龍車站，李瑞全夫婦來接。九日李榮添亦加入同遊海洋公園。晚上，關子尹夫婦、張燦輝、馮耀明、劉國強、黃兆強與瑞全夫婦等，偕來餐宴。十日上午，國強開車陪同浩兒購買輪胎二隻，並運至機場搭乘下午二時班機返台。

·二月十八日，北上台大醫院探視牟師，已能在醫院屋頂花園散步。三月一日出院。

·四月，應聘爲洛陽二程學術研究會之顧問，並先後撰成論文提要：1.〈北宋洛學之南傳及其光大〉，2.〈孔孟荀心論之比較〉，寄河南社科院與北京孔子基金會。唯路遠不便，未克出席。

·五月，指導東海大學哲研所柳熙星（韓）碩士論文「荀子禮論的價值根源研究」優等通過，並獲准升入博士班深造。

·六月三日，出席台北王船山研討會，宣讀論文〈從理心氣之義蘊看船山思想之特色〉。十日，出席第二屆國際東西哲學比較會議，宣讀論文〈從罪罰觀念檢視儒耶二教之異同〉。

·六月二十七日，赴台北弔祭老友繆全吉教授之喪，輓以聯云：「四十年交誼篤性情，雖學非同科，而道通爲一，滄海雲天，於今老友去矣；八千里故國苦制度，縱心懷比德，奈人難相謀，神州禹域，何日漢魂歸來。」

·七月，〈儒家與耶教的天人關係：以天道與上帝爲中心〉，載入《文化與傳播》特刊，深圳大學主編，上海文化出版社印行。

·七月，應邀在第四屆青年文化營主講「當代新儒家的精神方向」。

·同月，撰寫〈雩都陳陶先生七旬晉五壽序〉（載入陳氏族譜，次年又刊於雩都文獻第七期。）

·月底，致傅偉勳教授函云：「今見中央日報一則專訪，吾兄所言，甚切甚諦。友朋讀之，亦可得寬慰也。生老病死，各有因緣，悲歡離合，隨人感受。即安樂而受安樂，即苦痛而化苦痛。無所滯，故不必說超離。無所執，故不必說解脫。儒聖之道，只是平平常常，不吹風，不起浪，乃眞能平看生死者。……生與死，事異而道同。生之道即死之道，知所以生即知所以死。故儒聖只言『生生』即可無漏也。」

・八月十日起，偕德英與群振玲珠伉儷，隨台中一中旅行團，作昆明、大理、石林、貴陽、黃果樹、湘西張家界、長沙、岳陽、洞庭之旅。二十五日返抵香港，又偕德英留止三日，出席第三十四屆亞洲北非文化學術國際會議，宣讀論文〈心性理與才情氣：儒家生命觀之省察〉。

・八月底，女兒維音自德返台省親，並報考德國政府之獎學金。（數月後公布，已得中）。十月返回德國。

・十月，偕德英參加東海大學迎新營火會，由鄺錦倫伉儷開車同上埔里惠蓀農場高山賓館住一宿。山嵐清肅，曉氣微寒。次日歸途，誤走正在整修之產業道路，備受顛簸。薄暮始經頭汴坑返抵台中。

・十二月，指導東海大學哲研所韓國研究生千炳敦之博士論文〈易傳道德形上學之研究〉、陳幼慧之碩士論文〈王陽明工夫進路之省察〉，皆口試通過。陳生隨即赴德國修哲學博士學位。

・冬臘，輓曾昭旭教授父喪（壽九十三）：「未嘗親接顏溫，而曉知實德淵懿，若論世間修爲，隱德宜比顯德厚；須待心通理義，方喻解貞人謙和，同欽儀範謹質，前人留教後人思。」

・是年，天津南開大學李翔海博士發表〈蔡仁厚儒家思想述評〉一文於《江西社會科學》年刊。此文態度持平，條理明達，雖有若干誤解，但亦客觀地認爲：「經過幾十年的辛勤耕耘，蔡仁厚事實上已經建立了一個規模相當宏闊的學理系統。從對儒學三期發展的傳承及其思想系統與特質之釐清，到對儒學的現代意義與未來意義之闡釋；從對儒家內聖之學的紹述，到對『新外王』的方方面面之具體構想；蔡仁厚皆有論列。就整體學理規模的宏大而言，其他第三代新儒家的代表人物如某、某、某、某，恐怕都難以和蔡氏相比。」又云：「在第三代新儒家主要代表人物當中，從宏觀到微觀而能具體論列中國現代化之方方面面的，首推蔡仁厚。在一定意義上，蔡仁厚的新儒學思想，對於弘揚中國文化的優秀傳統，對於對治西化派的民族文化虛無主義，對於推進中國文化的現代化與世界化，都有積極的意義。」

⊙民國八十三年（一九九四），甲戌，六十五歲。

·在台中。

·四月一日，偕同德英與王邦雄、王彩鳳伉儷，出席日本九州「東亞傳統文化」國際會議。抵福岡，留日學生來接。次日，由連清吉（九州大學博士）陪同乘快車赴鹿兒島，遊甲突川、櫻島火山、海濱沙浴。五日北返，住熊本，觀賞故城一帶之櫻花。六日赴長崎，天陰雨，遊孔子廟等處。七日返福岡，八日乘新幹線經廣島赴岡山市，遊後樂園，觀賞櫻花。九日十日開會，宣讀論文〈從繼往開來看當代新儒家的學術功績〉。劉述先、杜維明、余英時、傅偉勳、成中英、戴璉璋、柳存仁、姜允明、鄭良樹與大陸之張立文、陳來、葛榮晉、吳光等，皆與會。估計出席學者，華人三分二，日韓共三分一。十一日遊久多聖廟、陶藝所。十二日返台。

・四月三十日，赴台北出席鵝湖論文研討會，宣讀論文〈牟宗三先生研究宋明理學過程之探析〉（刊於鵝湖二二九期，後編入《牟宗三先生與中國哲學之重建》頁一二九至一四一。台北文津出版社印行。）

・五月，輓袁保新教授父喪（中將）：「仕宦門第，懋績勳勞，江山肅穆三杯酒；書香世家，誠明風雅，天地清寧一鑪香。」（按，保新之祖父為前清翰林，曾祖高祖皆仕宦，有政聲。）

・六月，指導東海哲研所韓國研究生李相勳之博士論文〈王陽明工夫論之研究〉，優等通過。

・七月三日，岳父母自台北來台中小住。德英已將育才街宿舍整修一新，兩老留住甚歡。九日北返。（按，一年半後，元宵之夜，此連棟宿舍失火焚燬，幸得省府撥款於同年年底整建修復。）

・七月十七日，偕德英作六星期環球之旅。

先赴歐洲與女兒維音會於維也納，遊覽市區各景點，並泛舟於多瑙河約五十里。二十一日赴布拉格，此乃中歐之文化古城，風物甚美，二十五日赴慕尼黑，連日遊南德各古堡名城（天鵝堡、薩爾斯堡、海德堡、紐倫堡、特利爾）。三十一日赴巴黎，遊凡爾賽、楓丹白露、凱旋門、艾斐爾鐵塔。八月四日，過倫敦飛波士頓，兒子維天偕同學來接。五日，東海校友謝鎮群租車同赴水牛城，次日遊尼瓜拉大瀑布，又沿安大略湖至綺色佳，次日遊康乃耳大學。八日，回波士頓遊哈佛大學、麻省理工、查理士河，晚上吃龍蝦歡渡父親節。九日遊鱈魚角海灘。十日，飛底特律，住德英北二女老同學李妙英家，參觀密西根大學城。十三日經芝加哥，塩湖城至牛仔堡，觀賞騎牛大賽。十四日起，作黃石公園、總統巨像、瘋馬石像、魔鬼柱峰等處之三日遊。十七日返抵塩湖城。十八日參觀摩門教創教總壇。下午，飛越洛磯山脈至舊金山，住德英四弟德浚家。十九日遊史丹佛大學、金山大橋，並觀賞金城落照。二十一日，飛洛杉磯，訪廖喜代夫婦，並與黃正德教授餐敘。次日，遊好萊塢影城，二十三日遊狄斯耐樂園。二十四日，赴大峽谷，沿途沙漠荒熱，夜宿小鎮。二十五日，遊大峽谷，夜宿賭城拉斯維加斯，略事小賭，皆贏。二十六日返洛杉磯，二十七日飛台北（兒女飛波士頓，再飛德國），二十八日晚返抵台中。

·九月，維天完成博士學位，應清華大學之聘，回國任教。

·十月，撰〈贛南蔡氏二屆聯修族譜序〉，略云：

贛南蔡姓宗族，原本分支修譜，抗戰勝利之後，宗族賢者龍南懋謙贛邑稚安二先生率先倡議，聚合各邑宗親三十餘系，聯修族譜，於民國三十八年仲春竣事。從此敦親睦族，增厚宗誼，誠乃功德盛大之嘉事也。仁厚自弱冠寓台逾四十載，近年三度返鄉探親祭祖，深望參拜查閱家譜，而卷帙不全，實深遺憾。癸酉春月，秉族親之督命，依循先祖五年一小修五十年一大修之譜例，發起重修贛南蔡氏族譜，幸蒙各邑宗親響應，稱頌其事。經衆議商定，仍沿用初屆聯修二十言總派而弗改，所以承其先而續其後也。茲者，二屆聯修譜局已於甲戌秋月吉旦在雩都縣城正式成立，仁厚倡議重修族譜之心願終得落實，此固祖德流徽，澤及於遠，而譜局諸君子之賢勞，尤不可不感念也。

夫天下之本在國，國之本在家，家族之譜牒，乃爲敦倫以固本。本立道生，而元亨利貞自在其中矣。嘗試論之，宗祖之德澤，元也。父以傳子，子以傳孫，亨也。子子孫孫，宗支繇衍，各修其業，各盡其才，利也。於是父慈子孝，兄友弟恭，夫和婦順，敦倫成德，昭穆濟美，是即人倫之貞也。聖人之道，由元亨而達利貞，內以成己，外以成物。孟子所謂親親而仁民，仁民而愛物；亦正由家族之親情而達成宇宙之大愛。然則，報本以敦人倫，推恩以安物類，盡性命之理以共成宇宙之太和，豈不盡美而盡善耶。

祖德淵懿，天恩浩蕩，敬望族人，念之勉之。

·十一月，《中國哲學的反省與新生》，由台北、正中書局出版。

全書三百四十頁，輯文十二篇，短論十四篇。自序略云：「中國有沒有哲學，這曾經是一個受人質疑的問題。經過半個多世紀的學與思，中國人已經可以就中西哲學的特質，提出明確恰切的比對；可以就中國哲學的精神取向，提出簡單扼要的說明；可以就中國哲學之現代化與世界化的種種問題，提出相應中肯的省思。中國人已經有了能力，可以釐清中國哲學演進發展的思想脈絡，可以分判中國哲學異同分合的義理系統，可以闡釋中國哲學的基本旨趣及其價值，而且也能衡定中西文化融攝會通的義理規路。」

又云：「開端三文，可以視爲本書主旨的陳述。接下來三篇，是從現實關懷的取向，就儒家思想的社會性，兩岸儒學研究的現況與前瞻，以及道義與功利並行不悖的疏通去礙，提出討論與說明。第七篇，則是對朱子工夫論的全盤考察，無論義理分際，工夫關節，皆言之中肯相應，絲絲入扣。接連幾篇文字，也是對古今儒者的性理學說，思想特色，及其所顯發的哲學器識與學術精神，加以適當的表述。另外，有十四篇附錄，是近年所寫切關於世道人心與文教學術的短文。由於思考比較直接，敘述比較具體，因而可讀性也是很高的。」

·十二月十四日，牟師住入台大醫院，十七日北上探視。二十五日台北演講會後，又偕同王邦雄探望牟師，師索筆寫示云：「你們這一代都有成，我很高興。我一生無少年運，無青年運，無中年運，只有一點老年運。無中年運，不能飛黃騰達，事業成功。教一輩子書，不能買一安身地。只寫了一些書，卻是有成，古今無兩。」云云。（按：牟師之著述，全面表述儒釋道三教，開發儒家新外王，獨力漢譯康德三大批判，並撰寫專書予以融攝消化，又抉發中國哲學所涵蘊之問題，疏導中西哲學會通之路道。凡此，皆超邁前修，古今無兩者也。）

·同月二十五日，搭機赴香港法住學會出席「佛學現代化國際會議」，會後偕遊港九最大島：大嶼山、觀覽佛寺與銅塔。二十八日，出席「第三屆當代新儒學國際會議」，宣讀論文〈論江右王門的學脈流衍〉。此次會議，大陸有十餘人出席，其中鄭家棟、顏炳罡、蔣慶，係初次見面。會後與李瑞全、劉國強、楊祖漢、尤惠貞等，同往拜候唐君毅夫人，其女公子安仁夫婦亦在座，敘談歡洽。

⊙民國八十四年（一九九五），乙亥，六十六歲。

・在台中。

・一月一日，自香港返台。二十五日，偕德英赴台北探視牟師與師母。

・同月，美國傳記學會來函，略謂：閣下已受推薦列入本學會第四期《世界五百名人錄》（約十年遴選一次），請塡寫相關資料，附四吋照片，俾便編印名人錄，並頒發證書云。（當選證書四月初裝框寄到。）

・當選爲「國際儒學聯合會」第一屆理事。（會址在大陸北京）

・二月，天津南開大學出版社編印《現代新儒家人物與著作》（方克立、鄭家棟主編），敘述二十世紀海內外新儒家學者之傳略與著作，依序爲梁漱溟、張君勱、熊十力、馬一浮、馮友蘭、賀麟、錢穆、方東美、唐君毅、牟宗三、徐復觀、杜維明、劉述先、蔡仁厚、成中英、余英時等十六家。頁三五九至三七三介述蔡仁厚，小傳末段有云：「蔡仁厚是牟宗三先生的弟子，現代新儒家第三代的代表人物之一，在整個新儒家陣營中，他是對傳統儒學與現代新儒學，詮釋最多，最有系統的人物。」

・又，北京華夏出版社印行方克立、王其水主編之《二十世紀中國哲學．人物志》上下冊，介述活動於本世紀之哲學學者一百餘人。下冊頁一二九至一三二介紹蔡仁厚，計三千言。

・三月十三日，牟師再度住入台大醫院。十六日以呼吸困難，轉入加護病房。病況漸不佳，延至四月十二日，終於回天乏術，與世長辭。享壽八十七歲。

當晚，同門友召開治喪籌備會，商定有關喪葬事宜，旬日之間，仁厚負責撰成訃文，學行事略，主要祭文以及部分輓聯。二十日，再度北上，共同酌定喪祭禮儀。

·四月十五日，發表〈當代哲儒牟宗三先生的學術貢獻〉於聯合報副刊。十九日，發表〈一生著作，古今無兩：牟先生病中垂語〉於中央日報長河版。又發表〈牟老師最晚年的學思與著作〉於鵝湖二三八期。另應約撰寫〈當代學術界的大豪傑：徐復觀先生〉一文，亦同時發表於鵝湖與中央日報長河版。

·四月二十五日，東海大學爲牟師舉行追悼會，時正患腳疾（痛風），仍抱病上山出席，報告牟師之學行事略（講詞發表於中國文化月刊一八七期。）

·五月二日，偕德英北上參加牟師公祭之禮，並負責在公祭會堂報告牟師之生平及其學術貢獻。十時半公祭完畢，與家屬同門友百餘人送靈至新店竹林路長樂景觀墓園，於十一時半，靈柩入土，葬禮終成。墓園由名建築師李祖原（亦從牟師問學）增資出力，義務設計。墓表碑文，由仁厚主稿，王季謙篆額書丹。

·同月，發表〈牟宗三先生的學術功績〉、〈牟先生學行事略〉以及祭文數則於鵝湖二三九期。

·同月二十六日，指導東海大學哲研所金基柱（韓）碩士論文〈孟子道德哲學之理論與實踐〉優等通過。該生並獲准升入博士班深造。

·六月，發表〈牟老師喪紀〉、〈牟老師的生平及其學術貢獻〉（公祭會報告詞）於鵝湖二四○期。又另舉十端撰寫〈牟宗三先生的生平及其學術貢獻〉一文，刊於中研院「中國文哲研究通訊」第十八期。

・同月，應國史館之約，撰寫〈牟宗三傳〉一萬三千言於十二月先發表於「國史館館刊」復刊第十九期。次年六月，編入《國史擬傳》第六輯，頁四一至六○。

・七月，增改《牟宗三先生學思年譜》完稿。甲編爲「學行紀要」，分爲六卷；乙編爲「學思歷程」，分六階段。再附「著作出版年次表」、「學行事略」、「喪紀」、「全集編目初擬」。送由學生書局印行。

・八月，整理《人文講習錄》完稿，內含講詞三十五篇，加寫「編印說明」，送由學生書局印行。

・同月，本擬赴武漢大學出席「徐復觀思想與現代新儒學研討會」，宣讀論文〈徐復觀先生的學術通識與專家研究〉，因故未果行，特託東海大學文學院長洪銘水教授代爲宣讀。

・同月，發表〈贛南蔡氏二屆聯修族譜序〉、〈蔡氏通政公系源流述略〉、〈自訂學行著述年表〉㈠於台北市雩都同鄉會發行之「雩都文獻」第八期。

・九月，德英任教滿三十年，獲頒行政院壹等服務獎章。

・十月，重刊〈宋明理學的殿軍：劉蕺山〉於中國文化月刊一九二期。

・十二月，指導蔡介裕博士論文「南宋前期閩學之研究」，優等通過。

・同月三十、三十一日，赴台北出席「牟宗三先生與中國哲學之重建」學術會議，在開幕式上提出〈牟宗三先生學思年譜撰述報告〉（講詞發表於中國文化月刊一九九期，後又編入牟師全集本學思年譜為附錄。）

⊙民國八十五年（一九九六），丙子，六十七歲。

・在台中。

・一月二十六日，偕德英飛高雄，出席佛光山首屆宗教文化國際學術會議，宣讀論文〈道德與宗教的融通契合〉（編入會議論文集㈢：《當代宗教的發展趨勢》，當年六月由佛光文教基金會印行）。

・二月，《牟宗三先生學思年譜》，由學生書局出版，全書二三九頁。其前序㈡云：

「乙亥新正，本擬將此初稿交付出版，以祝賀先生八七哲誕。友人以為年譜無有印於生前者，事遂止。竊思年譜何以未見作於生前，印於生前者？似無別由，蓋諱之也。實則，作於生前，可得譜主親加審訂，豈不更較信實？故自傳、自訂年譜之事，世亦有之。若謂人之生平未易言也，須待身後乃能得客觀之論定。此固常理，而亦未必盡然。蓋哲學家之年譜，所重在思想學術，而不在人際之是非與事業之功過，實無所謂須待身後而論定之顧慮也。況且譜之佳否，不在作於生前或身後，而在於撰譜者之存心與器識。生前成譜，以初稿形式公之天下，正可得多方之印證訂正，以成定稿，豈不愈益善乎！茲者，師尊既已謝世矣。梁木壞而泰山頹，哀慟何已！然哲儒萎謝，天地其果真閉而不開，賢人其果真潛隱不出耶？道有隱顯，理無斷滅；傳道弘道之責，端在後繼有人。今世濟濟多士，抑有不安不忍而憤悱不容已者乎？曷興乎來！」

·同月輯錄牟師人文友會之講錄：《人文講習錄》，由學生書局出版，計一八八頁。書前〈編印說明〉分爲五點：1.人文友會。2.聚會講習。3.會友名錄。4.講詞記錄與發表。5.講習錄之編輯出版。末段之文云：「人文講習錄本有輯印成書之議，後以先生所著各書陸續而出，回視當初所講，不免有簡略欠周之感，故此錄出版之議遂寢。而今先生竟歸道山矣。師恩浩蕩，高厚無極。回憶當年師友聚會講習之精誠，可謂難能可貴，世所少有。同門友撫今思昔，以爲不可不留迹以傳諸後，乃督命整理書稿，早付出版。近日檢視講錄存稿，回想當年友會聚會之樂，與諸友向學之誠，悠悠歲月，感懷不已。唯念師友道義，千秋永命；人文精神，萬古維揚。是則常在於心而可告諸世者。民國八十四年八月十四日，人文友會首次聚會四十一周年之辰，仁厚謹識。

·是年，爲紀念祖父輔卿公，特購建「厚生堂」三樓店房於雩都縣城，爲兄弟七人：仁厚、觀長、觀壽、觀保、仁階、家喜、地福之共同產業。落成之日，特撰雙嵌字聯以表慶賀：「厚其德，深其根，根深德厚；生於道，發於運，運發道生。」

·四月三十日，致函牟師全集編委會，商酌依類分輯事宜，提議順編委會之初稿改爲八輯，其序如下：第一輯，中國傳統哲學（含經、子、三教）。第二輯，歷史與文化（含外王三書）。第三輯，理則學。第四輯，西學譯註（含三大批判與名理論）。第五輯，康德哲學之重建（含認識心之批判，智的直覺，現象與物自身，圓善論）。第六輯，論著彙編。第七輯，講錄。第八輯，自述與年譜。經衆衡量，幸蒙採用。唯第八輯改稱「傳記與年譜」，而各輯所含之著作亦由編委會討論後稍作調整。最後之定案，庶幾妥當。

・五月，《論語人物論》，由台北商務印書館出版，計一三七頁。此書乃《孔門弟子志行考述》之姊妹篇，實由三十年前之舊稿整理編合而成。

・同月，指導韓籍研究生黃甲淵博士論文「心學的道德形上學之研究」與金起賢博士論文「朱子學在朝鮮的流衍及其影響之研究」，皆優等通過。

・此月之末，東海哲學系同事蔣年豐教授自了，事出突然，學界驚痛。謹悼以聯云：

學界歎凋零，黃梅季節驚風雨；
英年傷早逝，碧海青天悵落暉。

・六月，指導中國文化大學韓籍研究生尹元鉉博士論文「從朱子思想中之天人架構闡論其義理脈絡」，獲得通過。尹君返韓前夕，特來台中下拜辭行，執禮深重，殊可感念。贈以言曰：時風有來去，聖道無古今。勿隨風起舞，須信道篤行。學問應從累積發展中看，由累積見深厚，由發展見高明。如何累積？如何發展？學、問、思、辯、行，一以貫之，庶乎可耳。元鉉勉之哉！

・七月九日，出席中研院文哲所主辦之「儒學與現代世界」國際學術研討會，宣讀論文「當代新儒家的學術貢獻及其文化功能之省察」。

・同月，德英偕同台中一中同事，作北歐之旅。先自奧斯陸乘遊艇由挪威西海岸至北角，觀北極圈之奇景。再陸路經芬蘭至瑞典，再轉丹麥，一路從容觀光，歷四十日而返抵台灣。

・八月，收到美國傳記學會第四期《世界五百名人錄》。蔡仁厚（TSAI, JEN-HOU）之照片與簡介在頁二二五六。

・同月，發表〈自訂學行著述年表〉㈡於「雩都文獻」第九期。又，台北市江西同鄉會館成立鄉邦文獻室，徵求著作文物，特將著作全套十四種寄贈陳列。

・九月，完成《中國歷代思想家》補編「牟宗三」稿，計四萬七千言。又發表〈徐復觀的學術通識與專家研究〉於香港「毅圃」季刊，頁九至十八。

・同月，《王陽明哲學》韓文譯本（三七五頁）在漢城出版，黃甲淵博士韓譯。黃君來東海從學於余，完成碩士博士學位後返韓，任教於全北大學哲學系。

・十月，應邀赴新加坡海南會館作專題演講，偕德英同行。五月抵新，蘇新鋈容陸瑤伉儷來接，又安排新加坡大學研究生黃文斌陪同遊馬來西亞之馬六甲、吉隆坡。星洲日報聞訊，特邀約作公開演講，並負責接待。該報連日刊出海報，並選刊昔年相關之論文與短篇。七日晚由總主筆羅正文主持，在該報新啓用之大禮堂講「當代新儒家的成就」，聽衆踴躍，座無虛席。八月又應專題記者張碧芳之約作訪問錄音，並與馬來西亞大學中文系諸教授座談。九日返新加坡，出席海南會館一百四十二周年館慶，並致送賀詩（請蘇新鋈兄書寫，裝裱成卷）。十日赴新加坡國立大學中文系座談（題爲：當代新儒家的現況與未來）。次日遊南洋大學故園與聖淘沙。十二日下午，公開演講（題目：從儒家思想看人權問題），由王佐老先生主持，禮堂滿座，臨時加添座位，一番熱烈，皆大歡喜。該館特贈「儒學之光」鎏金圓盤一座，以爲紀念。

·同月，次子浩天升職爲國產汽車公司副工程師。

·十一月十五日，偕同王邦雄教授一行十餘人赴上海出席第四屆中國現代化學術研討會，宣讀論文〈儒家倫理與現代社會〉會議期間，膳宿接待，備受優渥。十九日過崑山周莊，夜宿蘇州南園，晚宴時得聞蘇州彈詞數闋，印象大佳。次日遊拙政園，下午經無錫、常州，夜抵南京，宴飲於秦淮河畔，又乘車過長江大橋，至江北而回。二十一日遊天王府、中山陵。下午飛香港轉機返台。

·同月，九州會議論文〈從繼往開來看當代新儒家的學術功績〉編入《東亞文化的探索：近代文化的動向》（頁一一七至一三五），由台北正中書局出版。

·十二月，在鵝湖發表〈新的思考和具體的建議：爲第四屆當代新儒學國際會議而作〉，並同時刊出〈憶念傅偉勳教授〉一文。

·同月，指導文化大學哲學研究所王財貴博士論文「從天台圓教論儒家心學建立之可能性」，優等通過。

·同月下旬，偕德英出席台北「第四屆當代新儒學國際會議」，以大會召集人之身分作開幕式致詞，題爲：「當代新儒學的回顧與前瞻」，並主持閉幕前之綜合座談。會後偕同與會學者前赴新店竹林路長樂景觀墓園參拜牟師之墓。又偕衆轉赴觀音山唐先生墓前行禮。

·同月，《牟宗三先生紀念集》，由東方人文基金會出版，計六百頁。書前出版弁言有云：「一代哲儒，固國族之瑰寶，人文之精粹；唯文化學術之開展，須得人人異地而同心，始能匯成沛然莫之能禦之巨流。爲此，敬望天下賢彥與學界才俊，同注心力，以永續文化之慧命；共勵精誠，以開顯學術之光輝。」

⊙民國八十六年（一九九七），丁丑，六十八歲。

·在台中。

·一月二十八日（丙子臘月二十日），喬遷新居台中市孔子廟大門右旁惠宇椰風名廈，雙十路二段四十五巷十五號十六樓。安置祖先牌位時，特更換形式爲「天地聖親師神位」，以擴大報本返始之心意。天地爲宇宙生命之本始，祖先爲個體生命之本始，聖賢爲文化生命之本始，故一同加以禮敬奉祀。並配以聯語云：「天生地養，盛德廣大；聖道師教，親恩緜長。」

·同月，〈從儒家思想看人權問題〉刊於中國文化月刊二〇二期，〈一心璀璨，萬樹競榮〉刊於鵝湖二五九期。

·二月，發表〈牟宗三先生墓園記〉於鵝湖二六〇期。十六日（新正初十）趁出席台北市雩都同鄉會之便，偕同貞哥與志朝弟前赴牟師墓園展拜行禮。

·三月一日，赴中研院文哲所出席牟師全集編輯會議，商定工作進度與分冊編校事宜。十九日，應佛光大學南華哲研所所長林安梧教授之約，偕德英同赴嘉義，以特約講座之身分作兩場專題演講。當晚講「當代新儒家的學術貢獻及其前瞻」，次晨講「四十年學思之回溯」（學海一粟，有愧格範，精誠所注，點滴貫串）。夜宿龔鵬程校長官舍，教務長袁保新教授邀約舊友新知十餘人共聚一廳，茶酒交錯，歡愉鬧熱。次日，翟本瑞尤惠貞伉儷早點款待，木屋清香，樸雅溫馨，深可感念。

・同月，發表〈中國哲學之概述〉（應中華民國八十四年年鑑而寫）於中國文化月刊二〇四期。

・五月五日，爲岳父母結婚六十周年之慶，寄賀禮時並呈獻四句鑽石婚祝辭云：「良緣一甲子，人間比天上。祝頌老神仙，福壽又安康。」語俚而意眞，正是佳句。又爲岳父撰寫「行誼述略」五千言，寄請核正。

・五月二十八日，德英打網球時，摔傷右腳踝，經大坑口大華國術館推拿敷藥八九回，始漸消腫。又經三月餘之調理療養，乃能於八月十日相偕赴日本開會遊覽。

・六月十五日至二十日，應邀赴新加坡出席「儒學與世界文明」國際學術會議，宣讀論文〈宋明理學與當時的世界思潮〉。與會學者除台灣、大陸、香港、新加坡外，有馬來西亞、泰國、越南、韓國、日本以及美、俄、法、澳、紐等地一百餘人。閉幕式作總結時，我特提議現代人在無堂屋的新式住宅中設法安置「天地聖親師」之神位，使一家大小朝暮之間皆得以與「天地、祖先、聖賢」交感相親，藉此以滿足內在生命「報本返始」之要求，並因而豐厚生命之內涵，提高生活之層次，深化人文之教養。

・同月二十七日，指導東海大學哲研所研究生李得財博士論文「羅近溪哲學之研究」，口試通過。

・七月二日，香港來函，邀約出席由香港孔教學院與中文大學新亞書院合辦之「孔子思想與二十一世紀」國際學術研討會，並招待遊覽廣東三水之孔聖園。唯九月下旬正開學之期，未克分身。乃寄《孔門弟子志行考述》一冊贈與湯恩佳院長，並附言云：如能以此書廣贈大陸各地，則亦無異於奉請孔門諸賢巡行神州，周流講學弘道也。

・同月，〈論詩禮樂與文化生命〉編入《東海哲學研究集刊》第四輯出版發行。又發表〈天地、祖先、聖賢〉一文於鵝湖月刊，並做成抽印本五十份，擬攜往八月京都陽明會議分送與會學者。

・女兒維音於七月十五日口試通過德國慕尼黑大學法律博士學位，並受聘爲台南成功大學法律學研究所助理教授。（此前，博士學位可擔任副教授之職。自今年八月起，教育部立法通過仿美國之制，增助理教授一階。）

・頃見某君保藏牟師書信雜記一束，中有民國三十七年師四十歲之詩文四則，捧而讀之，驚歎不已。師屢言自己不善文辭，今見此作，乃知師之文采樸美，氣宇高華，矯矯雄健，超邁時流。讀之生感，激動衷腸，故特謄錄成篇，標題目爲「太湖旦著樓四則」（一曰旦著樓記，二曰月華賦句，三曰觀生悲歌，四曰四十誌感），擬送請鵝湖發表。使天下人常讀牟師皇皇巨帙之餘，又得此悱惻慷慨、悲憤時世之詩歌短篇而誦之，其亦足以激感興懷，而引發生命之眞情與心靈之慧解也夫！（今按：師之全集現正編校中，所餘書札講錄資料，數量甚多。如何處理，須待酌定。故同門以爲此四則詩文，亦暫不宜發表。敬愼之慮，宜當謹遵。）時牟師謝世二十七月之期也。

·八月十日，偕同德英赴日本出席「國際陽明學京都會議」，宣讀論文〈王陽明的知行思想〉，並成五言古詩一首，複印分送與會學者。此次會議，係由岡田武彥教授（九十高齡）擔任議長，出席學者有島田虔次、溝口雄三、福田植、吉田和男、金泰昌、鄭仁在、崔在穆、湯一介、蒙培元、張學智、蔡仁厚、黃俊傑、李明輝、劉述先、杜維明、余英時、秦家懿、李焯然以及美國狄百瑞、俄國羅馬諾夫、加拿大史羅一等。會後，由東海大學日籍研究生戶田哲也陪同，遊覽京都之清水寺，三十三間，嵐山，金閣寺、銀閣寺、平安宮以及奈良之東大寺、唐招提寺。十四十五兩日，住戶田家，盛情招待之外，其父母並贈送和式餐具全套及花插一組。戶田先生並親自送機，情誼可感也。十六日晚，特過桃園龜山四哥家，會同志朝伉儷爲貞哥祝七十壽。夜十一時，返抵台中。

·同月，發表〈自訂學行著述年表〉㈢與〈返鄉詩聯錄存〉於《雩都文獻》第十期。

·九月，發表〈國際陽明學京都會議詩〉與〈王陽明的知行思想〉於中國文化月刊二一〇期。

·十月，〈當代儒家的學術貢獻及其文化功能之省察〉，編入中研院文哲所當代儒學研究叢刊之六《儒家思想的現代詮釋》（頁十一至三〇）出版。

·十一月十四日，應邀赴淡江大學「東亞漢學國際會議」作專題演講〈儒家之學與現代社會〉。

·十二月十八日，出席國史館學術研討會，宣讀論文〈中國哲學史的過去現在與未來〉。

二十七日，出席鵝湖學術會議，宣讀論文〈當代新儒家對政治的理解與參與〉。

·同月，〈論江右王門的學脈流衍〉，編入當代新儒學第三屆國際學術會議論文集《牟宗三哲學與唐君毅哲學論》（頁三一七至三三八），由文津出版社列爲「鵝湖學術叢刊第三十冊」出版發行。又，〈關於中國哲學史的討論〉編入《鵝湖學誌》第十九期，頁一五九至一七六。

卷六　六十九歲至

⊙民國八十七年（一九九八），戊寅，六十九歲。

・在台中。

・一月，兒女籌商編印七十壽慶集（以自訂學行著述年表為甲編，學行著述資料為乙編，友朋祝壽詩文為丙編）。隨即發出徵文啓，定於九月集稿，明年二月七十初度之辰出版。

・二月十五日，應教育廳教師福利會之邀，赴日月潭中小學教師經典教育與文化之美研習營作專題演講：「人文教育與自我修持」。三月，又應華山講堂與中華電視台之約，來家中錄影，講說「兒童讀經與人文教養」，此一錄影卡帶作為向大陸與海外華人世界推廣兒童讀經之用。

・三月，發表〈當代新儒家對政治的理解與參與〉一文於鵝湖二七三期。

・四月十二日，牟師逝世三周年，偕德英與鵝湖諸友同往牟師墓園展拜行禮。下午為鵝湖文化講座首先開講：「進德修業的形態與時宜——從牟先生的性情說起」。（講詞發表於鵝湖六月號二七六期。）

・同月《孔子的生命境界》由學生書局出版，計四三〇頁。書分三卷，卷上為「生命境界」，卷中為「返本開新」，卷下為「理學新詮」。自序末段云：「回溯四十年來，湧身文化生命之大流，參與儒學復興運動。雖學疏識淺，無所靖獻；但對於中國文化與儒家學術之光大發皇，則一直眷眷深懷，夢魂牽繫。我從來不估量自己有多大能力，也從來不計較有多少成功機會；唯是始終一念，精誠貫注，盡我心，盡我力，盡我分。過去如此，現在如此，將來也是如此。」

・五月二日，偕德英赴北京出席北大百周年「漢學研究國際會議」。北大哲學系王守常教授來接機，直赴西郊香山飯店住宿。次日由首都師大鄧小軍教授陪同，遊覽故宮、北海、景山公園。次日，又包車上長城八達嶺、居庸關，鄧君與南開大學博士生王興國同行。回程並遊十三陵之定陵（明神宗）長陵（明成祖）。五日由北大博士生彭高翔陪同，遊北大校園未名湖、圓明園、頤和園，又與胡楚生教授遊西山碧雲寺、臥佛寺。六七八日開會，分文學語言、歷史、哲學、考古四組進行研討。來自十七國之漢學家共計二百餘人，可謂盛況空前。我爲大會獻五言古詩一首，由北大教授代爲朗誦。詩發表於鵝湖二七五期，並已編入本書〈酬應感懷之什〉八十七年下。九日，移住北大賓舘「勺園」，應約爲哲學系博士生舉行座談會。次日，煩王守常君轉請國際儒聯辦公室李洪岩主任送機，過港返台，於十一時四十分安抵椰風家宅。

・同月二十二日，山東大學與孔子基金會訪問團來台，特過東海敘晤，並承惠賜孔府家酒，我亦以著作回贈。二十三日，應省立美術館之約，作專題講演：「中國先秦時期的人文思想」。

・八月下旬，岳父母來台中，在象山書屋小住十日。德英照顧飲食，甚得老人歡悅。

·九月四日，偕德英出席山東新儒大會（主題：牟宗三與當代新儒學），同行者鵝湖諸友三十餘人。會場在濟南舜耕山莊（相傳舜耕於歷山之下）。開幕式主題分講時，我特指出當代儒家之學術功績，可約爲五點：「闡明三教，開立三統，暢通慧命，融攝中西，疏導新路。」而此五點貢獻，實又可推舉牟先生爲典型之代表。他一生不做別事，只念念要爲中國文化打開一條復興之路道。以此之故，我特爲大會獻詩一首（見本書〈酬應感懷之什〉八十七年下）。

此次與會學者，台港而外，還有美、德、韓國、新加坡。而大陸學者，除山東當地涵蓋老中青，其他來自北京、天津、南京、上海、武漢、廣州各地之學者，皆以中青代爲主幹，頗顯朝氣。

三天會後，大會又安排泰山登臨與鄒魯瞻巡。八日一早，驅車赴泰安，直上中天門，再乘纜車到南天門。往上經碧霞宮登玉皇頂，沿路摩崖石刻，乃地球上刻於天然石壁唯一巨型之書法寶庫。其雄渾之美與磅礡之氣勢，難以言傳。在泰山之顚「一覽衆山小」之後，回到山麓，再遊岱廟。這是和北京故宮、曲阜孔廟齊名的中國三大宮殿式之古建築。氣象莊穆開濶，使人在肅然中得舒放，舒放中有肅穆。

九日早，先乘車至鄒城市瞻仰亞聖孟子廟，再回轉曲阜瞻拜孔廟、巡禮孔林。步行其間，頓覺天地莊穆，元氣沖和，悠悠千古，聖道長存。此情此境，得未曾有。全國各郡州縣，皆有孔廟。心誠則時空凝約於當下，宇宙吾心融通爲一。陽明所謂「人人心中有仲尼」者，自非虛言。然而就曲阜聖廟所顯示之莊肅清穆疏朗雄潤之氣象而言，又確實無與倫比。

十日早晨，一行四十餘人由濟南乘六小時車抵達棲霞市。但見市容整齊，道路平坦，山水依然靈秀，民風依然樸實。市長與父老，熱烈迎客。簡報之後，先遊城北牟氏大莊園以及新成立的「牟宗三先生紀念館」。次日，又驅車前往牟師故居牟家疃，探望一生在家守護子孫的老師母王氏太夫人。這一帶風土厚實，盛產蘋果、梨、杏、櫻桃，號稱「江北水菓第一鎮」。下午，又行車三小時抵達「萬頃濤頭一島青」的青島。這座觀光城市，舊城區的建築饒有德國風味。而通盤看來，仍然是紅瓦、綠樹、山青、水碧。的確風景宜人。一宿之後，經香港返回台北，這次會議，乃告結束。

〔待續〕

乙編　學行著述資料

壹、出席學術會議簡表（以國際學術會議為主）

時間	地點	會議名稱	論文題目
68.11.	台北	近世儒學與退溪學第四屆國際會議	「性理」的全義與偏義
12.	輔大	國際哲學會議	儒家精神與道德宗教
69.10.	漢城	第十屆東洋學會議	朱子學的綱脈與朝鮮前期之朱子學
70.1.	東海	中國文化研討會	關於宗教之會通問題
71.7.	夏威夷	國際朱子會議	朱子學的新反省與新評價
72.8.	東海	中國文化研討會	哲學教育的時代功能
73.6.	新加坡	學術訪問專題演講㈠	儒學的時代性與普遍性
6.		學術訪問專題演講㈡	禮與法的層位及其效用
8.	東海	世界中國哲學會議	從前瞻性的觀點看儒家哲學的價值及其貢獻
74.6.	台北	中韓文化關係研討會	韓國性理學的淵源與前瞻
7.	多倫多	國際中國哲學會議	三心與三性
8.	新加坡	儒家倫理會議	禮的涵義與功用
75.8.	東京	二十一世紀前瞻會議	儒家思想對人類前景所能提供的貢獻

76. 1.	香港	第九屆退溪學國際會議	李退溪「辯知行合一」之疏導
11.	台北	國際孔學會議	孔學精神與現代世界
77. 1.	港大	儒家學術會議	儒家精神與中國現代化
5.	台大	中國人性論研討會	陸王一系人性論之考察
8.	新加坡	儒學前景會議	儒學的常與變
12.	香港	唐君毅思想國際會議	唐君毅先生論人格世界
12.	師大	王陽明學術會議	關於「致良知」前後向之考察
78. 6.	東海	中國思想史研討會	儒法異同平議
8.	台北	國際東西哲學比較會議	天道與上帝
79. 6.	東海	儒釋道思想研討會	儒家思想與現代社會
8.	漢城	中國學國際會議	中國哲學的特質與中國哲學之世界化
12.	台北	第一屆當代新儒學國際會議	中國哲學的反省與新生
80. 6.	新加坡	漢學國際會議	通觀華族文化生命的走向
10.	曲阜	海峽兩岸儒學研討會	道德上的義利之辨與經濟上的義利雙成
12.	台北	兩岸宗教與文化會議	從兩岸之儒學研究說到中國文化之未來
81. 5.	南港	國際朱子學會議	朱子的工夫論
6.	東海	徐復觀學術思想研討會	徐復觀先生對宋明理學的見解
12.	台北	第二屆當代新儒學國際會議	所謂「開出說」與「坎陷說」
82. 6.	台北	第二屆東西哲學比較會議	從罪罰觀念檢視儒耶教義之異同

8.	香港	卅四屆亞非文化會議	心性理與才情氣：儒家生命觀之省察
10.	台北	王船山學術會議	從「理心氣」之義蘊看船山學之特色
83. 4.	九州	東亞傳統文化國際會議	從繼往開來看當代新儒家的學術功績
12.	香港	第三屆當代新儒學國際會議	論江右王門的學脈流衍
84. 12.	台北	鵝湖學術論文研討會	牟先生研究宋明理學過程之探析
85. 1.	佛光山	文化與宗教國際會議	道德與宗教的融通契合
7.	南港	儒學在現代世界國際會議	當代新儒家的學術貢獻及其文化功能之省察
10.	新加坡	文化專題講座	從儒家思想看人權問題
11.	上海	中國現代化研討會	儒家倫理與現代社會
12.	台北	第四屆當代新儒學國際會議	當代新儒學的回顧與前瞻
86. 6.	新加坡	儒學與世界文明國際會議	宋明理學與當時的世界思潮
8.	京都	國際陽明學京都會議	王陽明的知行思想
12.	國史館	中華民國史專題研討會	中國哲學史的過去現在與未來
12.	台北	鵝湖學術會議	當代新儒家對政治的理解與參與
87. 5.	北京	漢學研究國際會議（北京大學百周年慶）	牟宗三先生的學術貢獻：表彰一位傑出的北大校友
9.	山東	第五屆當代新儒學國際會議	牟宗三先生鑄造學術新詞之意涵述解

附：遠程旅遊備忘

六十九年十月　漢城、陶山、慶州之旅（一週）。
七十一年七月　夏威夷之旅（半月）。
七十三年六月　新加坡、香港之旅（一週）。
七十五年八月　東京、富士山之旅（一週）。
七十六年七月　夫人遊西歐（六週）。
七十八年七月　第一次返鄉探親祭祖（維天、維音偕行，二週）。
七十九年七月　夫人遊東歐（六週）。
八十年八月　九寨溝、成都、重慶、三峽、武漢、黃山之旅（半月）。
　　　　　　同時偕夫人回江西祭祖，補行廟見之禮。
八十一年八月　大西北絲路之旅（夫人偕行，半月）。
八十二年新正　第三次返鄉爲母親祝壽（浩天偕行，二週）。
　　　八月　雲貴湖湘之旅（夫人偕行，半月）。
八十三年四月　日本九州之旅（夫人偕行，十二日）。
　　　七月　歐美環球之旅（夫人偕行，維、琴陪同，六週）。
八十五年七月　夫人遊北歐（六週）。

十月　星馬之旅（夫人偕行，九日）。
十一月　上海、蘇州、南京之旅（一週）。
八十六年八月　日本京都、奈良之旅（夫人偕行，一週）。
八十七年五月　北京、長城之旅（夫人偕行，九日）。
九月　山東濟南、曲阜、泰山、棲霞之旅（夫人偕行，九日）。
十二月　第四次返鄉祭祖與桂林陽朔之旅（夫人女兒與四哥六弟伉儷偕行，十二日）。

貳、著作出版年次表

1.《家國時代與歷史文化》（一五一頁）。
・民國四十九年十二月，香港、人生出版社印行。

2.《儒學與文化》（一四三頁）。
・民國五十六年十一月，台灣省教育廳獎助出版。（五年後，併入他書）。

3.《孔門弟子志行考述》（二〇六頁）。
・民國五十八年九月，台北、商務印書館印行。
・民國八十一年九月，選列爲新人人文庫十四號，改版印行（二二四頁）。

4.《儒家哲學與文化眞理》（二六一頁）。
・民國六十年十二月，香港、人生出版社印行。（十年後，散入他書）。

5.《王陽明哲學》（二五八頁）。
・民國六十三年十月，台北，三民書局印行。
・一九九六年九月，漢城、韓文版發行（三七五頁），黃甲淵博士譯。

6.《宋明理學·北宋篇》（四七三頁）。
・民國六十六年十月，台北、學生書局印行。
・民國六十八年，修訂再版（改寫前序，增補後跋）。

7.《墨家哲學》（二二三頁）。
・民國六十七年三月，台北、東大圖書公司印行。

8.《牟宗三先生的哲學與著作》（主編、合著，九六二頁）。
・民國六十七年九月，台北、學生書局印行。

9.《宋明理學・南宋篇》（四一七頁）。
・民國六十九年三月，台北、學生書局印行。
・民國七十二年八月，增訂再版（增入附錄二、三）。

10.《中國哲學史講義》（二一〇頁）。
・民國六十九年九月，台中、東海大學印行。
（民國七十七年，改名「中國哲學史大綱」，增訂出版。）

11.《孟子要義》（一八六頁）。
・民國六十九年十一月，台灣文復會委託台灣書店印行。
※《倫理與文化》（楊德英著，二一二頁）。
・民國七十年八月，象山書屋增訂再版。

12.《新儒家的精神方向》（三九七頁）。
・民國七十一年三月，台北、學生書局印行。

13.《孔孟荀哲學》（五三四頁）。
・民國七十三年十二月，台北、學生書局印行。

14.《會通與轉化》（合著，三五〇頁）。
·民國七十四年二月，台北、宇宙光出版社印行。

15.《儒學與禮法》（單行小冊，二十九頁）。
·一九八六年，新加坡，IEAP印行。（後編入十七號著作）。

16.《荀子與朱子心性論之比較》（單行小冊，六十八頁。）
·一九八七年，新加坡，IEAP印行。（後編入二十號著作）。

17.《儒家思想的現代意義》（四五五頁）。
·民國七十六年五月，台北、文津出版社印行。

18.《熊十力先生學行年表》（一四〇頁）。
·民國七十六年八月，台北、明文書局印行。

19.《中國哲學史大綱》（三四〇頁）。
·民國七十七年八月，台北、學生書局印行。

20.《儒家心性之學論要》（三一〇頁）。
·民國七十九年七月，台北、文津出版社印行。

21.《儒學的常與變》（二九二頁）。
·民國七十九年十月，台北、東大圖書公司印行。

22.《中國思想史》（編入《國學導讀》㈢，頁四一一至八四）。
·民國八十二年十月，台北、三民書局印行。

23.《中國哲學的反省與新生》（三四〇頁）。
・民國八十三年十一月，台北、正中書局印行。

24.《牟宗三：人文講習錄》（輯錄、主編，一八八頁）。
・民國八十五年二月，台北、學生書局印行。

25.《牟宗三先生學思年譜》（二四〇頁）。
・民國八十五年二月，台北、學生書局印行。

26.《論語人物論》（一三七頁）。
・民國八十五年五月，台北、商務印書館印行。新人人文庫一〇一號。

27.《牟宗三傳》（國史擬傳第六輯抽印本，計二十頁）。
・民國八十五年六月，台北、國史館印行。

28.《牟宗三先生紀念集》（合著、主編，六〇〇頁）。
・民國八十五年十二月，台北、東方人文學術研究基金會印行。

29.《孔子的生命境界》（四三〇頁）。
・民國八十七年四月，台北、學生書局印行。

30.《牟宗三》：中國歷代思想家叢刊之一（　　頁）。
・民國八十七年　　月，台北、商務印書館印行。

叁、論著類目

德英初輯、仁厚定稿

目次

編輯說明：本「論著類目」，凡先發表於刊物而後又編入專書出版者，則皆只標舉書名頁碼，不再列舉發表刊物之名。

一、儒學通論

1.如何了解儒家學問	《新儒家的精神方向》	頁九一～一〇四
2.從漢武帝「獨尊儒術」說起	《新儒家的精神方向》	頁一〇五～一一六
3.儒家的狂狷精神	《新儒家的精神方向》	頁一一七～一二九
4.儒學的常與變	《儒學的常與變》	頁三～二一
5.孔學精神與現代世界	《儒學的常與變》	頁二三～四一
6.孔學的常道性格與應變功能	《儒學的常與變》	頁九三～一〇〇
7.儒家與中國哲學	《儒學的常與變》	頁一〇三～一二一
8.從先秦儒到宋明儒	《儒學的常與變》	頁一二三～一三九
9.禮與法的層位及其效用	《儒家思想的現代意義》	頁一三五～一五〇
10.禮的涵義及其功能效用	《儒家思想的現代意義》	頁一五一～一六四
11.禮的社會功能	《孔子的生命境界》	頁三五四～三五七
12.「詩、禮、樂」與文化生命	《孔子的生命境界》	頁一九～三四

二、先秦儒家

(一)孔子哲學

(二)孟子哲學

9.孟子的學術批評　《孔孟荀哲學》卷中　頁三二九～三四六

11.孟子要義（文獻類疏）

(1)心性論　(2)修養篇

(3)處世篇　(4)政治篇

(5)知人論世篇

(三)荀子哲學

1.荀子的事跡及其時代　《孔孟荀哲學》卷下　頁三四九～三六七

2.荀子的天論　《孔孟荀哲學》卷下　頁三六九～三八六

3.荀子的性論　《孔孟荀哲學》卷下　頁三八七～四〇三

4.荀子的心論　《孔孟荀哲學》卷下　頁四〇五～四二八

5.荀子的名論　《孔孟荀哲學》卷下　頁四二九～四五二

6.荀子「禮義之統」析論　《孔孟荀哲學》卷下　頁四五三～四七四

7.荀子論道德修養　《孔孟荀哲學》卷下　頁四七五～四九六

8.論君：荀子政治思想闡微　《孔孟荀哲學》卷下　頁四九七～五一六

9.荀學的新評論　《孔孟荀哲學》卷下　頁五一七～五三四

10.荀子的學說　《中國哲學史大綱》　頁六三～六七

11.荀子的心性論　《儒家心性之學論要》　頁五七～八五

12. 荀朱心性論之比較及其評價　《儒家心性之學論要》　頁一一六～一三八

13. 荀子的思想體系　《孔子的生命境界》　頁八三～一二〇

(四)大學分章之研究　《宋明理學南宋篇》　頁一四三～一八四

(五)中庸易傳的形上思想　《中國哲學史大綱》　頁五七～六二

三、墨、名、道、法

(一)墨子思想

※「墨家哲學」緒論　《墨家哲學》　頁一～一六

1. 最高的價值規範：天志　《墨家哲學》卷上　頁一七～二七
2. 權威主義的政治論：尚同　《墨家哲學》卷上　頁二八～三九
3. 愛的社會之嚮往：兼愛　《墨家哲學》卷上　頁四〇～五〇
4. 墨子的文化觀　《墨家哲學》卷上　頁五一～六五
5. 墨學的中心觀念　《墨家哲學》卷上　頁六六～七三
6. 墨學中的心性問題　《墨家哲學》卷上　頁七四～八七
7. 關於墨學的評論　《墨家哲學》卷上　頁八八～九七

(二)墨辯、名家

1. 墨辯的時代與作者　《墨家哲學》卷下　頁九九～一〇五
2. 墨辯與名家　《墨家哲學》卷下　頁一〇六～一三一
3. 墨辯中的邏輯理論　《墨家哲學》卷下　頁一三二～一五五
4. 墨辯論知識與時空　《墨家哲學》卷下　頁一五六～一六七
5. 墨辯中的「辯」術　《墨家哲學》卷下　頁一六八～一八一
6. 墨辯中的道德觀　《墨家哲學》卷下　頁一八二～一九七
7. 墨辯中的科學知識　《墨家哲學》卷下　頁一九八～二〇九
8. 附錄：孔老墨的戰爭價值觀　《墨家哲學》卷下　頁二一〇～二三〇
9. 墨子的思想　《中國哲學史大綱》　頁二一～二六
10. 名家與墨辯　《中國哲學史大綱》　頁四五～五五

(三)道家哲學

1. 關於儒道之間的一些關聯　《儒家的常與變》　頁一五七～一六三
2. 老子的哲學　《中國哲學史大綱》　頁三三～三八
3. 莊子的智慧　《中國哲學史大綱》　頁三九～四四
4. 王弼之老學　《中國哲學史大綱》　頁一一一～一一九
5. 向、郭之莊學與阮籍、嵇康　《中國哲學史大綱》　頁一二一～一三〇

㈣法　家

今按：此稿乃爲學過程中事，三十餘年未嘗再加檢視，今日看來，恐當作廢勿用耳。

四、宋明理學（韓日性理學）

㈠通　論

(二)周濂溪

(三)張橫渠

(七)朱　子

(八)陸象山

(九)王陽明

(十) 劉蕺山、王船山

(十一) 日韓性理學

五、當代新儒家

(一)通　論

9. 當代新儒家對政治的理解與參與　《鵝湖月刊》　二七三期

(二)熊十力 一八八五—一九六八、梁漱溟一八九三—一九八八

1. 巍巍大人：敬悼熊十力先生　《新儒家的精神方向》　頁二七七～二八〇
2. 黃岡熊先生誕生百周年　《熊十力先生學行年表》　頁九五～一〇四
3. 熊先生紀念座談會書面發言　《熊十力先生學行年表》　頁一〇五～一〇九
4. 熊十力先生的生命格範　《熊十力先生學行年表》　頁一一一～一二四
5. 群經言治之九義
—讀《讀經示要》隨感錄　《熊十力先生學行年表》　頁一二五～一三七
6. 敬悼梁漱溟先生　《儒學的常與變》　頁二六五～二七一

(三)唐君毅 一九〇九—一九七八

1. 敬悼唐君毅先生　《新儒家的精神方向》　頁二八一～二九三
2. 唐君毅先生的生平與學術　《新儒家的精神方向》　頁二九五～三〇七
3. 懷念唐君毅先生　《儒家思想的現代意義》　頁四一六～四一八
4. 唐君毅先生論人格世界　《儒學的常與變》　頁一六五～一八八
5. 唐君毅先生的文化意識　《儒學的常與變》　頁一八九～二〇二

6.唐君毅先生逝世十周年祭　《儒學的常與變》　頁二五五～二六四

7.一百三十二個月的文化風向　《儒學的常與變》　頁二七九～二八三

(四)徐復觀　一九〇三—一九八二

1.敬悼徐復觀先生　《儒家思想的現代意義》　頁四一九～四二八

2.徐復觀先生對中國思想史的貢獻　《儒家思想的現代意義》　頁四二九～四三九

3.徐復觀先生對宋明理學的見解　《中國哲學的反省與新生》　頁二三一～二五五

4.徐復觀先生逝世十周年祭　《中國哲學的反省與新生》　頁三二九～三三二

5.徐復觀學術思想研討會誌感　《中國哲學的反省與新生》　頁三三三～三三五

6.當代學術界的大豪傑：徐復觀先生　《孔子的生命境界》　頁二一一～二一八

7.徐復觀先生的學術通識與專家研究　《孔子的生命境界》　頁二一九～二三一

(五)牟宗三　一九〇九—一九九五

1.牟宗三學思小傳　《牟宗三先生的哲學與著作》　頁五～一〇

2.牟宗三先生的學思歷程與著作　《牟宗三先生的哲學與著作》　頁一一～九六

3.牟先生七十以後的學思與著作　《鵝湖月刊》　一六七、一六八期

4.牟先生最晚年的學思與著作　《鵝湖月刊》　二三八期

5.牟宗三先生學行著述紀要(一)	《鵝湖月刊》	一六五～一六七期
6.牟宗三先生學行著述紀要(二)	《鵝湖月刊》	二三八期

※以上2、3、4為「學思歷程」5、6為「學行紀要」，現已合編為《年譜》，八十五年二月出版。

7.牟宗三先生的思想及其對文化學術的貢獻	《儒學的常與變》	頁二〇三～二一八
8.中國哲學的反省與新生：—以牟宗三先生之學思為例	《中國哲學的反省與新生》	頁一七～四六
9.高狂俊逸 透闢深徹的大哲：牟宗三	《中國哲學的反省與新生》	頁二五七～二七五
10.牟宗三先生學行事略	《牟宗三先生紀念集》	頁一～六
11.牟宗三先生著作出版年次表	《牟宗三先生紀念集》	頁六八～七四
12.一生著作，古今無兩：—牟先生病中垂語	《牟宗三先生紀念集》	頁三九六～三九七
13.當代哲儒牟宗三先生的學術貢獻	《牟宗三先生紀念集》	頁三九〇～三九三
14.牟宗三先生的學術功績	《牟宗三先生紀念集》	頁七九～八一
15.牟先生的生平及其學術頁獻(一)	《牟宗三先生紀念集》	頁一六七～一七四
16.牟先生的生平及其學術頁獻(二)	《牟宗三先生紀念集》	頁五一一～五一五
17.祭牟宗三先生文（六則）	《牟宗三先生紀念集》	頁九～一六

18.牟宗三先生喪紀	《牟宗三先生學思年譜》	頁二二五～二三六
19.牟宗三先生墓表	《牟宗三先生學思年譜》全集本附錄三	
20.牟宗三先生墓園記	《牟宗三先生學思年譜》全集本附錄三	
21.牟宗三先生年譜撰述報告	《牟宗三先生學思年譜》全集本代跋	
22.「心體與性體」的義理綱脈	《牟宗三先生的哲學與著作》	頁六二七～六八○
23.牟宗三先生研究宋明理學過程之探析	《孔子的生命境界》	頁二七七～二九二
24.牟教授的生平及其學術貢獻㈢	《孔子的生命境界》	頁二三三～二四○
25.牟宗三傳（國史擬傳）	《孔子的生命境界》	頁二四一～二五八
26.牟宗三	《中國歷代思想家叢刊》	增補之一
27.牟宗三先生逝世三周年	《鵝湖月刊》	二七四期論壇

六、儒家與現代化

1.儒家思想與中國現代化	《儒家思想的現代意義》	頁一～二○
2.從前瞻性的觀點看儒家哲學的價值與貢獻	《儒家思想的現代意義》	頁三五～五一
3.儒學的時代性與普遍性	《儒家思想的現代意義》	頁五二～六六
4.儒家思想對人類前景所能提供的	《儒家思想的現代意義》	頁一六五～一八○

七、中國哲學史

1.「中國哲學史大綱」（分五卷，計三四〇頁）

第一卷、先秦時期：中國文化原初形態之百花齊放（共十章）

第二卷、兩漢魏晉：儒學轉形而趨衰與道家玄理之再現（共六章）

第三卷、南北朝隋唐：佛教介入：異質文化之吸收與消化（共六章）

第四卷、宋明時期：儒家心性之學的新開展（共五章）

第五卷、近三百年：文化生命之歪曲沖激與新生（分四章，有目無文）

2.中國文化開合發展的方向　《新儒家的精神方向》　頁一～一三

3.中國哲學史分期　《新儒家的精神方向》　頁一三一～一四九

4.「中國哲學史專題研究」芻議　《儒家思想的現代意義》　頁一八一～一九八

5.談傳統與文代變遷　《儒家思想的現代意義》　頁一一二～一三四

6.中國哲學的現代化與世界化　《儒家思想的現代意義》　頁二一～三四

7.中國哲學之特質與中國哲學之世界化　《中國哲學的反省與新生》　頁一～一六

8.中國思想史　《三民版國學導讀㈢》　頁四一～八七

9.中國哲學概述　《中華民國八十四年年鑑卷首》

10.中國哲學的過去現在與未來　《國史館學術會議論文集》

八、宗教與文化

九、生命、倫理、教育

13.天地、祖先、聖賢　《孔子的生命境界》　頁三五～三八

14.儒家倫理與現代社會（八五、一二）（上海市、兩岸學術研討會）

15.儒家倫理基軸之省察（同上，東海哲學研究集刊之五）

16.進德修業的形態與時宜　《鵝湖月刊》二七六期　頁一～六

十、序　跋

(一)自　序

1.《家國時代與歷史文化》自序（四九、一）

2.《孔門弟子志行考述》自序（五八、二）

3.《儒家哲與文化眞理》自序（六〇、五）

4.《王陽明哲學》自序（六〇、五）

5.《墨家哲學》自序（六六、八）

6.《宋明理學北宋篇》初版自序（六六），再版自序、後跋（六八、五）

7.《宋明理學南宋篇》印行記（六八、八），增訂版前序（七二、三）

8.《中國哲學史講義》弁言（六九、九）

9.《孟子要義》編註前言（六九、三）

10.《新儒家的精神方向》自序（七〇、八）

11.《孔孟荀哲學》自序（七三、九）
12.《熊十力先生學行年表》前序（七六、二）
13.《儒家思想的現代意義》自序（七六、三）
14.《中國哲學史大綱》小序（七七、二）
15.《儒家心性之學論要》自序（七九、一）
16.《儒學的常與變》自序（七九、八）
17.《中國哲學的反省與新生》自序（八二、十）
18.《牟宗三先生學思年譜》自序（八四、七）
19.《論語人物論》自序（八四、九）
20.《孔子的生命境界》自序（八六、一二）

(二)一般序言

(1)《牟宗三先生的哲學著作》編印緣起（六七、一），編輯後記（六七、四）
(2)周著《儒學探源》序（七九、九）《儒家思想的現代意義》頁四四九～四五一
(3)謝著《儒學與現代世界》序（七五、一）《儒家思想的現代意義》頁四五二～四五五
(4)周志鯤四體千字文曲筆法帖序（七五、二）（見後文酬應感懷之什）
(5)楊著《荀子類存有論之研究》序（八四、一〇）《孔子的生命境界》頁一一〇～一一二
(6)雩都陳陶先生七十晉五壽序（八三、八）《雩都文獻》七期

(7)贛南蔡氏二屆聯修族譜序（八四、八）《雩都文獻》八期

(8)蔡氏通政公系源流述略（八四、八）《雩都文獻》八期

(9)《儒釋道與現代社會論文集》出版前言（七九、八）

(10)《東海哲學研究集刊》出版前言（八〇、一〇）」

(11)《東海哲學研究所概況》編印前言（八一、六）」

(12)《徐復觀學術思想國際研討會論文集》出版前言（八一、一二）

(13)《人文講習錄》編印說明（八五、二）

(14)《牟宗三先生紀念集》弁言（八五、一二）

㈢著作出版簡介語

(1)孔門弟子志行考述（商務）

(2)論語人物論（商務）

(3)墨家哲學（東大）

(4)儒學的常與變（東大）

(5)人文講習錄（學生）

(6)牟宗三先生學思年譜（學生）

十一、短文散篇

15. 草色遙看近卻無　《中國哲學的反省與新生》　頁二八六～二八八
16. 聞大陸將編錄「孔子文化大全」　《中國哲學的反省與新生》　頁二九〇～二九二
17. 身心之學與生命感通　《中國哲學的反省與新生》　頁三〇〇～三〇二
18. 鵝湖月刊二百期感言　《中國哲學的反省與新生》　頁三二〇～三二三
19. 有關大陸儒學二三事　《中國哲學的反省與新生》　頁三二三～三二五
20. 從絲路之旅說到「必歸於儒」　《中國哲學的反省與新生》　頁三二六～三二八
21. 農夫的哲學　《中國哲學的反省與新生》　頁三三六～三三八
22. 先秦儒家心論要旨　《孔子的生命境界》　頁七九～八二
23. 二十星霜話鵝湖　《孔子的生命境界》　頁四一三～四一四
24. 憶念傳偉勳教授　《孔子的生命境界》　頁四一五～四二〇
25. 新的思考和具體的建議　《孔子的生命境界》　頁四二一～四二三
26. 在解構中重建，在詮釋中開展　《孔子的生命境界》　頁四二三～四二八
27. 表彰一位傑出的北京大學校友：牟宗三　（北京大學百周年國際漢學會議）

十二、早歲之作

(一)《家國時代與歷史文化》（香港、人生版、計一五一頁）

1. 我們的反省與用心之道　四六、四

㈡《儒家哲學與文化眞理》（香港、人生版、計二六一頁）

※本書上卷各文，已改寫入他書，下卷共七篇文字，可列爲《家國時代與歷史文化》之補編。

◎夫人楊德英女士作品目錄

肆、酬應感懷之什

引子

六十二年：祭文、輓聯。
六十三年：祝壽詞、嵌字聯。
六十四年：祝壽詞、輓聯。
六十五年：春聯、輓聯、南風歌。
六十六年：述懷、有感。
六十七年：輓唐君毅先生、賀書法展、輓聯、壽聯。
六十八年：輓聯、展拜唐墓詩。
六十九年：新春開筆、遊韓詩歌三首。
七十年：春聯、興大即景、閱卷誌喜、禪意留偈。
七十一年：輓徐復觀先生、朱子大會和詩、遊山、賀友人迎養椿萱、賀勉長子入學清華、賀友生新婚嵌字聯五則。
七十二年：新春抒懷二聯、東海哲研所成立致慶、嵌字聯。
七十三年：輓聯四則、喬遷小詩贈德英、新居畫聯、賀勉女兒入學台大、南大賦句、輓聯。

七十四年：新婚嵌字聯、倫理會議和詩、嵌字聯五則、書卷獎、中秋戲筆、南洋遙寄祭祖文、祖堂聯、書勉江西諸弟。
七十五年：曲筆法帖序文、輓聯、新婚嵌字聯四則。
七十六年：嵌字聯三則、兒女生日訓勉語。
七十七年：嵌字聯二則、端午示浩兒。
七十八年：返鄉探親詩聯三則、祭祖文二篇、父親墓表、墓聯，叔父聯贊。
七十九年：嵌字聯二則、韓國名勝古蹟綴聯四則、詩二首。
八 十 年：二次返鄉探親，並爲德英補行廟見之禮聯語四則。
八十一年：爲韓邦諸生作夫婦嵌字聯六則、輓聯。
八十二年：母親九十壽慶（預祝）、壽匾文字、壽聯四則、修譜啓事、壽序、輓聯、賀贈。
八十三年：贛南蔡氏二屆聯修族譜序、通政公系源流述略、族譜總派。
八十四年：暖譜典禮祭祖文、堂聯、台中一中創校八十年賀詞、牟師謝世主撰訃告、事略、輓聯、祭文、喪紀、墓表……輓聯。
八十五年：輓聯、星洲海南會館慶賀詩、厚生行聯語、椰風新宅神位聯、嵌字聯。
八十六年：京都學術會議古風一首、嵌字聯。
八十七年：嵌字聯、賀鄉老返里安居、北大百周年慶、山東新儒會議詩。
附　載：詩無師承——外子的吟興。

引子

年過四十，難違禮俗；文字酬應，自然偕來。觸懷興思，既隨年而漸深；知人論世，亦因時而多感。唯詩聯韻語，實非素習，茲之所錄，聊以誌學云爾。

民國七十五年新春於台中仁德居

（此後，每年皆有增錄。）

◎六十二年冬弔祭掌丈牧民

江蘇阜寧掌丈牧民，棲隱台中市郊，自號大坑山人。六十年冬，其門生輩建麗澤圖書館於大坑谷口，落成之期，承邀觀禮，盤桓竟日，而得略聞掌丈道藝教人之善行。其人蓋兼具遺逸師保之流風者。揖別之後，日有所忙，未暇晤見。六十二年秋末，與陳生春池值於道途，知掌丈就醫住院，乃往探視，不意次晨竟歸道山。孟冬某日，親赴大坑麗澤草堂弔祭。後錄祭文、輓聯，乃平生初次之撰作，只道實感，未暇計工拙也。

維

中華民國六十二年孟冬初九之辰，江右末學蔡仁厚，謹以一瓣心香，致祭於　掌丈牧民先生之靈前曰：

儒門澹泊，大道否塞；士處今日，何以爲心？
維丈高潔，懷文抱質；教人道藝，行己清貞。
師保風義，感發多士；俊彥秀出，鄉邦之珍。
荷承優渥，忘年論交；麗澤之館，嘗聞綸音。
猶冀暇日，時親顏色；倏爾驚聞，鶴駕歸眞。
大坑溪谷，嵐煙夕照；清風雅望，長留典型。
弘揚聖學，後死之責；善述善繼，期我友生。
維丈耆年，歸全茲邱；神靈來降，鑒此愚誠。
謹告

尚饗

輓掌丈聯

宅卜仁里，道藝教人，師保儀範春煦暖；
世逢明夷，清貞行己，遺逸風標夕照沉。

◎六十三年代岳父賀潘仰山八十雙壽：

簪纓世第　詩禮家風
實業山斗　宵旰從公
懋績淑世　人中之龍
內助比德　極婺影從
周甲相莊　頤養瀛蓬
雙壽令誕　三祝華封

·敬撰岳父母（楊玉振姜乃宣）嵌字聯：

彝德常明，金聲玉振
春暉普照，慈教乃宣。

·自撰仁厚德英嵌字聯：

聖道流光，深仁厚澤；德教普施化雨
春風化雨，茂德英才。英才常樂春風

◎六十四年賀宗老愛仁教授九十大慶：

穆穆清望，同欽人德；

緜緜教澤，共沐春風。
科場瑣憶，文采遙想當年；①
法書映照，家風遠紹謨公。②
海天鷗迹，易堂之學斯存；③
鄉關夢遠，翠微之峯長青。④
百齡非遙，先慶九十；
敬綴俚詞，藉申賀忱。

註：①愛老爲前清優貢（與進士同等級），嘗撰「科場瑣憶」一文披諸報端。②愛老系出蔡襄，襄字君謨，乃北宋名臣兼大書法家。愛老亦善書法，實承謨公家風。③海天鷗迹，係愛老書齋名。易堂乃寧都三魏等九子講學之所。④愛老家鄉寧都城郊有翠微峯，易堂即在其上。

·孟夏代岳父輓劉培中道長：

玄門通天地，精氣修靈，最憶豐原垂法語；
仙路妙乾坤，眞元歸守，常從道苑想音容。

·冬月代岳父輓韓振聲夫人：

薦女傑獨留俄京，艱貞共勵，標格清華垂型則；①
與夫婿同駐議院，莊敬相持，老成忠藎獻嘉猷。②

註：①監察委員張岫嵐女士留俄遊學，係韓夫人所薦舉。②韓氏伉儷同爲立法委員。

◎六十五年春聯：

坦蕩心胸，詩書滿架；
安康歲月，兒女成行。

·秋月輓謝幼偉教授：

學界尊老成，師保儀範春煦暖；
海隅啓多士，哲人風標夕照沉。

·代華岡哲學系與研究所同學輓謝所長：

課室憶音容，正仰啓沃，何堪梁壞山頹，儀型日遠；
華岡論學術，永銘教誨，記取道尊德貴，文運重開。

·孟冬華岡教學興感有作（南風歌）

擊壤南風至，光華耀卿雲。
禮樂傳千古，化作詩人魂。
江山代有才人出，花果滿樹，落英繽紛。
大漢風，遍宇內，文思安安太和春。

◎六十六年十月《宋明理學北宋篇》出版述懷：

心存印持，親師亦步亦趨；

志切繼述，問道惟精惟勤。

・冬臘登樓有感，成一聯：

觀水水長流，含冤抱屈乃餘事；

看山山不轉，崇聖尊師是本心。

附識：「含冤抱屈」四字，雖不免張大其辭，而亦言出有因。只爲朋輩隔閡不契，而復愛責之切，乃引出一時不諒之誤會耳。

◎六十七年二月輓唐君毅先生（寄香港追悼會）：

香江雲天，遽隕山斗，哀仰情何限；賴有哲士盈庭，永續慧命；

蓬島客館，屢接音容，啓沃意特多；今唯青燈含淚，常誦遺書。

・三月又與周群振兄合輓唐先生（台北追悼會）：

蜀江蔚哲思，悲智宏發，重振人文爭世運；

嶺海流教澤，德慧孔昭，更弘聖學卜天心。

・四月賀友人周志鯤教授書法展：

三波九磔起虬龍　筆法創新古意濃

千載書壇進一格　力沉勁拗氣凌空

附識：阜寧周志鯤兄，勤研書法二十餘年，篆隸楷行草，靡不精熟。久之，自創一格，以三波九磔之筆勢，冶隸草篆法於一爐。又改善褑褙，發明彩色浸染噴灑之法，益增美感。觀其字，或龍蛇飛舞，或淵渟端凝，或曼妙清雅，或力沉勁拗；懸示館廊，滿壁生輝。竊謂千載書藝，至此已進一格。雖世乏知音，來日必有慧眼。寄語志鯤老兄，放懷大笑三聲可也。

·七月輓友人林清臣醫師父喪：

怵惕爲懷，仁術回春尊妙手；

恫瘝在抱，杏林繼志有賢郎。

·九月代妻賀恩師胡庸之將軍八十大壽：

絳帳傳薪承厚澤；
金戈躍馬仰雄風。

·又撰一聯云：

三晉多將才，壽域宏開餘慶永；
八千盈福祿，金尊常滿椿齡加。

◎六十八年三月輓友人王世敏之兄喪：

與令弟爲知交，猶記溫言馨心，嘗親顏色；

盼賢郎做國士，應須敦品勵學，仰報天倫。

·又代友輓兄長：

昆弟昔相依，最念保傅作育，手足情深世間少；
鴈行今折翼，何堪傷痛愴悲，鄉關夢遠萬里遙。

·四月偕孫守立兄展拜唐君毅先生之墓：

觀音攬翠兮，淡水西流；
哲人長眠兮，遺範千秋；
道無今古兮，永續永繼；
七星巍巍兮，白雲悠悠。

·仲冬輓舊日台中一中同事白尚勤先生：

劇談憶紅樓，情懷慷慨成幻夢；
萎謝傷碧樹，世道艱辛感蒼茫。

◎六十九年新春開筆：

吃虧上當卜心安　南北西東仔細看
百歲光陰分半壁　名山事業好開端

・遊韓三首

十月九日，應邀赴漢城出席東洋學會議，會後遊安東陶山書院，又轉赴慶州（新羅古都），返台寫此誌感。

陶山行

陶山居，花木深；秋谿古院有清音。
濯纓潭，漫湖水；盤陀石，水底沉。
簷下觀瀾當年事，成遙想，變古今。
我來隴上訪雲影，引得松風吹滿襟。

見洞規

白鹿洞，遊白鹿；家鄉水，到洞邊。
退溪見得洞規意，照映陶山有餘妍。

思白鹿

匡廬下，是鄉關；鄉關夢遠幾時還？
白鹿洞，鄱陽水，性理通流天地間。
海東儒學分一脈，應許白鹿遊陶山。（應許，原作不見，今改。）

思白鹿，夢鄉關；鄉關遠，幾時還？

◎七十年春聯：

開國七十年，台海各界倡議遍栽梅花，國魂昭蘇可期，喜成二聯：

瀰天正氣　萬樹梅花昭正氣

遍地梅花　一輪明月見天心

·與大文學院授課即景：

清溪一曲護亭台　綠竹猗猗傍水栽

何必櫻花添景色　春風桃李滿園開

·暮春有感

清溪綠竹古亭台　柳色青青入夢來

不許春光容易老　好花移向故園栽

·六月閱卷誌喜

閱華岡哲研所高生柏園卷，實十年來所僅見，喜而有感，綴成四句：

華岡煙雨日遲遲　各自辛勤各自知

十載浮雲遮望眼　於今喜見發新枝

·贈高生柏園

高高柏樹華園栽　鄒魯弦歌入夢來
莫使風雷催聖脈　光天寶鏡應時開

·禪宗話頭文末留偈：

雲門日日是好日　趙州使得十二時
況是勿忘勿助長　不由情識由良知

·臘月恭賀岳父母七十大慶：

春暉漫漫　歲月悠悠
慈心永裕　福澤緜流

◎七十一年四月清明輓徐復觀先生：

貫精誠，爭世運，嶙峋勁挺，勵志一生留型則；
尊孔孟，振人文，正大剛方，抗懷千古是眞儒。

·代牟師輓徐先生：

崇聖尊儒，精誠相感，鉅著自流徽，辣手文章辨義利；
闢邪顯正，憂患同經，讜言眞警世，通身肝膽照天人。

·七月檀島朱子大會和詩抒感：

儒家聖道照西東　一體仁心萬物通
檀島於今湧活水　乾元太極運天風

·又和一絕：

晦翁繼別自成宗　豈礙源頭有路通
猶記廬山辨義利　天光照映此心同

·八月又成一律：

聖學無分隔　心同理亦同
淵泉湧活水　太極運天風
寂感通神妙　陰陽起化功
良知原不昧　大道貴時中

·同月赴高雄佛光山演講，遊山有句：

福田由自力　淨土非茫渺
看山無限情　處處見芳草

·同月聞友人繆全吉教授椿萱由杭過港來台，喜成二絕句寄之：

楊柳垂垂傍水栽　西湖煙雨夢千回（其一）
精誠不礙關山遠　靄靄慈雲渡海來

神州萬里苦風波　夢繞家山感蓼莪（其二）

欣見海雲迎白髮　清平百福晚來多

·九月長子維天入學清華，喜成聯章三絕句：

1.名劍

梅園碧草映窗紗　紫閣雕龍校作家

出匣青鋒驚蝶夢　爭傳名劍到清華

2.親心

梅公亭外夕陽斜　垂柳隨風拂彩霞

夜笛星稀人靜後　窗前望月莫思家

3.梅公化雨

清華水木不須誇　水木清華歲月賒（賒，長也、遠也）

最念雲天歸化雨　梅園芳草接天涯

·賀友生新婚嵌字聯：

1.賀廖仁義、張碧珠

仁心通大義，志存一辨；

碧海現明珠，緣締三生

2.賀蒯光才、郭玉蘭

器宇軒昂，光華才調；
風儀秀雅，玉藻蘭心。

3.賀林安梧、林若蕙

有鳳安梧，乾坤濟美；
其質若蕙，金石同心。

4.賀楊慶亮、劉慧葵

慶雲獻瑞，慧心映照；
亮節含章，葵日生輝。

5.賀黃瑞明、尤美女

瑞氣繞山河，美善緜穆；
明堂修福慧，女貞吉祥。

◎七十二年新春抒懷二聯：

時風有來去　千秋事業從根起

聖道無古今　萬里江山直道行

·秋月東海成立哲學研究所特集句誌慶：

道生物，理生氣；

智潤思，德潤身。

按：此四句之義旨，曾作一短文加以解說。見《儒學的常與變》（東大版）頁二三七至二四〇。

·賀劉貴傑、李景雲新婚嵌字聯：

貴義觀奇傑，

景星耀彩雲。

◎七十三年一月合輓妻之世伯胡庸之將軍：

誨育若嚴親，深恩未報，那堪風木啼血淚；

忠貞懸日月，勳績長昭，猶覺威靈護河山。

·代岳父輓胡將軍：

患難昔同經，關河血戰推名將；

精誠常共契，肝膽心香拜忠魂。

·二月輓友人繆全吉教授父喪（壽九十四）：

三十年與少君訂交，客歲造訪，適慈雲東來，猶記庭階親顏色；
八千里向菩提證果，今朝聞訊，正鶴駕西歸，更教煙雨夢江南。

·四月輓宗老愛仁教授（壽九十九）

寧邑流光，文章節義崇華表；
易堂繼志，人德風標接翠微。

·甲子夏秋，自育才街遷居北屯路鴻霖大廈四樓仁德居。時維天正及冠之年，而維音滿十八，浩天滿十四。憶昔內湖登山與德英初識，情景歷歷在目，而光陰荏苒，不覺二十餘年矣。今由小巷遷高樓，意趣不同而貞心如恆。特賦小詩二首，持贈德英。

內湖山道昔登臨　款款情懷歲月深（其一）
鬢髮飛霜渾不覺　育才巷屋轉鴻霖
念載育才小巷中　鬢毛催白太匆匆（其二）
童心不許從今老　共上鴻霖第四重

·爲新居（仁德居）巨幅荷花配聯：

蓮伴書香欣麗日（曾昭旭教授法書）
風隨荷影舞清波

·八月琴兒考取台大喜賦聯章疊句三首：

1.好音初傳

清純標格女玲瓏　爛漫春光逗曉風
有鳳來儀傳信息　瑤琴飛響傳園鐘

2.輝生蘭藻

瑤琴飛響傳園鐘　玉比芝蘭對雅容
道入笙歌輝日月　淵懿才品想家風

3.鳳毛濟美

淵懿才品想家風　翠竹紅梅不老松
喜慰鳳毛堪濟美　光華琴劍玉玲瓏

·南洋大學創校紀念碑

星洲華僑於一九五八年創辦南洋大學，開上庠於海外，播漢聲於天南，凡二十餘年。後奉令與新加坡大學合併，而南大故址改設理工學院。今年六月下旬，適余應邀赴新加坡「東亞哲學研究所」作短期學術訪問，而友人蘇新鋈博士伉儷偕同南大校友曾淵澄、劉燊發、何子煌諸先生，邀予作南大故園之遊。雲天草樹，風景如畫，而黌宮寂寂，雅歌歇響，感慨今昔，相與唏噓者久之。返台兼旬而懷思未已，特賦短韻以誌感。

牛車水，天一涯；新潮湧，聖淘沙。
曉唱漢聲思疇昔，豐碑落寞夕陽斜。
家國夢，關山遠，天南望眼海雲遮。

註：牛車水，乃華僑在星洲最早開埠之地。聖淘沙，小島名，現爲新加坡觀光勝地。

・八月輓友人總統府機要室主任盧守忠先生：

端方信諒，懋績忠勤，典型早著循吏傳；
篤摯精誠，熱腸慷慨，風義長留故人心。

・同月輓舊日同事齊治平先生：

世路蒼茫，才情不掩寒士守；
天涯落寞，風義留教故人思。

◎七十四年二月賀翟本瑞尤惠貞新婚：

本心淵懿，彰善行惠；
瑞靄華藻，含章可貞。

・八月新加坡儒家倫理會議和詩：

忍向河山感昔今　漫天霜雪壓儒林（和勞思光會詩）
靈根不死由心發　學脈南傳意自深
聖道由來海樣深　千年血脈在儒林（捲簾和勞教授）
天南莫計神州刼　直取尼山變古今

·在星洲期間，爲友朋伉儷作嵌字聯多首：

1.蘇新鋈、容陸瑤：
新島呈輝，鋈洗光華耀金劍；
瑤池獻瑞，陸軒清雅迎玉仙。

2.陳榮照、林寶環：
榮美照庭光奕葉；
寶文環翠映華園。

3.李瑞全、李碧坤：
瑞靄呈祥，碧芳欣化雨；
全眞葆性，坤道積流光。

4.翟志成、華瑋：
志橫四海，卓犖成章飛劍氣；

華表九州，貞明瑋質洗心塵。

5.劉國強、陳寶珊：

華國文章，寶月輝明德；
志強學術，珊珠貫精誠。

・在星洲喜聞琴兒得台大書卷獎：

無端錯失夏荷花　秋色深深醉晚霞
漫擊傳鐘添一響　欣聞書卷入吾家

・中秋戲筆

胡姬莫笑兩鬢斑　意自風華心自閒
一樣中秋明月夜　星洲未可是台灣

註：胡姬，新加坡國花，蘭之英譯名。次句之意兼表梅花精神。

・丙寅祭祖文：（自南洋寄江西老家）

維

歲次丙寅新春吉旦之辰，四十六世裔孫，大學教授仁厚，遙請族親，同聚一堂，謹以三牲酒醴，上獻於

始遷祖通政公暨歷代祖先之靈前曰：

維我蔡姓，文王子孫。受封侯國，汝潁之濱。
代有賢德，仁孝是敦。蔡倫造紙，大利人文。
中郎才學，熹平石經。文姬歸漢，邦家之珍。
宋有蔡襄，諫院名臣。洛陽海橋，濟眾利群。
西山九峯，朱門稱尊。鳳毛濟美，令譽長存。
護國起義，松坡將軍。蔡公掌教，領袖群倫。
維我始祖，肇自浙東。來邑爲宰，政和時雍。
固院落籍，秀毓靈鍾。瓜瓞緜緜，其樂融融。
文發文茂，昆仲雙龍。宗支繁衍，敦睦和同。
詩禮傳家，克讓允恭。奕世千載，穆穆清風。
仰我祖德，如嶽如嵩。善述善繼，永矢景從。
雩山巍巍，貢水溶溶。神靈來格，鑒此心衷。

謹告

尚饗

·祭祖文解說：

前六行，總述蔡姓名賢。後六行，敬敘本族祖德。

蔡叔度，文王第五子，封於蔡（河南汝水潁水之間），享國六百餘年，後世子孫以國爲姓。書經有「蔡仲之命」一篇，乃周公訓教叔度世子蔡仲之誥命。

蔡倫，東漢和帝時人，發明造紙術，爲中國四大發明之一，對人類文明大有貢獻。

蔡邕，字伯喈，後世稱蔡中郎，東漢末年人。博學多才，善書法，靈帝熹平年間，受命書寫五經刻石，立於太學門前，迄今猶有碑片留存，非常珍貴。

蔡琰，字文姬，中郎之女，善承家學，有才辯，妙解音律。獻帝之初，天下亂，文姬流落匈奴十二年，後歸漢，作胡笳十八拍，又受命默寫早年記誦之典籍四百餘篇。

蔡襄，字君謨，北宋名臣，工詩文，善書法，與蘇東坡、黃山谷、米襄陽，合稱宋代書法四大家。任泉州知府時，於海口修建長石橋，即民間流傳蔡狀元修造洛陽橋故事。

蔡元定，南宋人，人稱西山先生，爲朱子門下大弟子，年輩最長，位望最尊，著述甚多，朱夫子甚器重之。

蔡沈，西山之季子，人稱九峯先生，與父兄同師朱子。朱子臨終時，囑九峯完成書經註解，十年而成，即後世科舉必讀之「書經蔡傳」是也。

蔡鍔，字松坡。袁世凱稱帝，松坡將軍在雲南組成護國軍倒袁，節節勝利，袁氏羞憤而死。

蔡元培，字孑民。民國肇造，歷任教育總長、北京大學校長，中央研究院院長，爲文化學術界衆望所歸之領袖，人尊稱之曰：紹興蔡公。

·本族始遷祖通政公，於唐憲宗時，由浙江來雩都爲縣令，落籍安家，今固院高陂上蔡屋，即始遷祖開基之地。傳至文發公文茂公兄弟，宗支繁衍。今安遠、會昌、贛縣社前家庭，屬文發公子孫。雩邑固院各處與馬鞍石、大禾溪家庭，爲文茂公子孫。贛南聯修家譜之後，宗族融和，緜延繁盛，可預期也。

（乙丑冬臘於新加坡東亞哲學研究所）

・通政堂聯：

通濟利群生，祖庭遺愛懷先德；
政平敦教化，明府施仁裕後昆。

・輔卿堂聯：

輔相參天地，德愛千秋留惠澤；
卿雲耀日星，光華四表起人文。

・附錄一聯（昔年宗老所撰）：

輔仁君，佐周室，漁翁開基八百載；
卿侯伯，扶商王，農夫創業萬千秋。

註：上聯用姜子牙故事，下聯用伊尹故事。

・自南洋書勉江西老家諸弟：

思我故里，雲海蒼茫。懷我昆弟，天各一方。
願崇明德，共敦倫常。異地同心，長發其祥。

◎七十五年新春序周志鯤四體千字文曲筆法帖

老友阜寧周志鯤先生，勤研書法三十餘年，篆隸楷行草，靡不精熟。九年前首次展覽，以三波九磔之筆勢，冶隸草篆法於一爐。觀其字，或龍蛇飛舞，或淵渟端凝，或曼妙清雅，或力沉勁拗；懸示館廊，滿壁生輝。識者咸謂，千載書藝，至此已進一格。近年又創飛絲一體，毛筆運用之妙，氣韻自然生動。謂之「筆歌墨舞書如畫」，誰曰不宜。志鯤把筆之餘，放懷大笑三聲可也。

余於書藝一道，略無所窺。唯山外看山，不無感思。客歲某月，志鯤再作創新曲筆書法展，余不揣淺陋，漫質之云，曲筆書法，可否在勁拗之外，拓之以疏朗，益之以靈妙，使虬結盤錯之中而又見舒放意味？不意外行之直感，乃蒙志鯤引爲中的之言。特惠長函細加講究，意欲於練筆練心更著功夫。古賢所謂藝進於道者，志鯤宜可優爲之矣。

頃者，志鯤應台北小書齋主人之約，注百餘日之心血，完成四體千字文曲筆法帖，洵書壇大佳事也。窃以爲，華族書藝，積厚流光。書者印契同心，固可共臻佳妙；賞者心領意會，亦可欣其神采。悠悠千古，賢彥接踵，文房四寶，歷久揚芬。志鯤又復獨出機杼，新創曲筆，爲毛錐大大吐氣，誠足樂也。叨在知末，不敢吝言，謹略述感懷，以就教於大雅方家。

江右蔡仁厚謹序

・三月輓張曉峯先生：

荒荒山頂起華園，當思廿載經營，未完大願；

眴眴岡前接儒雅，最念九年教學，常挹清芬。

附識：民國五十二年秋末，淮安顧季高先生自美過港來台。某日抵台中，邀宴徐復觀、徐道鄰、陳定山、劉述先諸先生，余亦叨陪末座。日後，顧先生薦余於中國文化學院創辦人張曉峯先生。次年仲春，曉公函約赴華岡午餐相敘。飯後，相偕登正在施工之大仁館樓架眺望，言及其辦學之宗旨與理想，並致望於余能來共事云。數年後，謝幼偉先生自香港新亞書院退休，轉來華岡。承蒙邀約，遂於民國五十九年秋赴華岡哲學系任教，前後共九年。教學期間，益知曉公辦學之艱辛與精誠。七年前，余轉東海大學。客歲依規章休假，赴新加坡東亞哲學研究所作訪問研究。返台，驚聞曉公已歸道山。因念二十餘年來，華岡學園培養之人才亦不少矣。百尺竿頭，更進一步，蓋亦曉公晚年心事之所注也。頃聞華岡校友會將於二十四周年校慶之期，爲曉公舉行追悼會，特敬撰此聯，以表悼念云。

・六月代岳父輓太極拳協會理事長石覺將軍：

將軍智仁勇，百戰功名，千秋勳業；

太極精氣神，十年共勵，一道同風。

・是年賀友生新婚嵌字聯：

1.蔡瑞霖、陳麗菁

瑞靄呈祥，陽春施麗；

霖霏卜吉，藻玉颺菁。

2.林日盛、張瓊慧

日新明德比瓊玉，
盛養太和映慧心。

3.莊雅棠、林翠玉
雅詠和雍，棠蔭流惠；
翠華亮麗，玉苑揚芬。

4.鄧克銘、陳惠美
克恭揚芬，惠日敦懿品；
銘德彰善，美鳳振玉音。

◎七十六年撰友生嵌字聯

1.王才貴（邱財貴）、徐端
才苑楨榦崇貴品，
徐門賢淑證端懿。

2.顏國明、曹淑娟
國士軒昂，黌宮賢淑；

明堂清穆，才苑嬋娟。

3.時國銘、陳瑩珍

華國同風，關雎永銘；

瓊瑩比德，福慧維珍。

・八月兒女生日訓勉語

余兒女三人，皆八月生（維天二十三日，維音五日，浩天二十六日）

余承家風，克勤克儉；艱苦奮鬥，幸能自立。

爾輩兒女，宜各勉力；敦品勵學，以期有成。

爲父少小離家，天涯寄迹。得汝母以相伴，堪稱人生之幸福；盼兒女以成立，實我深心之厚望。言教身教，隨時而在，如何認取，端在爾輩。

維天走學術之路，應堅志貫徹，耐清苦以揚芬。維音治法學，志在律師，應勤研致精，秉正言以伸公理。浩天修專科之業，應求技能精熟，才幹練達，既以自立，亦以利群也。

須知世間無有現成之事業，亦無便宜之富貴，更無僥倖之成功。一時之運氣不足恃，一時之挫折不足患。耕耘必得收穫，荒懶必招墮敗。理如是，事實亦如是也。

余平生有三不爲：一不褻瀆自家生命，二不褻瀆父母祖先，三不褻瀆國家民族。此乃余之所守。有守而後可以有爲，爲其「理之所當爲，力之所能及」，則庶可告無罪於天地聖親師矣。

茲亦爲爾等提示四句，希戒之勉之：

不存非分之想——正思慮，盡本分。

不做非法之事——守規矩，得自由。

不說非禮之言——積口德，顯教養。

不取非義之財——戒苟且，保清白。

中華民國七十六年八月，寫於台中市仁德居，時已暌違桑梓三十八年整矣。

◎七十七年撰友生嵌字聯

1. 劉見成、張燕梅

春光喜見雙飛燕，

好夢圓成一翦梅。

2. 關亮清

亮達性情理生氣

清明心地德潤身

・端午思親有感兼示浩兒：

常理：人生道路，原本平坦。步步踏實，必可得福。

心態：知足知止：不知足則欲求必多。欲而不得，必生煩惱。
不知止則分寸必亂，失去分寸，必出問題。

自省：安心安分：不安心則難以平靜。不平不靜，必起波浪。
不安分則出格失度。逾越規矩，必招麻煩。

經訓：肫肫其仁，淵淵其淵，浩浩其天。吾兒勉之哉。

◎七十八年夏秋，攜同長子維天長女維音返江西雩都老家探親祭祖，錄存詩聯祭文如左：

1.返鄉探親誌感

家山雲影三千里①　台海萍蹤四十年②
歲月悠悠人健好③　乾坤不改太和天④

①海峽阻隔，時夢家山，雲影風來，益增惆悵。
②台海飄泊，天涯寄跡，思歸無日，花甲將至。

③終能返鄉，家園未破，慈親健在，天恩浩蕩。
④滄海桑田，乾坤不改，回歸人本，太和安安。

2.通政堂聯：

四十年心志操守，台海萍踪深歲月；
三千里夢魂牽繫，家山雲影妙乾坤。

3.輔卿堂聯：

台海萍踪四十年，日就月將，弘揚儒學；
家山雲影三千里，峯迴路轉，歸拜祖堂。

4.祭通政公文：

維
歲次己巳季夏吉旦之辰，四十六世裔孫，東海大學教授仁厚，敬邀家族，同聚一堂，謹以
三牲酒醴，上獻於
始遷祖通政公暨歷代祖先之靈前曰：
維我蔡姓，本支百世；代有賢德，仁孝是敦。
敬懷先祖，奕葉千載；深仁厚澤，裕我後昆。
嗟我小子，遊學海隅；心存聖道，致力人文。

年深月久，繫念桑梓；攜同兒女，歸拜家門。

仰我祖德，如嵩如嶽；神靈垂顧，來格來歆。

謹告

尚饗

・祭祖儀式：（簡化新訂）

一、祭祖典禮開始（主祭者就位）

二、全體肅立——鳴炮、奏樂

三、主祭者上香、獻酒、獻饌

四、恭讀祭文

五、向祖先行禮——跪、拜、興

六、全體家族向祖先行禮——三鞠躬

七、禮成

5.祭輔卿公文：

維

歲次己巳季夏吉旦之辰，長孫東海大學教授仁厚，會同諸弟子侄，謹以三牲酒醴，上獻於

輔卿公丁老孺人暨運舟公雲清公之靈前曰：

維我祖父，厚德家風。
維我父叔，孝友和雍。
昆弟勤儉，子侄繼功。
天倫休美，其樂融融。
小子奮勉，文昌紫宸。
攜同兒女，歸拜家門。
敬懷先德，山高水深。
神靈在天，來格來歆。
謹告

尚饗

6.蔡公運舟府君墓表

故顯考蔡公運舟府君，一生孝友持家，克勤克儉，肯堂肯構，有令譽於鄉里。德配凌孺人，有懿德，生子四，仁厚、觀長、觀壽、觀保。觀長三人從事工農之業，勤勞職事，敦睦親族，無忝先德。仁厚弱冠渡海至台灣，勵志修學，發憤著書，任大學教授，經常出席國際學術會議，爲知名儒家學者。自睽違桑梓，歷四十載，雖夢繫家山，而形格勢禁，無由得歸。直至己巳季夏，始獲返鄉探親，而府君謝世已逾二十寒暑矣。所幸慈親猶健在，孤子之情，尙得依恃。伏祈上蒼庇佑，父靈安息，母氏康寧。仁厚謹念府君遺澤，會同諸弟重修墓地既竣，特再恭立墓表，並贊以辭曰：

白雲靄靄　田野青青　南山毓秀　神靈式憑

父兮劬勞　振揚家聲　敬懷先德　光耀門庭

庚午年春月吉旦　長男東海大學教授仁厚恭立

7.墓表背面聯云：

運轉九天，人道贊化育；

舟通四海，春明映慈暉。

8.又一聯云：

運通神化，禮義持家揚祖德；

舟濟慈航，詩書繼世篤人倫。

9.叔父雲清公聯：

雲映千山，人文蔚起；

清平百福，德澤長流。

雲淡風輕，千祥輻輳（慶人瑞）；

清溪綠野，五穀豐登（樂太平）。

10.叔父譜贊：

維我叔父　性氣剛正　愛侄以德　課子以愼
克勤克儉　孝弟力田　精明幹練　族黨稱賢
德配相莊　譽滿鄉邦　緜緜福澤　蘭桂騰芳

胞侄仁厚謹贊

◎七十九年賀友生新婚嵌字聯：

1.蔡介裕、蔡淑玲

介爾景福仁裕瑞
淑德天和玉玲瓏

2.蕭宏恩、楊靜如

宏達天光，深恩化雨；
靜養靈慧，潤如春風。

八月，應邀赴漢城出席「中國學國際會議」，會前會後，分由韓邦友好金炳采、李明漢、高在旭三博士，與李相勳、周才會、黃甲淵諸生陪同，訪遊海印寺、矗石樓、松廣寺、內藏山，以及獨立宮、俗離山、陶山書院、鏡浦台、烏竹軒、雪嶽山、春川水庫等處。返台以後，特就其景觀名稱綴成詩聯，聊誌不忘。

其一

海印峻深松廣幽（海印寺、松廣寺，皆韓邦古名剎。）

內藏秀美雪嶽奇（內藏山、雪嶽山，皆韓邦之名山。）

其二

松廣多僧寶　法寶海印存

（松廣寺出高僧國師，海印寺有高麗大藏經刻板）

俗離矗銅佛　洛山白觀音

（俗離山有大銅佛，洛山有白觀音塑像）

其三

雪嶽觀山景

江陵聽海潮

其四

矗石樓下悠悠水（矗石樓，在晉州郊外河岸邊）

鏡浦臺前矯矯松（鏡浦台，在江陵城郊，多植古松）

其五　師任堂（李栗谷之母，號師任堂）

懿德風華師任堂　海東母教揚芬芳

庭階桂竹深深意　鏡浦台前樹蒼蒼

其六　烏竹軒（李栗谷故居）

烏竹軒前訪古蹟　江陵栗谷是神童
十齡拈出鏡台賦　半由人成半天功

◎八十年八月，偕德英遊九寨溝、成都、重慶、三峽、黃鶴樓、黃山，再回江西老家探親，兼為德英補行廟見會親之禮，並撰祖堂聯語四副：

1.通政堂聯：

雲海渺茫，鄉夢思遊子；
家山依舊，祖庭挹清芬。

2.輔卿堂門樓聯：

最念親恩深厚，再轉乾坤歸故里；
不辭路途遙遠，攜同妻子拜家門。

3.輔卿堂大門聯：

遊子思鄉，不礙浮雲遮望眼；

新婦拜祖，常懷寸草報春暉。

4.五家庄母宅：

慈竹依依，遊子歸桑梓；
停雲靄靄，新婦拜庭闈。（初拜庭闈，依然新婦。）

◎八十一年為韓邦諸生撰嵌字聯：

炳蔚德是尚（千炳敦、慎尚賢）
敦仁士希賢

輔相勳勞留世澤（李相勳、盧泰任）
宏泰任運淑清平

甲第涵淵穆（黃甲淵、金址仁）
址基蔚仁風

起文東邦，賢德是輔（金起賢、金京淑）
京觀軒宇，淑氣維和

熙隆道化，星斗獻瑞；（柳熙星、金惠敬）
惠潤風教，敬慎養心。

聖學肇基，杜史垂範；（金基柱、梁甲淑）
華堂鼎甲，淑德揚芬。

·十一月輓王武俊父喪：

沒而祭於社，是貞人，多古德；
善且薰其鄉，有令子，顯親名。

◎八十二年開春，攜同浩兒返鄉探親，時母親八十五歲，依鄉俗，可慶九十壽，而叔母亦年屆八十，乃與諸弟商定，於新春吉日為兩位老人一同祝壽，並升壽匾於通政公輔卿公兩祠堂。文辭款式如下：

1.通政堂雙匾：

運舟公德配凌太夫人九旬晉一大壽（其一）
萱　壽　九　如
癸酉新春吉旦　家族親友一同敬賀

雲清公德配王太夫人八旬晉一大壽（其二）
寶　婺　星　輝
癸酉新春吉旦　家族親友一同敬賀

2.輔卿堂雙匾：

母親凌太夫人九旬晉一大壽（其一）

懿 德 裕 後

東海大學教授　長男仁厚率同堂弟侄子孫恭祝

叔母王太夫人八旬晉一大壽（其二）

賢 範 長 昭

東海大學教授，胞侄仁厚率同堂弟侄子孫恭祝

3.祝壽聯

玉樹盈階，輝騰寶婺三千丈；（通政堂）
金萱映日，香發奇花十萬枝。

芝閣風薰，瑤池桃熟登瓊席；（輔卿堂門樓）
萱堂日永，玉樹柯榮絢綵衣。

蘭桂騰芳，菽水承歡忘憂草；（輔卿堂大門）
賢慈多福，華堂晉祝益壽花。

明月有恒，紀年合獻九如頌；（五家庄母宅）
長春不老，添潤當稱百歲人。

·三月發起重修贛南蔡氏族譜啓事，文曰：

敬啓者，我蔡姓系出文王，自受封侯國以來，三千年中，代有賢德。而宗支緜衍，不僅遍於國內各省，而且遠及南洋海外，祖德流芳，子孫振振，人文蔚起，光大發皇，可預卜也。贛南宗族，原本分別修譜。自抗戰勝利之後，由宗老倡議，聚合贛南各邑，聯修蔡氏族譜，敦親睦族，增厚宗誼，誠乃功德盛大之嘉事也。慨自動亂以來，各處家譜，或遭毀壞而不存，或有殘缺而不全，而祖宗之世代與子孫之系別，遂失其憑藉而難以查考矣。仁厚流寓台海四十餘載，近年三度返鄉祭祖，而竟無完整之家譜可供展拜查閱，情傷之餘，心實難安。

頃者，家族長老相責以義，謂既爲蔡氏子孫，又生於通政公祠堂之側，理當關心修譜之事，何不撰成啓事，籲請族親惠示高見，以共同促成修譜之美舉。仁厚敬謹聽受，特發起重修家譜，並以下列數事（別紙），敬請各地宗老族親，惠賜教言，提供資料，彙整之後，再召集親族會議，共商具體步驟，進行修譜事宜。

上所陳述，是否有當，敬祈撥冗賜復爲禱。

謹致

〇〇〇〇宗老族親　鑒

發起人：通政堂名下四十六世嗣孫，雩都固院蔡屋家麟仁厚敬啓

（東海大學教授，兼哲學研究所所長）

·雩都陳陶先生壽序（載入贛南陳氏族譜）

陳氏系出虞舜之後，數千年中，代有賢德。而宗支緜衍，遂爲華夏之大姓。雩都陳陶先

生，今歲壽登七五。千里飛箋，囑撰壽序，師長雅命，不敢辭焉。

先生祖居雩山之陽，世爲望族。尊翁諱表，字少密，曾任雩都縣立中學校長，爲贛南知名教育家。先生幼秉庭訓，克紹箕裘，自中正大學畢業之後，歷任雩都縣中教導主任，贛州幼幼中學校長，以及贛州一中、二中、贛南師院附中、贛州夜大學等校之英語語文教師。退休之後，繼續任教於贛州總工會職工中學等校。今雖年逾古稀，仍然主辦高校補習班，並親任英語教師。其誨人不倦、作育英才，誠乃教育家精神之體現者。

易乾之卦辭云：元亨利貞。文言特申其義曰：元者善之長也。亨者嘉之會也。利者義之和也。貞者事之幹也。君子體仁足以長人，嘉會足以合禮，利物足以和義，貞固足以幹事。聖人教言，昭昭甚明。元爲始，亨內通，通而有定向之謂利，利而有終成之謂貞。元亨利貞，實即至誠無息之表徵，而人道之盛，人文之美，胥由之而成焉。

夫國家之隆盛繫乎教育，教育之成功繫乎師資。韓文公有言：師者，所以傳道、授業、解惑也。師嚴然後道尊，元也。道尊然後理明，亨也。理明然後政興事順，利也。政興事順然後人德可成，人道可立，而人文之美盛亦可期矣。是則易之貞也。

君子之道，由元亨而達利貞，內以成己，外以成物，故能順性命之理，崇德而廣業，是皆師教有以啓之也。先生獻身教育垂五十年，忠誠勤敏，敬業樂群，實已樹立師道之楷模，足供後學取法，足爲族人增光。先生德配余傳芬女史，清雅賢淑，育六男一女，皆勤勞職事，善繼家聲。孫男三人，聰明秀發，各在大學深造，長孫且已畢業任職，蔚爲社會楨榦。傳云：積善之家，必有餘慶。予忝爲雩中早期校友，欣逢令誕吉辰，謹掬誠贊以辭曰：

雩山蒼蒼，貢水泱泱。潁川世德，源遠流長。
表陶二公，喬梓繼光。教澤緜緜，百世其昌。

癸酉夏月　東海大學教授　固院蔡仁厚敬撰

·六月輓友人繆全吉教授

四十年交誼篤性情，雖學非同科，而道通爲一；滄海雲天，於今老友去矣；
八千里故國苦制度，縱心懷比德，奈人難相謀；神州禹域，何日漢魂歸來。

·冬月輓曾昭旭教授尊翁之喪（壽九十二）：

未嘗親接顏溫，而曉知實德淵靜，若論世間修爲，隱德宜比顯德厚；
須待心通理義，方喻解貞人謙和，同欽儀範謹質，前人留教後人思。

·次歲輓袁保新教授父喪（中將）：

仕宦門第，懋績勳勞，江山肅穆三杯酒；
書香世家，誠明風雅，天地清寧一鑪香。

賀黃教授花甲續婚：

佳偶添新緣；
良緣兆晚晴。

志朝六弟雩邑新居落成，贈聯以賀：

志朝濟世，心通天下；
貢水揚清，福滿華堂。

◎八十三年冬月，贛南蔡氏二屆聯修族譜序

蔡姓系出文王第五子叔度。叔度受命監殷，封於蔡。其子仲，克盡敬德，成王命爲卿士。及叔度卒，仲繼任蔡侯而就國，地在今河南上蔡縣，後世遂以國爲氏焉。

三千年來，蔡氏宗支繁衍，不僅遍於國內各省，而且遠及南洋海外。祖德流芳，子孫振振，人文蔚起，代有賢德。若東漢蔡倫發明造紙之術，大有功於人文。蔡邕博學多才，精擅書法，手寫五經刻石，立於太學，式範天下。其女文姬，善承家學，妙解音律。自匈奴歸漢，作胡笳十八拍，又受命默抄早歲記誦之典籍四百餘篇，堪稱命世之才女。有宋大學士蔡襄，爲諫院名臣，任泉州太守時，修洛陽長橋於海口，至今猶存焉。蔡西山蔡九峰父子，並爲朱門高弟，朱子臨終，遺命九峰作尙書註，十年而成，即後世科舉必讀之書經蔡傳是也。下及民國，蔡松坡起義討袁，護持民主共和。蔡元培歷任教育總長、北大校長、中央研究院院長，士林仰望如泰山北斗，敬稱紹興蔡公而不名焉。瞻彼列列先德，皆儒林之名賢，文苑之龍鳳，而蔡氏門中端懿淵雅之風範，亦於此可見矣。

贛南蔡姓宗族，原本分支修譜，抗戰勝利之後，宗族賢者龍南懋謙贛邑稚安二先生率

先倡議，聚合各邑宗親三十餘系，聯修族譜，於民國三十八年仲春竣事。從此敦親睦族，增厚宗誼，誠乃功德盛大之嘉事也。仁厚自弱冠寓台逾四十載，近年三度返鄉探親祭祖，深望參拜查閱家譜，而卷帙不全，實感遺憾。癸酉春月，秉族親之督命，依循先祖五年一小修五十年一大修之譜例，發起重修贛南蔡氏族譜，幸蒙各邑宗親響應，稱頌其事。經衆議商定，仍沿用初屆聯修二十言總派而弗改，所以承其先而續其後也。茲者，二屆聯修譜局已於甲戌秋月吉日在雩都縣城正式成立，仁厚倡議重修族譜之心願終得落實，此固祖德流徽，澤及於遠，而譜局諸君子之賢勞，尤不可不感念也。

昔文王演易，其乾卦之卦辭云：元亨利貞。文言特爲申義曰：元者善之長也，亨者嘉之會也，利者義之和也，貞者事之幹也。君子體仁足以長人，嘉會足以合禮，利物足以和義，貞固足以幹事。聖人教言，固昭昭而甚明。元爲始，亨內通，通而有定向之謂利，利而有終成之謂貞。元亨利貞，實即至誠無息之表徵，而人道之盛，人文之美，胥由之而成焉。

夫天下之本在國，國之本在家，家族之譜牒，乃爲敦倫以固本。本立道生，而元亨利貞自在其中矣。嘗試論之，祖宗之德澤，元也。父以傳子，子以傳孫，亨也。子子孫孫，宗支綿衍，各修其業，各盡其才，利也。於是父慈子孝，兄友弟恭，夫和婦順，敦倫成德，昭穆濟美，是即人倫之貞也。聖人之道，由元亨而達利貞，內以成己，外以成物。孟子所謂親親而仁民，仁民而愛物；亦正由家族之親情而達於萬物之大愛。然則，報本以敦人倫，推恩以安物類，盡性命之理以共成宇宙之太和，豈不盡美而盡善耶。祖德淵懿，天恩浩蕩，敬望族人，念之勉之。是爲序。

一九九四年歲次甲戌孟冬之月　吉旦

國家高等文官考試及格　東海大學教授兼哲學研究所所長

通政公系下四十六世裔孫　雩都固院家麟字仁厚　拜撰

【附錄】初屆聯修族譜新定總派（並序）

著派以明世次，起於何時，莫可考。然其法則盡善矣。此次聯修，凡合三十餘系，其源皆出於濟陽。而稽詳世序，無文獻可資徵信。誰爲伯叔，誰爲兄弟，實不敢億爲之斷。惟據朝代所編年歲以計之，本蘇子三十年爲一世之法以推之，則自各系最低一輩齊爲棠棣，要亦鮮有差等也。爰拈吉祥之字二十言，定爲總派。義求避複，雖韻不文。自茲以往，普而行之，遠猶近，疏猶親也。是爲引。

聯序紀膺禧　皇猷美劭孚

尊親恆惠慕　訓迪蔚眞模

蔡氏通政公系源流述略

先祖通政公，於唐憲宗時由浙來爲雩都縣令，遂家於雩。其子孫流衍於邵武寧都竹壩，數傳之後，又回徙雩邑，至十二世敏公爲鄉進士，復振家聲。繁衍至宗聰父子，卜居於雩邑東鄉固院，不啻數百年矣。

二十六世文發公文茂公，聰一郎之嗣也。文泗公文六公，聰四郎聰三郎之所出也。文發公之子孫，徙居於安遠之長沙、金沙、會昌之樟溪，與贛縣之南塘、社前等處。文茂公之子孫世守固院祖居，又漸次徙於同邑之羅家渡、禾豐、馬鞍石等處。文泗公之子孫遷於安遠逕口，文六公之子孫遷於雩邑之禾溪、黃坑。此四房之大較也。

上考千百年間，通政公系下之譜牒，雖世有載記，而正式肇修，實始於明天啓三年，再修於清康熙四十年，三修於雍正二年，四修於乾隆四十三年，其間有時合，有時分，大抵文泗公系居逕口，地近二沙，故原修聯文發公二沙之派；文六公系居禾溪黃坑，地近固院，故原修聯文茂公固院之派。以是，自三十世至四十世，其中字派有十字不相符者。觀於發茂二公之房譜，可見矣。

及至嘉慶十四年進行五修，集四大系凝而爲一，方始分而復合。然六修之時，又分而爲二。文發文泗二系先修於同治七年，而贛邑文發公社前一房與文茂公文六公二系則合譜於同治十年。至民國四年七修，雩安會贛四邑始復合譜，計雩邑之固院、馬鞍石、大禾溪、羅江渡、禾豐、黃坳，贛邑之南塘、社前，安邑之長沙、金沙、瞻塘、大筦，會昌之樟溪、盤石、高排共十五處。從此，千溪萬壑，匯歸一本，化分爲合，豈不懿美也哉。

抗戰勝利之後，宗族賢者龍邑懋謙贛邑稚安二先生，倡議聯修贛南蔡氏族譜，嘉美事也。於是，通政公系與贛南各邑宗族三十餘系聯合共修族譜，於民國三十八年仲春竣事。惜夫文革十年動亂，各處譜牒，皆遭散佚殘缺。仁厚流寓台海，心念宗族，乃發起重修贛南蔡氏族譜。雖聯繫不易，僅得雩都、安遠、會昌、贛縣、信豐、興國等六邑宗親參加二屆聯修，然紀繫世而序昭穆，明宗系而聯族誼，亦庶幾可上告於列列祖先，而勉望於子孫後昆矣夫。

余懸處海隅，時念家山，眷眷之懷，情不能已。特謹述通政公宗系之概略如此云。

嗣孫雩邑固院仁厚敬識於台中市仁德居

通政公族譜總派（老譜）：

通汝尚念謹高堯　林端舜洪金廷忠
敬安景正才益希　嘉善宗聰文春思
惟伯玉栽崇萬國　可運兆清賢前烈
詩禮傳家寶（此下，接贛南聯修總派二十言，見前頁。）

◎八十四年仲春暖譜典禮祭文

歲次乙亥仲春吉日之辰，贛南蔡氏二屆聯修族譜名譽主修、嗣孫東海大學教授仁厚，爲修譜竣事，謹以三牲酒醴，上獻於列祖列宗之靈前曰：

維我蔡姓，本支百世；代有賢德，仁孝是敦。

敬懷先祖，奕葉千載；深恩厚澤，裕我後昆。

族譜聯修，克繩祖武；同心同德，幸告功成。

從今以往，敦親睦族；誨育子弟，光耀家門。

仰我祖德，如嵩如嶽；神靈垂顧，來格來歆。

謹告

尚饗

·通政堂聯語

濟陽聯譜，一本千秋繩祖武；

通政流芳，同源萬脈貽孫謀。

·台中一中創校八十周年賀詞

巍巍玉山，浩浩海洋。鍾靈毓秀，人德馨香。

昔我先賢，大義維揚。開創黌宮，儀型四方。

奕奕史葉，紫微文昌。濟濟多士，鳳鳴高岡。

恢弘器識，肅穆齋莊。掬誠獻詞，天作之章。

・牟師宗三先生謝世，主撰哀祭文字錄要：

1.訃告文：

顯考牟公諱宗三，慟於中華民國八十四年四月十二日下午三時四十分病逝台大醫院，距生於民國前三年四月二十五日，享壽八十七歲，孝男元一等隨侍在側，當即移靈台北市民權東路市立第一殯儀館，親視含殮，遵禮成服，謹擇於民國八十四年五月二日上午八時假該館景行廳設奠家祭，八時三十分公祭，隨即大殮發引安葬於新店竹林路長樂景觀墓園。叨在

姻、親、戚、友、學、寅、鄉、世誼，哀此訃　聞

妻子兒女家屬　泣啓

全體治喪委員（名單刊錄喪紀，附入年譜）

2.學行事略（刊錄牟師學思年譜）

3.公祭輓聯：

(1)治喪委員會

光尼山之道統　弘黃岡之慧命
擴前哲之器識　發儒聖之光輝

(2)護喪妻趙惠元

數十年相隨，悠悠歲月，而今已矣；

萬千日共處，切切情懷，其誰知之。

(3)孝男伯璇伯璉元一

欲報之德　昊天罔極

(4)人文友會

契古證今，卓識悲懷爭世運；

居仁由義，大心宏願振斯文。

(5)東方人文學術研究基金會

至仁大義，本乎一心，如如天德昭顯；

內聖外王，開爲三統，穆穆人文化成。

(6)中國哲學研究中心

判分現象物自身，透視康德之奧，爲東西文化開啓會通之路；

顯發自由無限心，證成智的直覺，使中土哲學奠立穩實之基。

(7)美利堅中國哲學與文化研究基金會

由德性主體開顯知性，俗諦斯立；

本東方智慧融攝康德，聖道益光。

(8)東海大學哲學系哲研所

才性玄理，佛性般若，解名言以顯實義，舊學商量加邃密；

心體性體，政道治道，通內聖而貫外王，新知培養轉深沉。

(9)中央大學哲研所

證圓善會通偏盈，理通天地；
弘聖學統攝眞俗，道貫古今。

(10)孫守立

夙昔憶教誨，典型永在心目；
靈堂仰音容，文德長昭人寰。

(11)李淳玲、胡以嫺、何淑靜、翟本瑞、尤惠貞

親承教誨，師保儀範春煦暖；
哀仰音容，哲儒風標夕照沉。

(12)楊德英率台中一中同學

恢弘哲思，進退百家尊儒聖；
光大慧命，洙泗一脈通棲霞。

(13)弟子蔡仁厚

吾愛吾師，吾尤愛眞理，循序爲禮，實心爲仁，制宜爲義；
吾愛眞理，吾尤愛吾師，生命有眞，學問有本，人道有歸。

(14)墓亭前柱（未刻）

高狂俊逸，心通儒釋道；
透闢深徹，學貫天地人。

4.祭文（主稿、代筆）

(1)治喪委員會

嗚呼先生，天地奇英；性情高狂，學思精深。
玄理般若，徹法源底；心體性體，貞定乾坤。
三大批判，哲學之奧；全盤譯述，世界一人。
會通中西，大開大合；顯揚眞理，一心二門。
先生講學，聲光四溢；著書述作，莫可與京。
神州大地，儒學來復；風會之運，氣象日新。
敬維先生，高齡謝世；泰山巖巖，典型長存。
仰望山斗，直方大兮；神靈下降，來格來歆。

謹告尚饗

(2)人文友會（刊錄牟師紀念集）

(3)東方人文學術研究基金會（刊錄牟師紀念集）

(4)護喪妻趙惠元

自隨夫子，數十星霜。於今長逝，心懷悽愴。
夫子一生，學術維揚。著作譯述，成典成章。
誨育俊彥，器宇軒昂。大弘文教，國族之光。
昭顯祖德，牟門馨香。子孫振振，長發其祥。

維我夫子，道福緜長。師友繼志，永續芬芳。
敬獻精誠，神靈來降。嗚呼哀哉，伏維尚饗。

(5)孝男伯璇伯璉元一

生我育我兮，恩齊於天。
半世隔離兮，孝道未全。
實祈父壽兮，長命百年。
有朝一日兮，承歡膝前。
胡爲染疾兮，館舍遽捐。
風木淒其兮，心摧淚漣。
四顧徬徨兮，如狂如顛。
幽明永隔兮，窀穸風煙。
大人安土兮，佳城長眠。
父靈來降兮，鑒此清筵。
嗚呼哀哉　尚饗

5.喪紀（刊錄牟師學思年譜）

6.墓表：

長眠於此青山之懷者，是當代大哲、儒學宗師　牟宗三先生。

先生出身北京大學，性情高狂，才品俊逸，能化腐朽爲神奇，乃黃岡熊十力先生特爲器重之嫡傳弟子。先後榮受香港大學名譽文學博士與行政院文化獎章。

先生以三部皇皇鉅著，表述魏晉玄學、南北朝隋唐佛學、宋明理學，使儒釋道三教之義理系統，煥然復明於世。其學術成就，承先啓後，功莫大焉。

先生本於內聖之學以豁醒外王大義，特撰著新外王三書，爲中國文化中政道、事功與科學之問題，提供中肯之解答，是眞能順成顧黃王三大儒之心願遺志者。

先生以一人之力，全譯康德之三大批判，乃二百年來世界第一人。又另撰專書數種，以消化融攝康德之學，爲眞美善之分別說與合一說，提出妥恰之詮釋。

先生對中國哲學所涵蘊之問題，以及中西哲學會通之分際與限度，皆以系統性之講錄作全盤之疏導與衡定，透闢深徹，實啓返本開新之善端。贊曰：

浩浩宇宙　慧命長流　師尊法運　炳耀千秋

中華民國八十四年五月穀旦　先後期門弟子　一體恭述敬立

・十二月與德英合輓二弟妹劉之薇

慧眼識夫婿，相愛相親，良緣纔及半，何忍鶼鰈訣別早；
貞心育兒女，如磨如琢，美玉將裁成，誰教風木動哀思。

又代兒女輓二舅母

懿訓不敢忘，痛舅母仙逝，宅相未成思渭水；
春暉未及報，與哲嗣同哀，喬蔭莫仰哭蓬台。
（宅相、喻指外甥。渭水、舅氏之稱。）

◎八十五年五月輓蔣年豐教授

學界歎凋零，黃梅季節驚風雨；
英年傷早逝，碧海青天悵落暉。

・十月，賀新加坡海南會館館慶

到海觀會同　乾坤誰眼碧
莫道南洋遠　華人流惠澤
浮雲遮望眼　奮志振鴻翮
新邦展新猷　鄉誼仍疇昔
年年相對飲　穆穆接文席
嘉會感榮光　情義深千尺

余於詩律略有所知，而短於詩才，鮮有吟咏。茲者，新加坡海南會館一百四十二周年館慶，特舉辦文化專題講座，隔洋相邀擔任主講，盛意可感也。於是思緒盎然，情懷慷慨，乃綴成五言古詩一首，寄請新加坡國立大學蘇新鋈教授代爲書寫，裝裱成軸，贈與海館以爲紀念。蘇兄法書，端重挺秀，益增美觀。

十月八日，余偕德英同行，又作西馬三日之遊，並應吉隆坡星洲日報之邀作公開演講，甚暢心懷也。茲補述詩句大意，發表於海南會刊，祈賢彥方家，不吝指教。

一二句係借取明代大儒陳白沙之詩爲引子。意謂萬流歸海，文化會同，但看誰人眼光深透，能明察學術發展之趨向耳。「眼碧」乃從「碧海」之意轉出，言其明透深徹也。今日之星洲，種族多元，文化多元，正爲東西文化交流會同之區。

三四句言華人開發南洋，惠澤流長。五六句言遠離舊家邦，天南開新國。華人終能振翅雄飛，爲炎黃子孫揚眉吐氣。

七八句言國家新立，展現建設宏圖，而鄉親情誼，深厚一如往昔。九十兩句言年年館慶，少長咸集，俊彥聚敘之盛。穆穆、清和貌。接文席、意謂文教之美，人才輩出也。

末二句言作者有緣與會，甚感榮幸。乃特用李太白「桃花潭水深千尺，不及汪倫送我情」句意，以表心衷。其實，水深，情義更深；情義深似海，又何止千尺耶？

·仲冬，老家雩都縣城三樓店房「厚生行」落成，特撰雙嵌字迴文聯以表慶賀：

厚其德，深其根，根深德厚；

生於道，發於運，運發道生。

・十二月，新購台中市雙十路孔子廟旁惠宇椰風名廈H棟第十六樓。樓高風滿，視界開闊。北軒近瞰孔子廟，遠眺大坑谷關諸山，層巒疊嶂，氣勢磅礴。南窗近見台中一中，遠眺八卦山，極望阿里山，胸懷浩蕩，得未曾有。廳房書室之佈置，亦雅稱心意。餐廳正牆供「天地聖親師」之神位，左右配以聯語云：

天生地養，盛德廣大；
聖道師教，親恩綿長。

旁壁懸一嵌字聯，文曰：

仁風煦士林，猶且博學篤志，勤研遺經尋墜緒；
厚道存儒術，於焉切問近思，勉向先哲證微言。

按：此聯原係前清優貢，宗老愛仁教授撰贈。唯詞意讚許過當，愧有未副。故酌予改動，俾能較符情實。

◎八十六年八月十日，偕德英赴日本舊京出席「國際陽明學京都會議」，成五言古風一首，呈贈與會學者：

東渡滄溟水　浩瀚太平洋
大唐日已遠　京都留典章
禮樂貫千古　詩書長流芳

知行本合一　有無亦通方
心性不分隔　學術昭輝光
守經通權變　異同共相商
良知契道妙　嘉會樂未央
東西成風會　乾坤一講堂

按：日本京都，建於唐德宗時（西元八世紀末），其城垣市街，大體仿唐代長安。雖規模不及，而文物風貌、典制禮俗，實仍留存唐風。王陽明知行合一之訓，日本人亦能踐而行之。四有四無，義本相通；心體性體，融一無二。學術異同，亦可用經權原則溝通商量。世界雖有東西方之異，而人類共同生息於宇宙之間，正應以乾坤爲大講堂，循正道而造成新風會也。

·贈韓國鄭仁在教授伉儷嵌字聯：

仁在通古今，功化道妙；（鄭仁在、孫貞淑）
貞淑安內外，日升月恒。

按：仁道永在，通古通今。功德之化，即是道之妙用。貞淑美質，安和內外，故興盛恆久。詩小雅天保所謂「如月之恆，如日之升」是也。

·與德英合輓台中一中老校長黃金鰲先生（九十二歲）：

文德昭宣，平章學術留型則；
音容宛在，作育英才仰高風。

◎八十七年新正為台中一中校友作嵌字聯：

伯益琦瑋，舜廷賢傑；（賴伯琦、詹斐雲）
斐然雲彩，天府瓌章。

儒聖鐸音，播揚瀚海；（張鐸瀚、林妍君）
雅懷妍蒨，澤潤君心。

向上一機，實崇中道；（張一中、楊婉儀）
從今婉約，聿修儀型。

·春月，會同四哥謝貞六弟張志朝爲鄉長易月波老先生返里安居並祝九十大壽（賀聯嵌「鄉老月波」四字）：

鄉關納千祥，寶山蒼翠欣明月；
老境臻百福，心海清平映素波。

·五月四日，偕德英出席北京大學百周年慶「漢學研究國際會議」，賦五古一首呈贈大會：

自古有太學　上下數千年
京師大學堂　新制最佔先
上以接傳統　下以鬥芳妍
外逐行且遠　根土失保全

乃有賢哲起　奮力芸我田
困阻千百重　貞固志不遷
仁心通理氣　道義擔鐵肩
科學利物用　人文啓英賢
蒼松連翠柏　矯矯泰山巔
史頁開新紀　北庠慶百年
浩氣運天樞　溥博出淵泉
返本續慧命　緝熙太和天

·出席山東新儒會議（主題：牟宗三與當代新儒學）

東魯人文地　孔孟蘊光華（首段麻韻）
聖脈延一線　洙泗通棲霞
神州遭板蕩　大地舞龍蛇
丹心爭剝復　慷慨走天涯
內聖抉奧義　外王拓新功（次段東韻）
一心開二門　中西大會通
學思無窮止　儒道貴時中

慧命長相續　光顯大漢風

詩　呈

諸方賢彥　政之

蔡仁厚於濟南　一九九八年九月五日

附載：詩無師承——外子的吟興

我不知詩，仁厚說，詩有別才，並表示他對詩也是門外漢。可是他吟詩的腔調甚覺好聽，而且也做過一些詩。前幾年，他印了一本書，我說把那幾首詩也附錄上去吧，他不肯，說他的詩不能登大雅之堂。這次我自己印這本小冊子《倫理與文化》，打算附上他的詩，他發現之後，仍然大聲反對。我堅持說，抄都抄好了，而且還爲你下了一些註腳，也捧了場，怎麼能不印？何況我這本小書也不是什麼大雅之堂，讓它留藏在裡面，爲什麼不可以？他還想爭下去，看看拗不過我，也就罷了。

下面，就是他舞文弄墨而留下來的幾首詩：

陽春野曲　三六年春日

久雨初霽，群兒相逐嬉戲；
村外飄酒帘，野老興來竹杖隨。
何處吹起歌聲？
情韻絕妙，勝似竹枝詞。
一望芳草綠，原是薰風乍到時。

這是仁厚高中時代唯一留存的作品，看來非詩非詞，卻很有點兒韻味。有一天他忽發奇想，要把吟詩的腔調用音樂簡譜表示出來。一時引發情興，便也爲他自己這支「陽春野曲」配上簡譜，試唱一下，居然有板有眼。一個連五線譜都不會讀的人，竟能作出一支歌曲，眞是難爲他了。

無題 三八年年夜

除夜天釀雪　窗破入寒風
挑燈問消息　弟妹睡正濃
更深思欲絕　尺素恐難通
落月照顏色　還應在夢中

這首算是五古，我很喜歡最後二句。附記云「三十八九年之交，曾駐定海虹橋數月。觀其溪山田疇，宛若家園，思鄉之情，惓惓不已，家人舊遊，盡在夢中。心思恍惚，因成無題一首，聊以寄意云」。

夢思 四二年春月

一番細雨落春寒　人靜深宵燭影殘
芳草天涯隨處綠　懷君顏色夢中看

細雨、春寒、深宵、燭影，怪美的！第一句意境甚佳，第二句卻有點悽寂之感了。還好，第三句很灑脫，隨遇而安，生機瀰漫。可是，結果依然是「夢中看」。人都喜歡做夢嗎？在我的印象裡，他似乎是個不會做夢的人，原來也會夢中看顏色！對了，此一時，彼一時，那時他才二十多歲，還是喜歡做夢的年齡。

山莊圖 四二年夏月

竹林映溪水　茅屋傍池塘
芳草對門綠　山風入晚涼
松聲饒有韻　牧笛妙無腔
煙雨斜陽外　人來野鶴鄉

首聯兩句，樸實無華，卻也清雅可喜。第二聯對仗頗工整。第三聯山谿翠谷，松聲牧笛，再加上最後一聯的煙雨斜陽，田間野鶴，意境幽渺，畫面甚美。看來他是很嚮往這幅山莊圖的。我曾問他，如果眞有這麼一個地方，你能長住下來嗎？他說：怕是不可能了！這麼一個地方也許並不難找，難得的是這份心情。一個人只要有了某一方面的承擔，便做不成隱士了。何況隱士也不是最高的人品。我說：好了，下面一句，一定是「鳥獸不可與同群，吾非斯人之徒與而誰與」？

基隆山望遠 四二年秋月

雨霽高臺風滿樓　　天涯翹首望神州
雲山重隔家何在　　海上煙波無限愁

天涯翹首，煙波無限，雲山重隔，高樓風滿，眞是難爲遊子：尤其一個「有家歸未得」的遊子，怎能不起鄉愁？記得有一回，他一位舊日同事來我家做客，談起仁厚初任學校教職，連「一肩行李」也沒有，只是右手提一大捆書，左手提個網袋，內裝一個鋁製洗臉盆，還有一條舊棉毛毯和幾件衣服。當天睡眠的被枕，還是預支薪水臨時上街買的。看來有點可憐，但也很是瀟灑。客人又嘆口氣道：我是「少年子弟江湖老」，但仁厚有了成就，也就感到安慰了。仁厚聽了，接口說：「成就？說不上，說不上！」看他說話時的那種神情，彷彿依然是「雲水煙波，愁憾滿懷」哩。

抒懷　四三年冬月

儒門澹泊闇然久　　自坐春風氣象新
親炙棲霞遊未易　　此生不敢作詞人

詩後有幾句附語：「客歲，以文字姻緣，偶識台北某老詩人，書疏往返，垂愛甚殷。以上數首即當時之作也。然予實不能詩，而自遊於棲霞牟師之門，更不暇作詞人矣。某日，於台北謁師返基途中，念及此意，因成抒懷一首。」原來他是從遊牟老師之後，才「不敢做詞人」的。在那一年之中，他還有幾聯沒有成篇的散句，亦錄於此：

1.海角長飄泊　親知入夢頻
2.問君何所見　天地一圓通
3.樓閣青山雲舒卷　海天寥廓心悠悠

此後，便眞的「遊心棲霞」，不再舞文弄墨了。

※　※　※　※

婚前台中即景　五二年仲夏

芳草綠蔭水一泓　天光雲影徐徐風
鳳凰最醉當前景　五月花開耀眼紅

事隔十年，他畢竟又有了這首婚前即景詩。我一直住台北，久聞中南部產鳳凰木，每年五六月間，滿樹花開，絢麗爛漫。我們的婚期，正趕上鳳凰花開的時候，他這首詩倒眞「即景」。他告訴我：第一句是就台中公園說的，第二句是套改朱子「天光雲影共徘徊」，第三句是即景即情，第四句仍然是套改唐人「二月花開照眼明」的句子。我說，中國詩那麼多，好言語和好意思怕都寫成詩句了。舊裡翻新，有何不可！

和答先榮兄　五三年初夏

一抹朝霞花映發　古原芳草露珊珊　（珊珊，露珠明潔貌。）

陽春不隔天涯路　解釋雲山客夢寒

毛先榮、繆全吉和仁厚，三人一度同學。在我們結婚前後，毛先生由教育部外放駐美大使館服務。他多才多藝，也可能善感。一日，正在政大讀博士學位的繆先生，轉來毛先生一首詩：

簾捲斜陽花事盡　露沾綠竹意闌珊
舉頭明月思千里　清影搖風野草寒

仁厚看了，說：先榮託詩寄意，情懷太淒清了。便和詩一詩，希望他善會「陽春不隔」之意，以免「野草搖風」「客夢驚寒」。寫到這裡，我忽然發覺仁厚的詩，不離「芳草」，又喜用「春」字「綠」字。芳草美人，屈原用以比喻君子，春與綠，又都有欣欣向榮之象。這大概也是性情自然的流露吧。

悲信陵君

五六年初冬

兩敗秦師亦偉哉　嗟君矯矯一英才
薛毛老去侯生死　壯志消磨向酒哀

這是在中興大學講信陵君列傳的有感之作。在戰國四大公子中，信陵君號稱最賢，他曾二度將兵大敗秦軍，名震諸侯。然一旦受讒，唯知病酒自毀，甚可慨歎。仁厚曾對信陵君之事發過一段議論：「王船山論史事，常發感慨云：惜乎，其未聞君子之大道也！所謂君子之大道，即是聖賢之道；未聞聖賢之道，便不能有性情的潤澤和生命的安頓。信陵君雖然門下養士數千，但有幾個像侯生毛公薛公那樣的賢智之士？自家生命貞定不住，又無賢士從旁護持，所以雖然「英才矯矯」，終於還是「向酒消磨」。於此，既可看出英雄生命的限度，也可以了解德性學問的重要。人如沒有自潤之道以調適自己的身心，光靠英雄才情，畢竟是不易善始善終的。」

批卷 六十年春月

擊壤南風至，
光華耀卿雲；
禮樂傳千古，
化作詩人魂。
江山代有才人出，
花果滿樹，
燦爛繽紛。
大漢風，遍宇內，
文思安安太和春。

去年（五十九年）秋，仁厚應謝幼偉主任之約，到華岡哲學系任教。私立大學鐘點不免多一點，他教本系三門課，仍然時數不足，又擔任一班外系國文。有一個學生的作文他看上眼了，便又引發吟興，批下那麼幾句；看來似詩非詩，似評非評，但卻寄慨遙深，意氣風發。

又有一回，他出了個「陽明煙雨」的題目，一個學生只管訴說陽明山上風大雨斜，種種不便，滿篇作文，盡是苦經。一個很美的題目，竟被說得全無意趣。仁厚看了不忍，便又批下四句詩語：

異樣風光異樣情　　杜鵑花草應時新
少年且莫說愁苦　　煙雨淒濛亦是春

說到批改作文，我又想起仁厚一位中學國文老師的詩了：「迫儂衣食太無情，十六年中事硯耕；磨去毛尖千管禿，得來肌肉一身輕。文堆几案無時了，雪壓顱頭逐日盈；夜半猶難尋好夢，人生如此可憐生。」教書十六年，並不算久，但這位老先生，卻把教書的清苦寂寞和盤托出了。外子認爲，做一個中學國文老師，是很辛勞的。不過，當人懷念中學的老師時，十之七八會是國文老師。他的話可能是事實，也可能是他自己最懷念的幾位中學老師，都是國文老師的緣故。

當仁厚由江西教育廳保送升大學時，另一位國文老師曾贈詩送他，後二句是：「細數雩中桃與李，錚錚秀起見斯人。」仁厚常說他是鄉下人，他從農村到城市，再到大都市，總覺得別人聰明伶俐，而自己則事事都顯得孤陋寡聞、生疏笨拙，爲此常懷戒懼之情，對學問知識也流露飢渴之感。由於他隨處隨事，自然用心，所以過不多久，便能看出那些聰明人的膚淺處了。但仁厚也常說，做學問最好學程順適，起步也要早些，而他自己則受時代的折磨，迂曲阻滯太多，總覺勞而少功。不過，看他爲學的恒毅，以及每日孜孜不倦，興趣盎然的樣子，我倒覺得他那位詩人老師說得很對，仁厚是一個「錚錚秀起」的人。

六十七年七月，德英述解

丙編　壽慶詩文輯錄

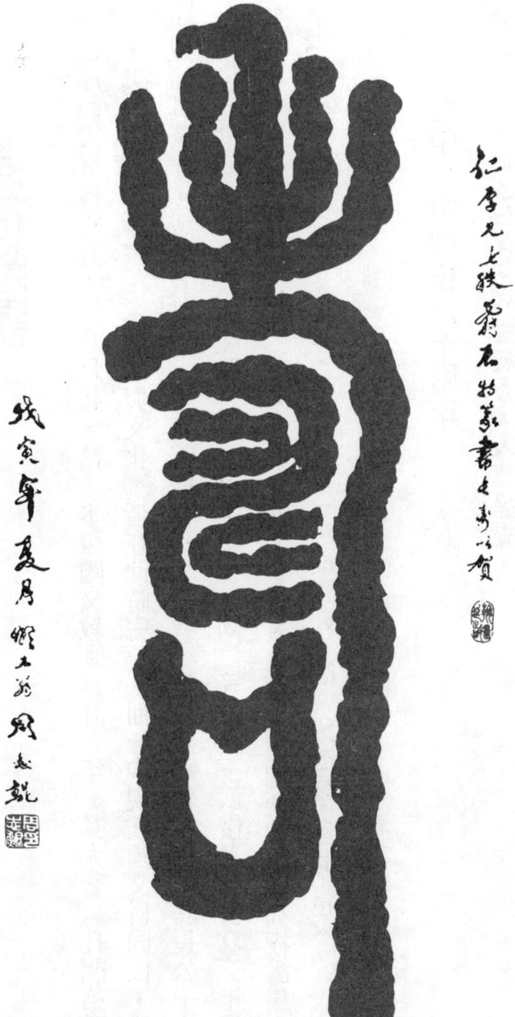

懶石翁周志鯤先生，乃我四十年之老友。教學之餘，酷好書法。篆隸楷行草，靡不精熟。又以三波九磔之筆勢，新創曲筆，爲毛錐大大吐氣，洵足樂也。茲蒙惠書大紅壽字，老友心意，至深感人。特謹綴數語，略抒衷懷。

仁厚　戊寅端陽之辰

借花獻壽

蔡仁厚教授從民國五十年八月起，擔任本校國文教師共計七年。其大著《孔門弟子志行考述》、《論語人物論》、《儒學與文化》皆在此時完稿。而一中現任國文科同仁，或親承教誨，或讀其著作，或慕其雅望，皆有善緣存焉。茲者，蔡教授壽晉古稀，其長公子維天博士（一中校友）偕同弟妹印發壽慶徵文啓，嘉美事也。同仁等推請王武俊老師書寫三年前蔡教授祝賀台中一中八十周年之賀詞（由於當時之疏忽，未及編入紀念冊），俾便製版編列祝壽集中。此舉乃是「借花獻壽」（借壽翁之花，申祝嘏之忱），而實亦人間一段溫馨之佳話也。

台中一中國文科同仁　謹識

台中一中創校八十周年

巍巍玉山，浩浩海洋。鍾靈毓秀，人德馨香。
昔我先賢，大義維揚。開創黌宮，儀型四方。
奕奕史葉，紫微文昌。濟濟多士，鳳鳴高岡。
恢弘器識，肅穆齋莊。掬誠獻詞，天作之章。

民國八十四年　蔡仁厚敬賀

臺中一中創校八十周年

巍巍玉山浩浩海洋鍾靈毓秀人德馨香
昔我先賢大義維揚開創黌宮儀型四方
奕奕史葉崇徵文昌濟濟多士鳳鳴高岡
恢弘器識肅穆齊莊獨識獻調天化之章

民國八十四年　蔡仁厚敬賀

祝壽詩文作者簡介（文到先後爲序）

周群振　湖南　台南師範學院教授（榮休）
劉述先　江西　香港中文大學哲學系教授、中研院文哲所研究員
鄧小軍　四川　北京、首都師範大學中文系教授
蒙培元　甘肅　北京、社科院哲學研究所研究員
張志朝　江西　陸軍少將（榮休）、壽翁誼弟、文武兼資
羅義俊　浙江　上海社科院歷史研究所研究員
王世敏　湖北　台中第一高中教師（榮休）
李完栽　韓國　大邱、嶺南大學哲學系教授（榮休）
周志鯤　江蘇　書法家、醒吾商專教授（榮休）
王守常　北京　北京大學哲學系教授
蔣　慶　貴州　廣東深圳行政學院教授
李承貴　江西　南昌大學哲學系教授
陳　特　香港　香港中文大學哲學系教授
高令印　山東　廈門大學哲學系教授
王大德　山東　中國文化大學哲學博士候選人
蕭宏恩　湖北　輔仁大學專任副教授
陳　來　浙江　北京大學哲學系教授

段茂廷　湖南　台中一中、屏東師專校長（榮休）
蕭萬語　山東　台北建中教師、光武工專教授（榮休）
陸達誠　上海　天主教神父、輔仁大學宗教系主任
李維武　湖北　武漢大學哲學系教授
張立文　浙江　北京、人民大學哲學系教授
郭齊勇　湖北　武漢大學哲學系教授
王興國　雲南　雲南師大講師、南開大學哲學博士候選人
石元康　浙江　香港中文大學哲學系教授
李明輝　台灣　中央研究院文哲所研究員
范良光　台灣　深究易道、文化大學哲學博士候選人
王　菡　遼寧　中國文化大學哲學博士候選人
胡楚生　貴州　中興大學中文系教授兼文學院長
李立信　廣東　東海大學中文系教授兼文學院長
金在漢　韓國　教育家、校長榮休、鄉校長老
金基柱　韓國　東海大學哲學研究所碩士、博士
李錦全　廣東　廣州、中山大學哲學系教授
李宗桂　四川　廣州、中山大學哲學系教授
曾春海　江西　台北、政治大學哲學系教授
馮達文　廣東　廣州、中山大學哲學系教授

黃宣民　江西　中國社科院歷史所研究員、湖南大學特聘教授
鄧立光　香港　香港城市大學語文學部講師
彭國翔　江蘇　北京大學哲學系博士研究生
賴伯琦　台灣　東海生物研究所、任職台北師範學院
金忠烈　韓國　漢城、高麗大學哲學系教授
鄺錦倫　香港　東海大學哲學系副教授
苑舉正　山東　東海大學哲學系副教授
蔡介裕　台灣　文藻語文學院人文科主任
王武俊　台灣　台中一中國文科主任
吳　明　香港　香港新亞研究所副教授
蕭振邦　江西　中央大學哲學研究所副教授
李紀祥　江蘇　中國文化大學歷史研究所教授
高柏園　山東　淡江大學中文所教授、鵝湖社長
李翔海　湖北　天津、南開大學哲學系副教授
鄧克銘　台灣　日本東京大學博士、任教暨南大學中文系
林安梧　台灣　新竹、清華大學教授兼通識教育中心主任
蘇新鋈　新加坡　國立新加坡大學中文系教授
謝仲明　香港　東海大學哲學系教授
黃麗生　廣西　台灣海洋大學歷史副教授

金貞姬	韓國（台灣成長）	台大中文系博士生、中興大學兼任講師
方穎嫻	香港	香港大學中文系教授
尤惠貞	台灣	南華管理學院哲學研究所副教授
黃漢光	香港	花蓮師範學院副教授
楊秀宮	台灣	東海大學哲學博士候選人
李瑞全	香港	中央大學哲學研究所所長
盧雪崑	香港	香港新亞研究所副教授
陳榮灼	香港	前東海大學哲學系教授、現講學加拿大
金起賢	韓國	東海大學哲學博士、返韓任教
千炳敦	韓國	東海大學哲學博士、返韓任教
黃瑞明	台灣	國際通商法律事務所律師
王邦雄	台灣	中央大學教授、台北大學籌備委員
翟志成	廣東	中央研究院近代史研究所研究員
楊祖漢	香港	中國文化大學哲學系教授
潘朝陽	台灣	台灣師範大學地理系副教授
李得財	台灣	朝陽科技大學通識教育中心副教授
周博裕	台灣	鵝湖雜誌社執行長、任教中國文化大學
李妙英	台灣	台大畢業後隨夫君許振興醫師赴美任教密西根大學醫學院
劉國強	香港	任教香港中文大學教育學院

鄺蘭夫　香港　東海大學哲學系教授兼系主任

顏炳罡　山東　山東大學哲學系副系主任

景海峯　寧夏　廣東深圳大學國學研究所教授

欒　棟　陝西　陝西師大教授、東海大學哲學系客座教授

陳一峯　四川　任教於台南師範學院社教系

曾昭旭　廣東　中央大學中文研究所教授

王財貴　台灣　台中師範學院語教系副教授

謝大寧　江蘇　中正大學中文研究所副教授

黃甲淵　韓國　任教全北大學人文學研究所

李　山　河北　北師大博士、任教北京青年政治學院

林文端　台灣　台中第一高中教師

邱黃海　台灣　鵝湖月刊主編，淡江大學講師

鄭仁在　韓國　西江大學哲學系教授

梁承武　韓國　中央大學教授兼文學院院長

楊慶亮　福建　中國文化大學哲研所博士研究、現從事新型古典戲劇編導

楊德英　河北　壽翁夫人、台中一中教師（榮休）

蔡維天　江西　壽翁長公子、美國語言學博士、清華大學語言所副教授

蔡維音　江西　壽翁女公子、德國法律學博士、任教成功大學法研所

蔡浩天　江西　壽翁次公子、機械工程師、任職國產汽車公司

為仁厚兄七十壽辰賀

周群振

我與仁厚相交，屈指已歷四十五年，初時彼此皆在青年，如今則漸臻白髮皤皤之老境。日內接其男女公子之徵文啓言，乃爲祝「七十壽辰」而發，不意從來相傳「古稀」之年，吾輩俱得而同擁有矣。欣慰之餘，特就友情所鍾，爲之略述感懷，並掬誠謹致賀忱。

民國四十三年（一九五四）秋天，我造謁　牟師寓所拜瞻聆教，剛進門，先生即告我：「有位名叫蔡仁厚的青年，在基隆水產學校任教職，由程兆熊先生引薦，最近都參加人文友會講習，昨天才來過這裡，可惜你們沒碰上。其人敦篤厚重，恭謹誠恪，所作講會記錄，明白周詳。甚爲難得。」我一聽，直覺這是可以互訴生平的良朋好友，便抄下他的通訊地址，回營後立即去信傾吐宿願；果如同心相印，旋獲覆示長函，字裡行間充滿虛懷懇摯之純情，良言警語，無異金玉擲地之鏗鏘盈耳。再三讀之，歡愉振奮，久久不能自已。

自茲以後，彼此許爲知己，或藉函電神交，或相期約面敘，綿密往還，數十年來未嘗停歇。其間強有力之綰合動因，自是唯　恩師牟先生道德文章之信持與鼓舞，故能愈久而彌堅。我們一年半載，必同至東海師處陪奉三五日以凝斂精神，淬礪志意。及師移駕香江，往來台港講學，二人無論得何訓諭或行止消息，必互相通告，並共諸友趨前迎迓。每當朋輩重逢把晤：時則侍坐滿堂，聆講演而明至理；時則隨伴郊遊，覽勝景而啓哲思。濟濟雍雍，風流雅致，誠有如聖人所贊「時習」與「朋自遠來」之悅樂者。平情追憶，于時仁厚之於我，確實備極直、諒、多聞之益。因我久羈行伍，昧於世務常識，遇有疑難困惑，只須坦誠與之述說，便得爽朗明快之剖析點撥，而可豁然開吾心胸，去吾煩苦。不徒此耳，其尤有足稱者，乃為人之內剛而外柔，律己嚴而待人寬。凡見得事理眞切，便堅執不捨；為期成功或達善，則又綽綽然可容多途之並行。或遇異議非指，既無由改人初衷；便也忍讓相對，退聽時宜，終能化阻力而弭紛爭於無形。是則更為吾之所當取法者。

仁厚性德沉穩，才思敏銳：行己則循名務義，為文則深入淺出，高明、中庸，兼而有之。其在大學授課，先是論、孟、荀子，次及宋明理學，又次則主講中國哲學史，皆直探孔孟精微，窮究諸子曲折。成書滿架：專著則發先賢之奧蘊，通論則極文化之幽妙。謹守師門矩範；宏擴儒學中道。當代新儒家自熊（十力）老先生衝破現實，重揭先聖本原義理；張（君勱）、唐（君毅）、牟（宗三）、徐（復觀）四巨擘繼之而光大聖修領域；馴至於今，實已進入推拓美種、普植嘉禾之第三階段，仁厚則堪稱此中錚錚佼佼者之一。觀其所撰諸公年譜或紀傳記言，乃至牟師逝世時各類巨細靡遺之文表製作，可知其平素用心之切摯，及於吾道傳承之實績為何如矣。

仁厚德業允充，家聲亦顯：民國五十二年結婚，得德英嫂為賢內助，相與敬持誠正，勉力修齊，今男女公子，或紹箕裘，任教上庠；或事工商，裨益社會。恰如螽斯衍慶，麟趾呈祥。德與壽並懋，福與善駢臻。猗與庥哉！猗與庥哉！

民國八十七年歲次戊寅春月學友周群振敬賀

蔡仁厚兄七十壽辰憶往

劉述先

初識仁厚兄是在牟宗三先生處。好像是在民國四十六年暑假，牟先生在東海大學寓所開講《認識心之批判》。我們有六七個人，包括仁厚兄、周群、陳問梅、韋政通、王淮、郭大春和我，晚上就打地舖睡在客廳，掛上蚊帳，白天有男工煮麵食給我們吃。牟先生那時沒有結婚，每天定時開講，有時周文傑兄也來聽講。我們這幾個人朝夕相處，切磋問學，別無餘事，變得很熟絡。大家都有強烈的文化擔負，立志爲往聖繼絕學。當時只是青年時代一腔熱情，並無他想。轉眼四十多年過去，回憶往事，就是在牟先生和徐復觀先生的領導之下，使東海大學在新亞書院之外，建立了第二個當代新儒學的中心，堪稱異數。眞是令人感慨不已！

仁厚兄出自軍中，不是學院科班出身。令人驚訝的是，牟先生講中西哲學，思想概念那麼複雜抽象，難以理解，仁厚兄卻都能心領神會。數十年來著作等身，即是明證。他由中學轉往大學執教，而後成爲國際知名學者，可說沒有半點倖致的成分。

一九八二年在夏威夷開國際朱熹會議。牟先生因不喜朱子，拒絕與會。我們幾經勸說無效，他只說，由仁厚與你代表赴會就夠了。由此可見他對仁厚兄的學術造詣之信賴。由於我是方東美師的弟子，牟先生只說我是他的半個弟子，我有些說法與他並不完全一致，而也得到他的寬容。但仁厚兄無疑是牟門的掌門弟子，他對牟先生的說法做闡釋絕不會有任何差錯。

我們分別以不同的方式發揚牟先生的哲學精神，歷年論學向無扞格；同時由於我們都是原籍江西，又多了一份鄉誼。不覺仁厚兄七十誕辰將臨，一生福慧雙修，因綴數語為老友賀。

一九九八、三、二十
於香港中文大學

蔡仁厚先生印象

鄧小軍

一九八五年，我在川大圖書館讀到《宋明理學北宋篇》、《南宋篇》，從此知道蔡仁厚先生。這兩部書給我留下的印象是，蔡先生是忠於所學、治學嚴謹的學者。

九十年代初期，偶遊四川省圖書館所設書肆，忽然看見《鵝湖》雜誌幾冊，中有蔡先生的文章〈從絲路之旅說到「必歸於儒」〉，立讀一過。從文中所述絲路之旅，我感到蔡先生有歷史文化眼光。讀文中所述看見蘭州一佛寺門上匾額大書「必歸於儒」，我感到和蔡先生一樣深心喜悅。

一九九六年春，我把《儒家思想與民主思想的邏輯結合》一書寄給蔡先生，蔡先生很快寄來《儒學的常與變》、《中國哲學的反省與新生》兩書，作為回贈。後來又惠贈《牟宗三先生學思年譜》。前兩種書，我尤喜讀其中的短篇附錄及體性與之相近的論文，以為有時代感受，見眞性情。印象最深之處，一處是蔡先生在申論所感所思時，援引出陳寅恪先生《柳如是別傳》論鄭氏父子經營閩海東南之地，「至今三百餘年，雖累經人事之遷易，然實以一隅繫全國之輕重」，這一段大文字。另一處，則是蔡先生表示，深信十年八年之後，中華民族終必復振。我感到，蔡先生有眞而且正的現實關切，亦有器識。在儒者，眞而且正的現實關切，同時即是終極關切。

《年譜》一種讀後，函謝時述及似可於民國二十一年譜，添入牟先生自述親聞熊十力先生說「良知是個呈現」所受到之震動感發。蔡先生覆函表示，將在再版時添入。由此一小事，足見蔡先生虛懷若谷，顯示作爲前輩學者之風範。

九六年冬，我承鵝湖諸君子盛情相邀，赴臺出席新儒學學術會議，遂得與蔡仁厚先生見面。蔡先生確是仁厚長者，這是見面留給我的印象。

記得在唐君毅先生墓前行禮致祭後，蔡先生講話，順口提到于右任先生墓亦在鄰近山巔之上，乃高聲吟誦于公詩句：「葬我於高山之上兮，望我大陸，大陸不可見兮，惟有痛哭！葬我於高山之上兮，望我故鄉，故鄉不可見兮，永不能忘！天蒼蒼，海茫茫，山之上有國殤！」音節鏗鏘頓挫，聲情蒼涼激昂，迴響於高山白雲、碧海青天之間。此情此景，實難以忘懷。

今逢蔡先生七十壽辰，雅承先生諸賢公子徵文祝壽，爰謹述自己回憶中之蔡先生印象，並恭祝蔡先生健康長壽。

一九九八年三月十八日
後學鄧小軍謹書於北京

仁厚先生七十壽辰感言

蒙培元

我與仁厚先生見面不多，但心交久矣！且每次見面，都有受益。第一次是在一九九二年台北朱子國際學術會議上，我們同住中研院招待樓，似在陳榮捷先生房間裡，交談十分融洽。會後，先生贈我《王陽明哲學》一書，讀之，深感先生對先哲思想之同情了解與深切體悟。

第二次是在一九九七年新加坡國際儒學討論會上，先生提到東方人不僅要有宗教精神，且應有相應之宗教儀式。初聽似感震驚，細思之，則有深義存焉。會議中間，先生又贈我手編之牟宗三先生《人文講習錄》與親撰之《牟宗三先生學思年譜》，此二書足見先生對師尊之敬仰。

第三次是在同年于日本京都舉行之國際陽明學術研討會上，先生講陽明之知行說，我講陽明之良知說，學者互相提問、辯難、討論、切磋，氣氛熱烈而又和諧。先生和藹可親，溫文爾雅，發爲言辭，則鏗鏘有力，蘊涵著堅定信念。與先生同桌共議，如坐春風中，能感受到儒者「柔而剛」的氣象。

先生著作等身，有補于後學者多矣；但感人至深者，則在一言一行中所體現之精神風範。孟子言，「睟然見于面，盎于背，施于四體，四體不言而喻」，先生近之。不以專家自居，而以「居仁由義」自勉、勉人，此則更可貴矣。

一九九八、三、廿四，于北京

仁風淑世萬流仰
厚德延齡百福臻

——蔡教授仁厚五哥七秩禧慶頌詩

張志朝

蔡教授仁厚公出身世族，誕祥星渚，洵洵君子，贛雩人傑；才含錦繡，德潤珪璋，治學傳經，弘道匡時，絳帳春風，杏壇譽美。而憂時淑世，讜論宏宣，著富述精，中外欽馳。余以同村後進，垂髫即蒙眷顧，締金蘭之誼，沐師保之澤，悠悠歲月，於茲五十又三春矣。雖烽火離亂，而關愛彌殷，推食解衣，薰陶啓迪，情若伯兄，自念戎政生涯五十載，得無忝所生，以少將轉任文官，享隱逸林泉之樂，如是福緣，拜公之賜實多，恩義嘉隆，銘心鏤骨，永深感佩。戊寅臘冬，爲公杖國禧慶，維天、維音、浩天諸世講賢孝純篤，懇懇以揚德顯親，而莊隆獻掇，徵雅匯編爲傳芳之集，用昭景範，兼勵思踵，欣斯懿美，安敢藏拙，因就所知所受，不揣固陋，勉成七絕八首，貢誠獻芹，恭申嵩祝，更祈莞正焉。

雩都固院潭頭村　人傑地靈風教敦
通政勳華開閥閱　傳芳承烈德流蕃

——世望(一)

仁厚誕祥閭里亨　家麟國瑞玉堂英
囊螢映雪伴烽火　學海書田自在耕
——篤學(二)

允文允武度謙沖　希聖希賢勤砥躬
樹德樹風君子尚　有爲有守道圓通
——志行(三)

讜論嘉猷振鐸宣　文章淑世化龍絃
萬千桃李揚馨郁　教澤悠隆溥海天
——弘道(四)

悠遊仁義著芳徽　言表行坊德望巍
鑑古鍼時匡治道　先憂後樂絢珠璣
——匡時(五)

髫齡沐愛締金蘭　垂老猶蒙問暖寒
五十三年師友誼　縈懷歷歷感千端
——敦誼(六)

推解恩深薰迪諄　毛衣雖褸彌懷珍
高情麗澤惠風永　長頌延齡百福臻
——愛澤(七)

積健涵和樂壽康　熙朝杖國魯靈光
萬流仰鏡萊班舞　極婺雙輝北海觴

——仁壽(八)

再賦七言俚句祝賀仁厚五哥七秩華誕

雩都潭頭固院村，鍾靈毓秀出哲人。
仁厚自幼性穎悟，進德修業超群倫。
質樸渾沌知好學，有幸游於大師門。❶
天梯石棧歷程艱，大開大合氣象新。
當代新儒稱翹楚，慧識卓卓著等身。
我與仁厚同村里，出入相友情誼深。
義結金蘭六兄弟，顛沛流離雁失群。❷

❶ 牟宗三先生，乃國際顯名之哲學大師。
❷ 雩中同學六人，結拜金蘭，段兆雄居長，八十五年仙逝，曾生榮排二，早年過世，張志權排三，現居河北省石家莊；謝貞排四，仁厚排五，我居老六。

隨軍行戍來台灣，東尋西找剩三人。❸
物力維艱生活苦，解衣推食倍相親。❹
意氣相投志相隨，先後受訓傍大屯。❺
我執干戈衛社稷，仁厚弘道歸儒門。
歲月不居催人老，今逢我兄七秩辰。
愧無夢筆生華采，勉綴俚詞獻頌文。
有斐君子享大年，華封三祝有德人。❻

❸ 在台有謝貞兄，仁厚兄，與我三人。

❹ 四十三年，我在復興崗當學生，放假時，即趕赴仁厚居所，常爲我加菜打牙祭，且經常匯款濟助。仁厚任教基隆水產職校時，送我英製長袖毛衣一件，此爲我平生第一次穿毛衣，早已破了折線改織成背心，仍溫暖在身（心），永難忘懷。

❺ 復興崗位傍大屯山麓，仁厚一期我三期。

❻ 三祝爲多福、多壽、多男子。

祝蔡子仁厚教授七十華誕

羅義俊

有蔡子仁厚教授者，自當代新儒學大宗師棲霞牟子宗三函丈先生乘桴不久，即從學，可謂牟門之子輿（曾子名參，字子輿）。戊辰歲尾，予始得千里奔尋宗師，乃匆匆獲識蔡子於香江。歸滬瀆後，屢獲其贈寄雅篇。倏忽十年，蔡子亦將七十焉。蔡子人如其名，仁厚餘裕，又詩禮傳家。子女孝悌有加，發意集裘爲乃父暖壽。予弱時嘗習詩未就；逢文革無間，而自燬芻蕘，未就之習隨而全部棄廢，久久不敢弄吟。現唯敬蔡子一生，追隨宗師，忠心耿耿，謹守師法，傳弘學脈，不遺餘力，遂不計淺薄陋粗，強此未就之習，拾得數句，以爲獻芻。文不雅馴，謹致敬意耳。

奔師香江逢子輿，
歸宗滬瀆受雅頌。
牟門穆穆敬立雪，
學脈綿綿祝蔡公。

「歸宗」，原爲「歸秦」。句成，見藏頭句爲「奔歸牟學」。其餘諸句，竟亦可相應橫看，乃改「秦」爲「宗」。如此，四句之首二字橫看爲：「奔師　歸宗　牟門　學脈」。末二字橫看爲：「子輿　雅頌　立雪　蔡公」。中第五字橫看爲：「逢　受（音譜壽）　敬　祝」。遂不再推敲格律，以存此偶然天成之意趣也。既成，竟猶未盡，又得句云：

百年道喪總關情，
南國世難牟唐興。
學繼聖脈鵝湖友，
緒傳宗門仁厚心。

兩詩成，蔡先生之「姓」與「名」，俱嵌在其中矣。又，「歸宗」句，用牟師「生命的學問」中之「歸宗儒門」之句意也。

戊寅三月初二後進羅義俊遙賀於申江

紅樓春風

王世敏

憶昔初到台中一中，住學校紅樓宿舍，有幸與仁厚兄對門而居。每開門交談，多被仁厚兄淵雅的學養薰得陶陶然，直覺得嗅到了儒者的芬芳。隔年，仁厚兄與楊德英老師喜結連理，仁厚兄的學術成就與日俱增，足證楊老師助力功深。

三十多年來總喜聽仁厚兄談學論道，惜智愚相去河漢，有天機難窺之感。深願再回昔日紅樓，多沐此春風，必有些長進。好在仁厚兄的德行風範，倒是直灌我心，風動草偃，三十餘載，受益非淺。愚夫婦至爲感激。

戊寅夏月於美邦德州休邑

王世敏
王燮菊　遙爲祝賀

為蔡仁厚兄稀年壽賦句

湖海風濤七十年　文章德業兩相全
鵠鸞成舞偕琴奏　南極昭昭照壽筵

李完栽

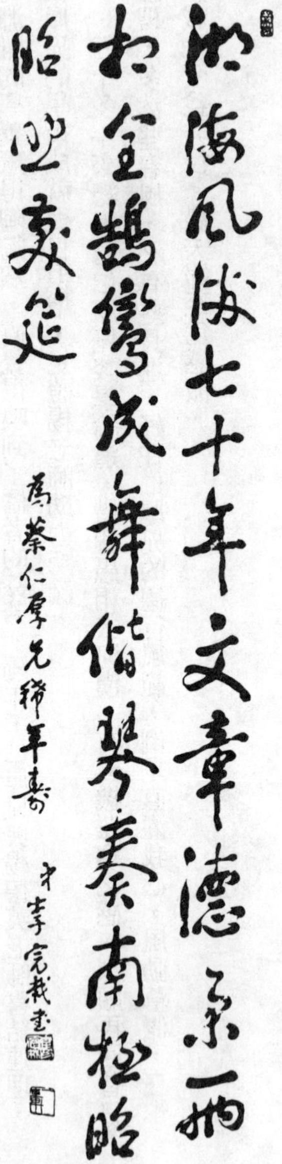
湖海風濤七十年文章德業兩
相全鵠鸞成舞偕琴奏南極昭
昭照壽筵
為蔡仁厚兄稀年壽
中孚李完栽書

仁厚兄七秩壽辰書聯為賀

周志鯤

仁道希先聖
厚學起新儒

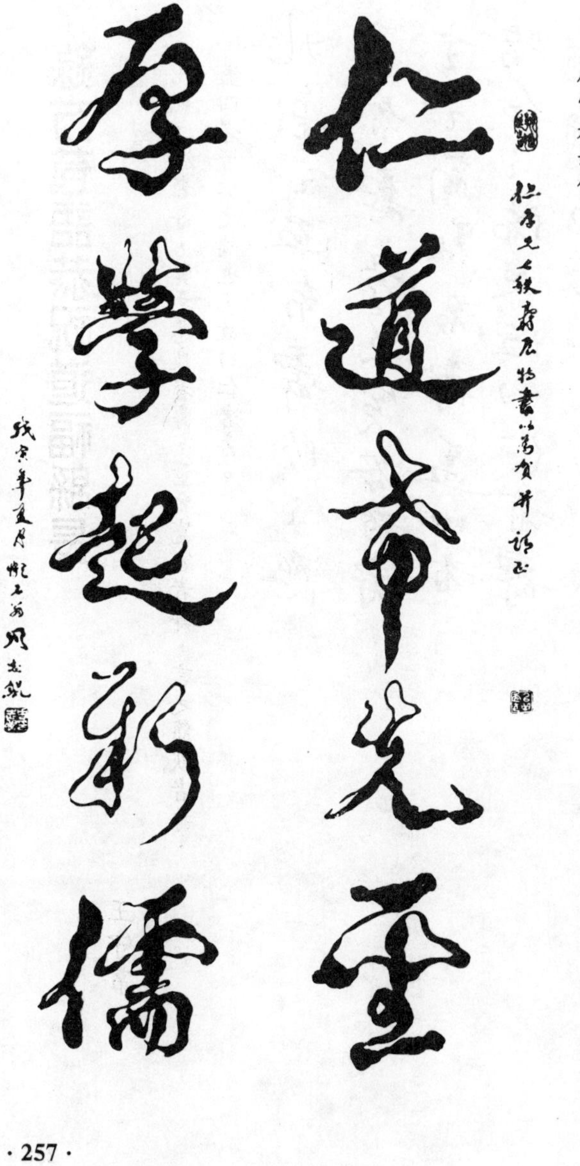

錄方苞語恭祝道福縣長

凡氣之溫者壽，質之慈良者壽，量之寬容者壽，言之簡默者壽，蓋四者皆仁之端也，故曰仁者壽。

王守常

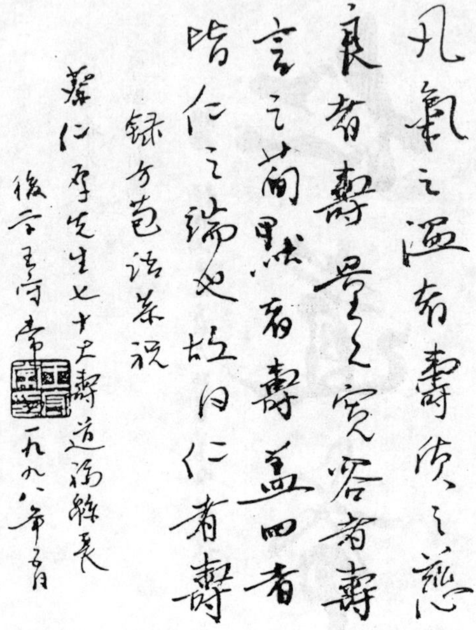
凡氣之溫者壽質之慈
良者壽量之寬容者壽
言之簡默者壽蓋四者
皆仁之端也故曰仁者壽
錄方苞語恭祝
蔡仁厚先生七十大壽道福縣長
後學王守常 一九九八年五月

祝蔡仁厚先生七十壽慶

蔣　慶

贛水波横　學脈俱在江右
棲霞星隕　宗傳自歸海東

後學　蔣　慶　敬賀

蔡仁厚先生七十華誕感懷

李承貴

持守孔孟道統　接續唐牟風範
疏通中華學脈　弘揚儒學精神
繫念國族文運　獎掖鄉邦後進
爲學仁智兼含　立身福慧雙修
卓卓江右哲士　巍巍當代名儒
掏誠敬獻俚句　遙祝古稀大慶

鄉邦後學南昌大學哲學系教授李承貴敬撰
九八年五月十五日於青山湖畔休閒齋

我所看到的蔡仁厚兄

陳特

一九六〇年，牟宗三先生來香港講學，他閒時談到在台灣的學生，常常提到蔡仁厚兄，因此我雖然與仁厚兄素未謀面，也未直接通訊，但在腦海深處，對他卻有了一定的印象。

一九八〇年的暑假，我應東海大學的邀請，作爲期一個星期的講學，第一次在那裡見到仁厚兄。感覺與牟先生所說的一樣，但印象自然鮮明深刻得多。仁厚兄樸實厚重，沒有時下學人咄咄逼人的鋒芒，也沒有商業社會的浮誇，和他談起話來，就好像回到小時候的農村，與鄰居閒話家常，感覺很親切舒坦。

與他談話後幾天，機緣巧合，聽到仁厚兄講中國哲學。他演講時給予人的又是另一種感覺。他聲音洪亮，中氣十足，大概由於學養深厚，講話起來，斬釘截鐵，充滿信心。中國哲學來來去去都是那些概念，但每一家一派的詮釋，以及這些概念在他們哲學中的位置，都有不同。仁厚兄娓娓道來，頗能盡其中的曲折，我當時的感覺是，他眞不愧是牟先生的大弟子。

後來我在一些中國哲學的研討會議上都見到仁厚兄，暇時也讀到他的一些著作。仁厚兄文如其人，樸實無華，但堅實厚重。他對中國哲學的了解已不只停在概念的釐清上，而是進入生活上與實質的體會上，因此完全沒有花巧。我向來覺得，有關生命的哲學，單是在概念的分析上做工夫是不夠的，必須進入生活體驗的層次，其了解才眞實有根，討論起問題來才不會浮游抽象，空泛虛玄。

現在許多人講中國哲學，一個方式是在抽象的概念上兜圈子，愈說愈玄，但與眞實的生命掛不上鈎，全部成了空話。研討哲學，概念的分析自然必須清晰，問題的層次自然必須分明，這都是建立哲學骨架的必要條件，但沒有生命的體會爲基礎，這骨架就成了沒有血肉的骷髏。

另一個方式是拿西方哲學，或是西方哲學的概念，或是西方哲學的學派來比附。自然，中國傳統哲學家與西方哲學家有許多共同的關懷，有許多共同的問題，因此，在問題上，解決問題的方法上、途徑上，都有許多可以比較之處，但不從問題的根本上下手，徒然在概念上胡亂比附，不但對了解中國哲學的本義沒有幫助，反而會使人愈來愈糊塗。

仁厚兄講中國哲學，沒有花巧，沒有比附，直接了當，雖無驚人之語，但句句親切，反而印證了中國哲學可解可信可行之處。在平易處見工夫之深厚，此所以難得也。

學者與聖賢

高令印

牟宗三先生逝世不久，學界有的提出牟先生之學與道統沾不上邊，只是學統，是對傳統儒學的新詮釋，是史學❶。這涉及到對儒家思想本質性的認識和研習儒學的目的與方法。

蔡仁厚教授在多種論著中反覆闡明，儒家思想是生命的學問，而生命的活動分感性、知性、德性三層面，並且主要呈現在德性層面上，通過「化氣成性」、「攝智歸仁」統御感性、知性兩層面❷。蔡教授說：「儒家教人做君子、做聖賢，君子聖賢是通德達材，他們和專家不同。研究儒家的經典，當然也可以成爲專家。……可以著史論史，像黃梨洲、王船山。但是，他們都是大儒，我們不宜于稱他們爲經學家、史學家、小學家。因爲他們的生命格範、人格形態，並不落在專家學者的層次上。」❸蔡教授強調，儒家之學「以內聖爲本質，以外王表功能」❹。內聖是終極關懷。人的靈魂渴求信仰，世道極需儒教。儒家學問的最中心工夫是體證道德心性（仁），使它在學者的生命中呈現出來，主導其言行，使其立身處事，待

---

❶參見《東方》雜誌一九九六年第六期。

❷❸❹❺❻❼❽❿⓫⓭蔡仁厚《儒家思想的現代意義》第一九九、三二四、四六、六九、二四一、三二三、二一五、二、二一〇、一六七—一七二頁，台北文津出版社一九八七年版。

人接物都合乎道德倫理，並層層擴大，達到修、齊、治、平。因此，爲學是與成聖成賢不能分開的，爲學即是做聖賢工夫，作儒學文章就是寫出自己對於聖賢工夫的體驗。蔡教授對牟先生有極其深入的認識，指出其學思著作顯示出特別嚴整的系統，有⑴豁醒內聖心性之學、⑵重開外王事功之學、⑶疏通中西學術會通之道三大綱領❺。牟先生一生持身立節，陶鑄自己，教育來者，追求眞理，敢言敢當，光明磊落，自強不息，實踐了儒家的智、仁、勇「三達德」，儼然是一代儒宗，當代大哲。不僅牟先生，蔡教授在〈中國人品之美〉等論著中列舉的古今眞儒皆爲聖賢人物。像民國以來的大儒馬一浮、熊十力、梁漱溟、唐君毅等。如熊十力先生說：「上天以六藝界予。」❻自覺地承擔文運。徐復觀先生稱他們爲民國儒林傳人物。❼

蔡教授引用孟子的話說：「誦其詩，讀其書，不知其人，可乎？是以論其世也，是尚友也。」❽「尚友古人」，與古聖賢相遇於旦暮，使其精神、理想、志願、懷抱，超越時間，通貫古今。孟子說：「心之所同然者何也？理也，義也。聖人先得我心之同然耳！」❾中國人敘述儒家思想與古今聖哲的行誼，必然會有主觀感受，無形的「精神臍帶」把自己與民族文化心靈聯繫在一起，同脈博，共慧命。

蔡教授說：「我們確信儒家內聖成德之學，有其永恒的意義和普遍的價值，必須反覆講明，承續光大。」❿「儒家之學是依據道德心著重在德性層面上表現，我個人寫的書和文章

---

❾《告子上·孟子》。

也多半是在這方面說話。」⓫蔡教授專著很多，曾贈給我多種，我皆認眞閱讀，特別是其《儒家思想的現代意義》、《新儒家的精神方向》、《儒家心性之學論要》等，我反覆閱讀數遍。蔡教授發揚儒家「爲己之學」⓬之義旨，並有現代詮釋，眞切有力，我極爲欽佩，拙作《中國文化綱要》採用其很多觀點。蔡教授學術精誠，所作之文出自丹田肺腑，思想與言行合一，隨處呈現賢者典型。我和蔡教授交往十多年，其志學力行之儒者風範每每給我以深刻的薰陶。蔡教授嚴以律己，寬以待人，胸懷坦蕩，淡薄名利，道德篤實。我常反覆體味蔡教授的這段話：「生活在現代社會的人，有幾點共同的特徵：一是人生目標太過狹隘，二是生活態度太過自利，三是自我中心太過膨脹。隨著自利的單線追求，人人都被拋擲到第一線上赤膊上陣你爭我奪。由於自利之難以得償，自我之難以伸展，便常常感到處處有牴觸，事事有衝突。在如此情形之下，人既不能自安，亦不能相安。久而久之，便產生無力之感，疏離之感，甚而人生的意義與生命的價值，亦無法在自己內心獲得明確的肯定。此之謂人生的脫位，生命的失落。……思想是行動的先機，從學術動態可以推測時代精神的走向。筆者認爲，當代儒家在傳統思想與時代觀念上所作的反省疏導，已爲文化心靈的復甦開啓了新的契機。」⓭

我比蔡教授雖小幾歲，我們是同輩人。在我們這輩人的後半期祖國發生了兩樁大事，即大陸改革開放和海峽兩岸可以交往。有了這種客觀條件，儒家文化的生命線一下子把我們串

⓬《論語．憲問》。

合在一起了。海內外的我們這輩治儒學者，感受現代社會的不良影響最少，大家以誠相待，大都能做到己達欲人達、己所不欲勿施于人，像蔡教授這樣表現出了崇高的儒者風範，爲繁榮儒家文化事業共同作出貢獻。因此，我感到最爲親切，最有情感，使我時時回憶懷念。我擬撰寫《二十世紀最後二十年國內外文化學術述評》，以記錄學友之交往，抒發自己的情感。

一九九八年六月十五日于廈門大學哲學系

我心目中的蔡老師

生 王大德

頭一次見到老師，應該是在牟先生的墓園吧！再來就是到老師家中那次了。那天，因范良光兄引薦，我與王菡學姊來台中拜訪老師。猶記得老師當時剛由國外參加學術研討會回來，身體微有不適，但仍熱情地招待我們。在老師家中印象最深的兩件事，一是見到老師書房中供有牟先生的靈位，我雖因個人因素未能與牟先生完全相契，但見到老師與牟先生師徒情深，內心深受感動。再者，就是見到老師伉儷乾坤和樂，老師曾說自己在家中「一貫地做很不錯的老公，做相當好的老爸。」我相信老師是有篤實的踐履為基礎，始能如此的。

老師的人接觸雖少，老師之文則已拜讀甚久。我私自把老師的文章分成學術性的與文化性的兩類。學術性的文章有許多是承述牟先生書中的義旨而來，有些人會認為老師的創發性不夠，其實這麼多年來，老師一直老老實實地講習，甚為難能可貴，特別是相較於時下流行的那些「假」創發而言。孔子說「知之為知之，不知為不知」，蘇格拉底也自謂無知，不亦都有甚深之智慧在其中嗎？近年來，老師文化性文章之份量愈來愈多、愈重，這與一般學者只作些純學術性的研究，亦在我心中形成極大的對比。我相信老師之所以寫這些文章，背後是有一種很強的力量在支持的，這種力量我認為就是「文化意識」。

何謂文化意識？老師有云：

不忍家國天下淪亡，不忍民族文化之統斷滅，而思有以「保存之、延續之、光大之」的仁心悲懷，是之謂文化意識。

文化意識，在以前以唐、牟兩位老先生爲殷，而現今則以老師爲厚。

唐先生在〈我們的精神病痛〉一文中有一段話，我認爲它相當能表達老師的人格矩範：「……他們都是較能有君子求諸己的精神的。大約求諸己的人，總能看見他自己的一些過失與不足之處。而人在看見自己之過失與不足之處時，人同時即能超越他自己，而冒出一超越的精神風度，而以此精神風度去推尊古人，與朋友交，同時去提攜後輩。此數者實依一根而俱起。而對於學問之莊嚴感，不忍學術之斷絕，不忍歷史文化之斷絕之悱惻之心，亦一時起來。而我們亦可由其外表之此各種表現，以知其內心之工夫。這中間很難作僞與假借。」

如今欣逢老師七十壽慶，學生文筆拙劣，僅在此由衷地祝福老師：南山同壽，教澤廣被。

一個平凡學生眼中的仁厚恩師

蕭宏恩

一直以來，我都不是一個好學生，高中讀了四年，大學考了兩次，在一般人的眼中，「這個學生」眞是太平凡而顯得不輕不重！可是，遇見蔡老師之後（因爲我是在大二時，才由物理系轉至哲學系）我——這個「個體」——似乎映入了老師眼中，即使像是一點點的「渣滓」！如今憶起蔡老師對我的種種，雖然有些兒「奇怪」，但是，我能肯定：老師對我的確好，甚至是有些兒看重我——這個學生。

老師對我的方式如何「奇怪」呢？先說一件令我印象最深刻的事情。記得大三那一年，我「蹺課」蹺得很厲害，整個人陷入大學生涯中的低潮；但是，對於蔡老師的課則沒有蹺多少，然而，不知是老師有意如此，還是那麼地巧合？每當我一蹺課，老師就點名！上學期點了兩次，我還覺得「眞巧」！下學期又那麼「巧」之後，學生可就學「乖」了！其實，作爲一個學生，在這裡想表達的是：從師問學，事半功倍。「上課」，爲一個學生來說，眞的很重要，否則所學得的知識也只不過支支節節。大三升大四的暑假，在對前途有所決定性的一年（大四）的前夕，因爲我想報考研究所繼續升學，不得不對自己直至當時的學習成果做一省思：除了中國哲學，其它方面有些兒弱不禁風，遑論基礎了？！當然，這跟我一進哲學系即較偏重中國哲學的學習不無關係（所以在大三時，唯獨蔡老師的課沒蹺多少），但是，蔡老師

「無言的叮囑」，於我又何其受益良多呀！老師是我中國哲學的啓蒙恩師，然而，至今深深印在學生腦海中的，倒不是老師傳授的知識，卻是老師在課堂上講授時的風範；學生永難忘懷老師藉著知識的講演而諄諄教誨，除了知識，學生實在領受到的確是一位儒者的苦口婆心、循循善誘。老師不但是在「給」我們什麼，更是在「提攜」我們！爲我，這個從小到大不被老師注意的學生，更感受到這份「提攜之情」！大四下學期，由於我本身宗教信仰的關係，我僅報考了輔仁大學哲學研究所，自己本身所就讀的東海大學哲研所並未報名。一日，當我至蔡老師研究室繳交畢業論文時，老師一見了我即問了一句：「你怎沒報考研究所呢？」當下的我（一個不起眼的學生）是感動呢？是受寵若驚呢？還是有些兒不知所措？因爲老師這般地關注於我！我緊張地只回答了一句：「我考上了輔大。」（當時各研究所皆已放榜）想不到、眞的出乎我意料之外，老師本來嚴肅的面容，立刻轉爲和悅，連聲說：「好！很好！」並說了一些鼓勵我的話。是鬆了一口氣？是興奮？還是一種成就感？我眞的不記得了！記得的只有老師那一刻面容的轉變——至今猶新！

大學畢業至今已有十三個年頭了，這十三年間，沒再見過老師一面，與老師的聯繫僅限於每年的一張教師卡，卡片的內容除了一般的祝福語之外，也只能簡單地向老師報告學生這一年來的生活與發展，老師總會寄贈一篇最近的論文予學生；當我獲得博士學位的當兒，老師則以其所著《儒學的常與變》一書贈予學生，勉勵于我，毋懈毋怠！學生始終是個「學生」，逢老師七十大壽之際，無能將老師之思想統整作一發揮，僅止於此抒發情懷，實感慚愧！然而，學生依於自己所感，在此大膽說一句：老師眞正要我們學習的，不是那所謂儒學的「知識」，而是眞正成爲「一個人」。前已提及，老師深深坎入學生心靈中的，不是一般所言之知識，而是一位儒者的風範、氣象，在學生變化氣質的過程中，正是激發我之內存良知良能的動力。老師臨屆「不逾矩」之齡，學生也鄰近「不惑」之界，作爲一個「儒」的從學者（同時是爲一基督徒），在老師身上，我深刻的體會到：儒，乃於日常生活起居之間皆眞理之流行；無好高騖遠，不妄自菲薄。以此自勉，時刻提醒。

如果有人問我：大學生涯如何？就以大學「必修的三學分：學業、社團、愛情」來說，「愛情」一片空白（大學四年一個女朋友都沒交到），「社團」形同陌路（大學四年未曾參加一個社團）；而「學業」，我要說聲：老師，謝謝您！

八十七年七月五日于輔大

壽蔡丈七十初度

陳來

來昔年自京赴新加坡，與於世界儒學會議，而得識蔡丈仁厚。是時兩岸學者，首聚一堂，而議論風發，各不相讓。儒學之意義，肯定者有之，苛責者有之，幾成衝突之勢。忽蔡公出一言曰：「以予觀之，諸君皆儒者，皆儒家也。」衆一時謝服，齊曰：「仁厚」之名，固所當也。玆逢公七十初度，特獻小詩一首以賀之。

仁樂春風裡
厚德筆下行
長隨大雅後
哲睿更圓成

按：朱公掞（光庭）見明道，歸謂人曰：「某在春風中坐了一月。」此「春風」所出典也。「大雅」指牟宗三先生。「哲」與「者」同音。

一九九八年七月二日

杏壇雅音

段茂廷

德英女史，甫自台中一中榮退，承邀餐敘，既快且感。爰貽俚句一章，兼陳同座。

飽飫郇廚酒滿罇　今宵話舊倍馨溫
傳經早樹人師表　衛道頻招故國魂
身退依然顏似玉　樓高先見月臨軒
著書千卷誇夫婿　一代儒林碩果存

敬乞

吟壇哂正　段茂廷未定稿　戊寅夏六月

德英榮退，廷公校長惠詩而蒙兼誇。感愧之餘，輒請移置壽慶集中以存嘉話。

仁厚謹識　八月九日

述往事、賀壽誕

蕭萬語

四十年前，仁厚兄和我同在中壢一家私立學校服務。學校設備簡陋，教師兩人合住一間三坪大小的斗室。除了二張單人床，只能再擺一張書桌。一人用桌子，另一人便只能在床上看書了。

仁厚兄是一個讀書比吃飯更爲重要的人。他發現學校用一間教室做軍訓倉庫，便建議隔爲兩間，一大半放軍訓器材，一小半供人住用。他把一些破桌椅和木板洗淨釘好，用做書桌書架，牆壁上掛上牟宗三先生的照片。從此，軍訓倉庫變成書齋，每天夜晚裡面透出燈光，顯示仁厚兄正在伏案讀寫，遠遠望之，敬慕之心油然而生。

我是一個粗心貪玩的人，除了教數學，也玩一點音樂，哲學思想的書，便有點望而生畏。我們日常閒聊或漫步田野之時，仁厚兄不時會談論一些熊先生、牟先生的行誼掌故和思想大旨，我耳濡目染，也略有所知，但距離「學問」，似乎還是很遠。

談到宗教，他說：「只要心靈眞能平安，信什麼教我都尊重。」多麼令人誠服的言談，多麼自然的宗教信仰和自由理念。

後來，我們轉到基隆市一中，仁厚認識了就讀中興法商的楊德英小姐，由相識而相戀。有一天難題來了，由於當時兩人的信仰立場不同，常爲一些形式上的問題，而引生煩惱。好在他們兩位都有誠篤恕諒的品質，終於由相知而相慕相悅，結爲夫婦。

仁厚兄後又轉台中一中，那一年我和周志鯤兄南下台中，到仁厚兄府上過年。吃年夜飯時，酒醇肴豐，情意殷勤，終生難忘。當時，他們的大兒子維天半歲左右，尙在襁褓。前幾年完成博士學位，回清華任教，聲譽日隆，誠所謂後浪推前浪，我們是該退到第二線了。

數十年來，仁厚兄歷任教授、研究所所長，著作等身，國際知名。他的成就，正如韓文公所說，是經歷「焚膏油以繼晷，恆兀兀以窮年」的辛勤過程而達到的。我無法講論他的學術，只能略述往事以存憶念。在此，祝仁厚兄「福如東海水，壽比南山松」。

八十七年八月二日

短函致意

陸達誠

蔡老師：

一直太忙，無法執筆寫祝壽文。明日將赴法（英、美）一年，只能以此短函賀七十大壽。值得一提的是從您的書中了解牟師，並對他發生研究興趣。惜乎工作太雜，無法專心深入。明年回台後有機會再研讀牟師著作，並向老師請教。耑此，敬頌師安。

陸達誠叩　八十七年八月三日

陸達誠神父，爲人謙誠，相識二十年始終如一，有古君子之風。此番雖未及正式寫文，而短函致意，眞摯誠篤，實可感也。

仁厚謹識

哲思之緣　文字之誼

李維武

今年三月，奉悉蔡維天、蔡維音、蔡浩天賢昆仲寄來的《蔡仁厚教授七十壽慶徵文啓》。啓上有蔡仁厚先生的附筆：「兒女心意，亦爲可感也。」並對三位子女作了一一介紹：「長子維天，MIT語言學博士，任教清華。女兒維音，慕尼黑大學法學博士，任教成大。次子浩天，機械工程師。」這些平淡無飾的文字，給人一種親切感，使我感到與蔡先生的交誼更進了一層。

其實，嚴格說來，我與蔡先生，除了哲思之緣，文字之誼，並不相識。當然，我也見過蔡先生一面，但不曾結識，更未作深談。那是一九九四年四月底，我與武漢大學、中山大學、廈門大學、陝西師範大學四校二十多位大陸學者一起赴台參加輔仁大學于花蓮舉行的「中國哲學的回顧與展望研討會」，會後東道主安排大陸學者環島觀光，中途順訪位于台中的東海大學。我們一行至東海大學時，已近中午，校方舉行了歡迎儀式。在儀式上，東海大學校長介紹了出席儀式的文學院諸先生，首先介紹的就是蔡先生。當時海峽兩岸的學者分坐會場兩邊，中間隔著一大塊空地，加上儀式的莊嚴，雙方無法交談。儀式之後是午餐，午餐是每人一飯盒，盒子很大，大家也不好端著飯盒四處走動。我當時只會見了事先有約的徐復觀先生長公子、時任東海大學總務長的徐武軍教授。飯後，蔡先生很快就被幾位大陸學者圍著交談，而我則需離開大隊人馬，去辦幾件與自己所從事的徐復觀研究最相關的事——由武軍先生陪同，參觀東海大學圖書館徐復觀先生紀念室、徐復觀先生工作過的文學院、徐復觀先生故居，同時還要與武軍先生磋商在武漢大學舉辦徐復觀思想學術討論會事宜。等到我再與大隊人馬在東海大學那個別具一格的教堂前相會合時，已到了離開東海大學的時間了。這時蔡先生已不在送行的人群中，大概有事先離去了。從來到走，我們在東海大學總共停了兩個多小時。

東海大學之行，竟與蔡先生見面而不及相識，真可謂失之交臂。但由此行而促成的武漢大學與東海大學於一九九五年聯合舉辦的「徐復觀思想與現代新儒學發展學術討論會」，卻又使我與蔡先生建立了聯繫。

對於這次討論會，能得到蔡先生的支持當然是一件很重要的事情。蔡先生是一位在海峽兩岸學術界都很有影響的前輩學者，不僅承繼、發揮其師牟宗三先生的思想，對現代新儒學的發展作過重要的貢獻，而且與徐復觀先生有過很深的交誼，並對徐先生的思想學術作過深刻的闡釋。在東海大學所開列的與會者的名單上，首先就是蔡先生的名字。我作為這次會議的具體籌辦者，當然更希望蔡先生能出席會議。尤其令我興奮的是，在會議前的一個月——一九九五年七月，蔡先生就給我寄來了他的論文《徐復觀先生的學術通識與專家研究》，我有幸成為他的這篇論文的第一個讀者。這是一篇七千餘字論文。論文從「學術通識」和「專家研究」兩個方面對徐復觀先生的學術成就作了總括性的闡釋，認為：「徐先生的學術成就，一方面發了弘博的「學術通識」，一方面又在「專家研究」上獲得了超邁前修的成績。而且這兩方面又是彼此涵攝相互融通的。」這一概括，精闢獨到，從學術氣象上揭示了徐先生學問的特點和成就。我感到這是一篇很有份量的論文，將爲這次討論會增色不少。不僅如此，蔡先生的論文還給我留下了另一層深刻的印象：這篇文章以工整清秀的字迹寫在東海大學的五百格橫排稿紙上，碧綠油墨印刷的稿紙與天藍圓珠筆書寫的文字，相互配合，融成一體，給人一種和諧的美感。我曾見過熊十力先生、徐復觀先生的手迹，都是奔放飛舞，不拘一格，從中可領略到現代儒者的陽剛豪放的一面，而觀蔡先生的手迹，則可感受到現代儒者的溫柔敦厚的一面。這些更使我盼望著蔡先生的到來。

但至八月，會議前的十天，我收到蔡先生的傳眞，告知因故不能與會，但仍對會議表示關切之情。傳眞全文如下：

武漢大學港澳台辦公室胡忠平小姐轉

李維武教授：

㈠我的論文《徐復觀先生的學術通識與專家研究》，已于七月二十日以航空掛號寄出，諒已收到。

㈡但因種種原因，我無法出席會議，至爲歉憾。

㈢請安排人代爲宣讀我的論文，討論意見函告我，我可以作回應。（如無法代讀，我同意將論文編入會議論文集）

㈣謹特致意，並祝大會順利成功。

東海大學教授 蔡仁厚 敬上

一九九五年八月十八日

這當然令我很失望。但蔡先生所提交的論文，畢竟對會議是一個很重要的支持。這篇論文，不僅從學理上看很有價值，而且從會議的學術組織工作上看也很有意義。這次會議雖是由武漢大學與東海大學聯合舉辦的，但東海大學所提供的論文僅蔡先生的這一篇。如果沒有蔡先生的這一篇，那無疑會有一種欠缺之感。後來，在討論會上，我請東海大學的代表、文學院院長洪銘水教授代蔡先生宣讀了論文。洪教授告訴大家，蔡先生是因爲臨時身體不適而未能與會的。

這次「徐復觀思想與現代新儒學發展學術討論會」開得很成功。與會者一致認爲，這次討論會的一個特點和優點，就是學術上準備得很充分，收到了一大批高質量的論文。這裡面，當然也有蔡先生的一份支持，而且是一份極重要的支持。因此，我很感激蔡先生。

會後，我開始編會議論文集《徐復觀與中國文化》。其時已近一九九六年的新年，我給蔡先生發去了一封賀年卡，上面除了賀年之外，還詢問蔡先生是否要對論文再作修改。不久，蔡先生就回了一封賀年卡，賀卡的封面印著東海大學的那座別具一格的教堂，裡面寫道：

李維武先生：

謝謝賀卡。

拙撰會議之文，不必修改。唯出版論集時，校對是一麻煩事，尚祈執事先生多費心力。

蔡仁厚　鞠躬

短短數語，令我頗爲感慨。論文集的近三十位作者，在與我的聯繫中，強調要重視校對工作的只有蔡先生一人，對校對工作的艱苦性表示深切理解的也只有蔡先生一人。這對於我做好編論文集的工作，無疑是一個有力的鼓勵和鞭策。在以後的出版過程中，我和論文集的責任編輯胡治洪先生確實爲校對下過很大的功夫。近五十萬字的校樣，我仔細讀過兩遍，某些地方讀的遍數就更多。經過多方努力，這本論文集由湖北人民出版社于一九九七年七月出版。現在看來，這本論文集不論從學術水準、理論力度等內容上看，還是從裝禎設計、校對質量等外觀上看，都是不錯的，沒有馬虎應付之嫌。而這裡面，也包含著蔡先生的一份關心。

論文集出版後，我把書給蔡先生寄去。過了些時，蔡先生寄來了一篇近作《論詩禮樂與文化生命》，封面上寫著：

李維武教授：

徐先生會議論文集四冊，敬收到，謝謝。

寄上此文，請指正。

蔡仁厚

九七、十、五

在這篇論文中，蔡先生分別從「詩」的興觀群怨說「生命的興發」，從「禮」的別異與規矩說「生命的自立」，從「樂」的合同與感通說「生命的圓成」，揭示了儒家文化對於人的生命的意義。在蔡先生看來，人的生命正是通過這種「文化治療」而得以確立和完善的。讀了這篇文章，聯想到幾年來與蔡先生的交往，一個總的感覺，就是蔡先生的這些觀點，不是一種知識的傳授，而是一種生命的體悟。作爲晚輩後學，我雖至今未能當面請教過蔡先生（編按：九月初，二位先生終於在山東新儒會議相見），但卻從蔡先生那裡獲益多矣。哲思之緣，文字之誼，忘年之交，其樂融融——這是我在與蔡先生的交往中感受最深的一點。在這裡，也就以這些感受，作爲對蔡先生七十華誕的祝賀。

一九九八年七月二十三日于武漢大學

蔡仁厚教授七十壽慶

張立文

兩岸隔離事可哀　旋乾轉坤復往來
鴻飛瓦湖海上煙　驚喜香江夢徘徊
朱陸學術相磋磨　程王工夫洗靈台
殷勤蘊蓄追前聖　明慧引拂暮雲開

我與蔡教授首次相識於一九八二年檀島「國際朱子會議」，又因出席「退溪學國際會議」而再聚香港且共處一室。自後屢屢相見於學術會議，資益良多。欣逢七十壽慶，謹奉八句遙祝。平仄格律未盡相合，所不計也。

一九九八年八月十八日於北京

賀蔡仁厚教授七十華誕

郭齊勇

仁厚教授　學殖廣遠　風度儒雅　仁慈忠厚
貫通常變　度越流俗　承續慧命　光耀唐牟
生命學問　究極天人　現代詮釋　堪稱一流
德智並顯　桃李滿園　賀吾夫子　福慧雙修

後學
郭齊勇謹拜一九九八年九月一日

人如其名

——蔡仁厚先生片記

王興國

一九九六年秋，在導師方克立教授指導下，我的博士論文選題初定爲：從邏輯刻畫到哲學架構的連絡——牟宗三哲學思想運演的邏輯，因牟著收集不足，於是我求助于牟先生的高足蔡仁厚先生。

蔡先生很快就回復了，應允鼎力支持。他委託台北一家出版公司，寄來了牟著十多種以及他自己的兩本著作，以他個人的名義，贈送給南開大學哲學系，同時保證讓我有優先使用權，書款和郵資完全由他個人慷慨解囊。蔡先生還特意說明，這批書送給哲學系，是爲了讓其他師生也能充分地使用它們。蔡先生用心良苦，考慮久遠，我十分理解，亦感欽佩。書雖有價，但蔡先生的情義無價，他那以身弘道和助人爲樂的精神，是永遠無法以貨幣來估價的，也是不可能以貨幣來交換的。當我手捧這些沉甸甸的珍貴書冊時，心裡的感慨，難以言表。牟先生著作的價值本來就無可估量，融入和凝集了蔡先生的情義和精神，更昇華放大了，且越發美妙了。

不僅如此，蔡先生還建議我把論文選題中的「刻畫」二字改爲「思辯」。他認爲，與其用「刻畫」，不如代之以「研究」，但「研究」又不如「思辯」，用「思辯」爲最佳。經過反覆斟酌和仔細推敲，我欣然接受。在做開題報告時，又經業師親自改定爲：從邏輯思辯到哲學架構——牟宗三哲學思想的進路。緊湊和簡練，且又醒目，我非常滿意。海峽兩岸的兩位名家爲我改題，珠聯璧合，輝映成趣。從此，我便不斷向蔡先生請益。我們之間書信往還，成了忘年之交。

蔡先生已入高年，教學和寫作又十分繁忙，卻一直關心和支持著我的研究，每賜函加以鼓勵獎掖，就某一問題作解答時，或談他自己的見解，或講一些治學之道，又把他新近發表或出版的大著贈我。蔡先生對我，就像對待自己的學生一般，給以關心、愛護和幫助；同時，他又像朋友一樣待我，赤誠坦白，信任尊重。

蔡先生在學校，是一位好老師；在家裡，是一個「很不錯的老公，相當好的老爸。」他身體力行，已把儒學的精神貫徹和落實於日常生活的具體實踐之中。

在與蔡先生的交往中，從爲人到爲學，我深感受益良多，一生取之不盡。業師方克立先生曾對我說過：「蔡先生人如其名」。確實，蔡先生的美名是他爲人的最好寫照。

迄今，我與蔡先生雖然只在北京見過一面，但是他那仁厚的長者風範，已永遠銘刻在我的記憶中。

一九九八年八月十六日

祝賀蔡仁厚教授七十壽辰

石元康

第一次見到仁厚先生，已是將近四十年前的事情了。我的第一個印象是，那是一個很溫厚的人。他對人總是露著親切的笑容。談話時，給人的感覺是很誠懇。那時候，有一批學生聚集在牟宗三先生的身邊，從事傳述中國文化的工作。我有時候翻閱一下《民主評論》與《人生》，從而對於他們的工作也有一些瞭解，我當時的瞭解是，他們所作的工作是闡揚中國文化，使它能夠綿延不斷地流傳下去，以及發揚光大。當然，大家都知道這四十年來，由於他們的努力，新儒家得以成爲一個在中國學術界極爲重要的學派。而仁厚先生個人的不斷奮發向上，也使他成爲新儒家的重要成員之一。

記得最初認識仁厚先生時，他還在軍中任職。事實上，牟先生周邊的學生，許多都不在學術界。但是他們對文化的熱忱及使命感，使得他們都能克服了種種困難，而轉入學術界，專心一致地從事宏揚學術的工作。仁厚先生的經歷也是這樣的。自從正式進入學術界後，他不斷努力，在學術上斐然有成，寫了許多書。對於宏揚新儒家可謂功不可沒。有時候聽到牟先生談及他的弟子時，總是對仁厚先生讚不絕口。他甚至說，在所有的弟子中，仁厚先生最能得他的眞傳。

新儒家是當代中國的一個重要思潮。它的發展，與中國文化的命運有重要的關係，我們也該對它的意義做深刻的反思。任何一個比較有深度的文化，在遭遇某些困難之後，都會發展出一個智性探究的傳統。智性探究的工作是對自己文化作反思、解釋以及批評的工作，使得這個文化能推陳出新以及茁壯成長。當代新儒家是這樣的一個智性探究傳統。他們的工作也就是對儒家甚至是整個中國文化進行上述的探究、解釋以及批評的工作。仁厚先生的努力，如果放在這個脈絡底下來看的話，就會顯得更清晰、明瞭。

欣逢仁厚先生七十大壽，謹以此短文爲他祝壽，希望他能夠百尺竿頭，更進一步，爲中國文化作出更大的貢獻。

傳道者的典型

——我所理解的蔡仁厚先生

李明輝

我認識蔡仁厚先生，是由於牟宗三先生的緣故。蔡先生是牟先生來臺初期的弟子，而我親炙牟先生則是在民國六十六年以後。透過牟先生，年歲晚一輩的我才得以認識蔡先生。我從牟先生早期弟子的口中得知，牟先生當年對他們非常嚴厲，動輒斥責，毫不留情面。相形之下，牟先生對我們這些晚期的弟子則較爲親切，甚至縱容。因此，我可以感覺到，牟先生早年的弟子對他多少都有些畏懼，不如我們和牟先生的關係來得自然。

蔡先生在牟先生面前始終很恭敬，常令我想到孔子談論顏回的話：「吾與回言終日，不違如愚。」蔡先生的著作同他的人一樣，所論必徵引牟先生的觀點（所謂言必稱師）彷彿他沒有自己的觀點。我聽到不少人（甚至包括牟先生的弟子在內）批評蔡先生只知重複老師的說法，缺乏創見。牟先生有時也會因某件事而當著我們的面說：「蔡仁厚就是這樣笨！」不過，他也當著其他弟子的面說：「你們批評蔡仁厚，可是誰像他那麼認眞地讀我的書？」明顯透露出稱許之意。蔡先生在牟先生心目中有特殊的地位，可由一件事看出來：一九八二年在夏威夷舉辦朱子學國際會議，牟先生接到邀請，但無意與會，便推薦蔡先生代他出席。

傳統儒者無不以道自任。道是恆常之理，不可須臾離。堯、舜、禹、湯之道即孔子之道，孔子之道即孟子之道，孟子之道即朱子、陽明之道，無可得而私。故道重傳承，重體現。每一代的儒者均各以其方式體現同一個道，體現之即是重複之，在重複之中即寓有創造。故他們均以爲他們所體現的即是堯、禹、湯、文、武、周公、孔子之道，決不會以重複師說爲恥。連孔子都自稱「述而不作，信而好古」。如果說蔡先生重複師說，這種重複決非鸚鵡學舌式的重複，而是自家體貼後的重複。我讀過蔡先生的一些論辯文字，充分顯示出他對相關文獻與問題的精熟，決非鸚鵡學舌者可比。

時至今日，儒家面對西方文化的挑戰，始有建立學統的問題。儒家之「道」必須展現爲「學」，在多元文化的互動與對話中爭一席之地。學貴創新，所謂「爲學日益」。但建立學統並不表示要放棄道統。今日的儒家必須兼顧道統與學統，有人傳承道統，有人開創學統，不必以此非彼。在這種理解之下，蔡先生無疑是傳道者的典型，在這個立異以爲高的時代風氣中獨存古風，不趨時，不炫學。牟先生逝世不久，弟子中就有人迫不及待地喊出「牟先生之後」的口號，對此我始終不以爲然。即使就「學」而言，亦需要傳承與積累，有誰能憑空創造呢？牟先生若於地下有知，或許會仿孔子稱許顏回的口氣說：「仁厚不愚！」謹以此短文祝賀蔡先生七十大壽。

有實行又有實述

——蔡仁厚先生七秩大壽有感

范良光

二十餘年前，初見蔡先生于牟師寓所侍坐，並常在牟師講課處，見到先生敬聆于首座上。對當時已聲華正茂的蔡先生來說，這份誠篤敬謹，正說明其崇奉儒家學問無間，此尊師重道之敬心，格外令人屬目。

當時牟先生年過耳順，已完成儒家圓頓教道德的形上學之哲學系統，思深理微、透闢深徹，哲思出於神明，故直拔俊偉，天挺超邁，初小之機本難以契引入此「天心系統」。所以，受教者雖衆，能親炙其人其學而承傳斯道者實不多見。蔡先生難能處，便在平日親炙薰沐中，始終一如地保持平正寬暢，神色自若，在牟先生門下，可云異數。就我所知，在那排蕩鼓舞、憤悱啓發的學風中，相較於一般門下，在牟師天縱之姿，敦學嚴厲下，皆顯得拘拘唯謹而不夠暢順，便知確須先有深思、深功，才能順理以馴至。此一印象鮮明深刻，如在眼前。

今襲以「牟門嫡傳弟子」自居者，所得未必眞切。牟師晚年數次語我云：「現在的教授不行。天天開會，到處演講，哲學那有那麼多的『創見』、『發明』？年輕人耍花樣，玩纖巧，講的都不是中肯的話。你們蔡老師就不錯。你看他的文章，講得那麼平穩、妥當，從來不弄花樣。學問這樣講，就對了。你們蔡老師守得住，講得好，這不容易。一般人達不到他的程度，念哲學的人在這裡要多思考，不要亂講、亂批評」。牟師口中的「你們蔡老師」就是牟先生晚年深許的蔡仁厚先生。「守得住」學問的章法，原就是哲學的本務，高下、嫡庶也可以依此評定。但是，要想「講得好」儒家學問，除章法外，實須具溫柔敦厚的天性培其根元，才能發爲眞正的慧照。這層道理卻不是今人所易知、易至，因爲那天性與慧照，正是一般人所缺無的。

能得牟師稱許的弟子不多。而蔡先生的全部著作，皆是一一精讀牟師之書，藉之而思透入儒學之無限智慧系統之原委。茲舉一例，牟師「心體與性體」一書，眞能通透宋儒形上智慧，而不違此書之曠識者，可於蔡先生「宋明理學」兩冊中取證不誤。蔡先生申述精約，落筆穩當、平正，故亦能流通於無限智慧系統義理中，了無滯礙，即根本掌握了儒家形上智慧之特性、章法，並與隱藏于其後的哲學心靈相應。今人無此形上智慧心靈，難言涉入。出奇彩、玩花樣于任意性的解釋間架之建立，而美名曰「哲學創見」者，多以爲蔡先生重在守成，而創發力有所不足。此自是論者徹底的淺陋與誤解。因爲：儒學即講論聖教之智慧，無限智慧系統只依一特殊的「普遍的哲學間架」，即「一心開二門」之間架，乃可哲學地被表述，歧離此義者皆成戲論，何容任何花樣之「創見」可立？儒家學問及其智慧傳統之總根源在仁體、心體的道德創造義，握此樞機，則儒學「心性天是一」之理論模型在普遍哲學意義下，只有「實體、實悟、實行、實述」一途；而「創見云者，亦只存此種「實踐的動力學之哲學詮釋」可以當之，即在此定然不移的智慧方向上深入而拓展之。實言之，儒學之終極性哲學課題，只在實踐的存有論之證立：「實踐系統就是存在系統」之實踐的證明，此則須是平平落實于此心上。

古儒洞澈此義，而牟師發微其中，哲學地證立之，則後之來者唯能善繼善述而已。「述者之謂明」，儒家哲學盡于此域，絲毫不可越踰。以此衡之，儒學只有「繼述與證立」的哲學問題可容發揮，至若牟師創闢性的哲學建構，是三千年來儒業之碩果、典範，豈輕言者之所至？蔡先生全部著作，正得「善繼、善述」之美，此或與蔡先生「平正寬和，貞定不移」之性情人格相輔成。眞正新儒家人物評判之極則，不在「新說、新見」，或媚俗之下委，而正在貞立于此智慧傳統上之繼述與顯揚。蔡先生專致于此，深功自有公論。眞知其人者，當知其學問與人格融洽；學如其人，此即不俗，實得師門之正傳者。大方無矩，平正則章法必嚴。我常推薦有志于儒學研究者，必參讀蔡先生諸書，不可輕慢躐等，此即敬篤之始。涉讀牟師著作者多矣，而實得其曠識之原委者，實在說來，卻是十分不易。天縱絕頂，知音罕至。牟師大去後，我即趨前至蔡先生處執禮問道，請益多方，不敢自是，蓋有以也。

聖教難傳，尤以今世巧佞成習之時風中更難。戲論充斥，河清無期，幸賴有二三賢明永續正傳而不絕。欣逢蔡先生七秩大壽，略述其學行及我所知者以爲賀，並與學者共勉。

※　※　※

牟師門下多俊逸。然而，至道平平，天理無奇彩，純亦不已而已。一切智慧之聲光皆當垂首于此平平無奇中。唯道樞恆運。俊逸者不得違此，亦不必自多。述明即是平實，即成慧教。蔡老師弘揚聖教師學之赤忱，已傳美談，至於輔弼慧教之功，則請俟百世之公論。

一位溫柔敦厚的長者

——蔡仁厚老師

王菡

當我知道蔡老師公子要爲蔡老師慶祝七十大壽並編印祝壽文集時，心中百感交集。因爲在此同時，我的另一位老師——黃振華先生，正纏綿病榻呢！而也正因爲如此，才使我和蔡老師結下了師生緣。

八十六年五月，剛通過博士班資格考試的我，正打算著手進行論文寫作。不料原先答應作我論文指導教授的黃振華先生卻在此時因病住院了。當我和范良光學兄商議時，他慨然應允將我介紹給蔡仁厚老師。

第一次見到蔡老師，是在八十五年底鵝湖雜誌社所主辦的第四屆當代新儒學國際學術會議上。當時蔡老師除了在開幕式中主講「當代新儒學的回顧與前瞻」外，又主持多場會議。其學問風範，令人印象深刻。有趣的是：在這類嚴肅的國際學術會議上，一般學者多是單刀赴會，而蔡老師身邊卻總有著美麗雍容的師母相伴。伉儷情深，令人羨慕！

八十六年六月底，在范良光學兄的陪同下，我和王大德學弟到台中拜訪蔡老師。老師位於雙十路的寓所，高軒敞亮，明淨素雅。當天蔡老師因偶染風寒而身體有些不適，師母也不愼扭傷了腳。卻依然準備了豐美的茶點，殷勤相待。談論間，相對於范兄的慷慨陳辭，蔡老師則顯得沈穩內斂，毫無煙火氣。從老師家出來，我們順道瞻仰了近傍的台中孔子廟。此時參訪孔廟，除了莊嚴肅穆外，又多了一份親切。

八十七年四月十二日，牟宗三先生逝世三周年紀念，鵝湖人文講座恢復舉辦。第一場由蔡老師主講，講題是「進德修業的形態與時宜——從牟宗三先生的性情說起」（刊於鵝湖二七六期）。到場人士把一間鵝湖講堂擠得水洩不通。一開場，蔡老師自謙口才不好。講完了，又說：對於師門的學問，自己大體重在守成；至於創新，則有待於後起之秀。當場有人說：蔡老師不以一般所謂的聰明見長；而蔡老師的妙處，就在於他的「拙」。對於此類「恭維」，蔡老師也笑呵呵的接受了。此情此景，讓我感觸良多。孔子曾說：參也魯。程子則說：曾子之學，誠篤而已。聖門學者，聰明才辯，不爲不多；而卒傳其道者，乃質魯之曾子。故學以誠實爲貴也。此言確實不虛。但我個人認爲，若眞是資質魯鈍，也難傳聖教；實是因爲誠篤，所以看起來魯鈍（相對於聞一知十的顏子與聞一知二的子貢而言）。而也只有這樣的魯，這樣的「拙」，才能說它「妙」。會後，蔡老師不忘對一同在場的黃師母殷勤詢問黃老師的病情。而在其後聚餐之時，則隨同大夥兒共飲甘醇的金門高梁，其樂融融。

我遺憾以往未能長年受教於蔡老師。但每次和他相處，都有如沐春風之感。在鵝湖的人文講座上，當蔡老師說到牟先生的家庭狀況時，曾略帶感傷的說：牟老師似乎欠缺這方面的福分。可喜蔡老師本身有個幸福美滿的家庭。我想，除了時代因素，多少也和個人的性格有關吧！牟先生的超拔，使他在享受天倫之樂上難免有所遺憾。而蔡老師的溫厚，則有助於他經營一個溫暖的家；也讓他身邊的人，由衷的敬他、愛他。在此，除了要表達我對蔡老師的感激外，也要衷心的對他說聲：「生日快樂」。

仁心淑世 厚德載物

賀蔡教授仁厚先生七秩壽誕

胡楚生

中華民國八十八年二月十四日，欣逢蔡教授仁厚先生七秩覽揆之辰，我與蔡教授論交近二十年，對於蔡教授的學問成就，淑世情懷，夙所欽佩，平時拜讀蔡教授的各種著述，深感在三個方面，蔡教授都具有卓越的貢獻。

第一，是對於傳統學術的論述。從事傳統經典要義的論贊，先哲微言的抒發，在蔡教授的著述中，像中國哲學史大綱、孔孟荀哲學、墨家哲學、王陽明哲學，都是這一性質的作品。

第二，是對於固有文化的宏揚。蔡教授心繫中華文化慧命的承傳，關懷生命主體安頓的探索，在他的著述中，像家國時代與歷史文化、儒家哲學與文化眞理、儒家思想的現代意義、新儒家的精神方向，都是這一方面的代表。

第三，是對於當代儒學的闡釋。蔡教授師事當代儒學大師牟宗三先生，牟先生的巨著如心體與性體等，博大精深，青年讀者，不易窺見其宮室之美，蔡教授所撰寫的宋明理學北宋篇和南宋篇，針對牟先生的巨著，詳加闡釋，務爲平順，對於接引後學，助益極大。

近百年來，世變紛乘，知識分子生於當代，能夠修己潔行，獨善其身的，已自不易，其能進而關心國家民族的文化命脈，振奮而起，以著述激盪人心的，就更加顯得難能而可貴，蔡教授是友人當中，最能具有這種淑世情懷與承擔精神的學者之一，他的抱負，他的努力，也格外令人感到敬仰，茲當蔡教授七十初度之際，個人謹以這篇小文，作爲介觴之獻，祝賀蔡教授福壽康彊，永錫遐嘏。

仁厚師古稀之壽詩以貺之

李立信

東海大學文學院院長室箋

仁厚師古稀之壽

詩以貺之　李立信

謙謙君子愛親仁、行力有餘且學文

睿智精研通漢宋，真知洞見貫先秦

西風涵泳堪爲用，舊學沉潛亦入神

著作等身從所欲，詠歸浴沂四時春

韓國教育家金在漢題詞

慶賀蔡師仁厚先生古稀壽辰

先生之道矣
承千年之深　開文化之密　明生命之眞
仰之愈高高　探之愈精精　踐之愈益益

一九九八年六月十五日於獨善齋
弟子　金基柱　仰呈

仁厚教授，七十初度，哲嗣維天、維音、浩天爲蔡教授壽慶徵文，余謹以聯、詩爲先生壽，工拙在所不計也。

李錦全

(1)壽聯

仁者樂山，世途不怕崎嶇，弘揚儒道作傳人，敬業合群，自登仁者壽域；
厚德載物，治學惟求勤奮，馳騁哲壇稱巨子，培桃育李，身居厚德門中。

(2)賀詩

久歷風霜七十春　滿園桃李慶芳辰
文章早歲曾知世　著述窮年已等身
薪火相承師往哲　孔顏樂處作傳人
父慈子孝堪稱羨　厚德家門貴率眞
一水盈盈兩岸分　中華文化本同根
五湖四海皆兄弟　萬水千山亦近鄰
望重教壇開偉業　承傳儒學見精神
七旬賀壽應無限　預祝遐齡又日新

蔡仁厚先生印象

李宗桂

我認識蔡仁厚先生是在十年前於香港舉行的「唐君毅思想國際學術會議」上。

當時，我是第一次到境外參加學術會議，也是第一次和台灣學者接觸。由於不言而喻的原因，兩岸學者近四十年沒有交往，我心中不免惶恐。殊不知，通過會上的切磋和會下的交流，兩岸學者增進了了解，溝通了感情，互贈論著，交談甚歡，都有相見恨晚之感。記得會議快要結束的前一晚上，蔡先生和王邦雄、林安梧、李明輝、龔鵬程、高柏園、袁保新等先生，到我們房間聚會，海闊天空，各抒己見，滔滔不絕，深爲相得。由於我們的房間狹小，沒有沙發，大家只好並排坐在床上。蔡先生當時已年屆花甲，且是師長，卻能夠屈尊坐在床邊，和我們這些晚輩平等對話，互訴衷曲，令我感動不已。我清楚地記得，那晚蔡先生知道我們大陸的「現代新儒學思潮研究」課題組沒有將馬一浮列入研究範圍後，當即向我們介紹了馬一浮先生的情況，以及馬一浮先生的著作出版情況。他說，馬一浮應當算是現代新儒家，馬先生認爲「文化是從心裡流出來的」。後來，我們的「現代新儒學思潮研究」課題組將馬一浮收入《現代新儒家學案》，是受到蔡先生啓發、指點的結果。這件事，反映了蔡先生以「學術爲天下公器」的襟懷。那次會上，蔡先生送了好幾本他的著作給我，其中有《新儒家的精神方向》、《儒家思想的現代意義》、《孔孟荀哲學》、《中國哲學史大綱》等。後來，又曾惠賜《儒學的常與變》給我。這些著作，對於我的學習、研究和研究生培養工作，都起了重要的作用。《新儒家的精神方向》中的「精神方向」一詞，對於我來說是別開生面，在儒家思想的特質和中國傳統文化價值系統的評判方面，它比我們常用的「思想方向」要貼切。因此，後來我的著述中常用「精神方向」而基本不用「思想方向」一詞。應該說，這是蔡先生學術思想和風範對我的一個影響。

一九八九年夏天，蔡先生利用暑假回闊別數十年的故鄉江西雩都探親。大約是五月份的時候，蔡先生與我聯繫，希望了解有關從廣州到雩都的行程問題。我曾盡力聯絡，隔海與蔡先生互通信函數次。不料，八月份我和業師李錦全教授赴東北牡丹江市參加我們課題組的會議，而不能在廣州接待蔡先生，此事我抱憾至今，並深以為疚。沒想到，一九九四年底，我到香港中文大學參加「第三屆當代新儒學國際學術會議」，與蔡先生見面後，我當面向他解釋並致歉時，蔡先生豁達而又誠懇地說，沒有關係，此事怨我，我不知道當時大陸的情況，不知道可能給你們帶來麻煩。其實，我們當時不能接待蔡先生，確實是因為我們到東北開課題組的會，而不是別的原因（實際上，在那之後不久，我就在敝校接待了林安梧兄）。但是，蔡先生卻處處替他人著想，唯恐給人帶來麻煩（尤其是政治麻煩），其仁心厚德，令人敬佩。在香港會議期間，蔡先生知道我研究兩漢思想文化，關心地問我大陸能否找到徐復觀先生的《兩漢思想史》，並表示他可以提供方便。當我告訴他我已經有一套時，他欣慰地連連說好。

蔡先生無論是在學術會議上發言，還是與我們交談，始終態度和藹，平易待人。他的論著明白曉暢而不故作高深，他的觀點客觀持平而不故弄玄虛。他堅持價值理想而不強加於人，成就卓越而不盛氣凌人。他熱愛中國文化，弘揚中國文化，富有深厚的歷史責任感和強烈的時代擔當感，眞正體現了「爲天地立心，爲生民立命，爲往聖繼絕學，爲萬世開太平」的儒者情懷。他的立身行事，眞正體現了「仁以爲己任」的弘道精神，是少見的善長仁翁，不僅令我感動，更鞭策我奮力前行。

我和我的同輩人是在大陸一個特殊的年代成長起來的。「十年浩劫」剝奪了我這輩人的大好青春年華，賦詩撰聯，非我所長。值此蔡先生七十大壽之際，謹以此文表示對蔡先生的敬意，並隔海遙祝蔡先生健康長壽，志業昌盛！

我所認識的蔡仁厚教授

曾春海

在我的學生時代，由於對儒家思想與傳統文化深懷孺慕及信服之情，對蔡教授的大作已時有所見。及一九八二年七月，筆者以青年學者身份應邀赴夏威夷參加國際朱子學會議時，乃有榮幸在飛機上與蔡教授見面。記得初見面時的印象，蔡仁厚教授人如其名，在其生命氣質中顯發著仁者的風範與長者的敦厚。他以關懷的語氣問及我的近況，當他知道我是江西瑞金人時，他高興的說他的老家是江西雩都。我們的故鄉相距甚近，再加上彼此都從事儒家哲學的教學和研究，頓時，鄉親土親人更親的實感異常窩心。

開會期間，我側觀蔡教授的待人處事，鮮活的展現了儒者知書達禮，文質彬彬的文化教養和仁智雙攝的生命氣象。印象深刻的是，輪到他宣讀論文時，他以和藹可親的笑容，眞情流露的語調，首先表達對這次大會能順利舉行的祝福以及對獲邀與會的銘謝之意。這一舉止是前面諸多已發表過論文的學者所未有的。我當時的體受是，蔡教授不止是從事儒學研究的學者，更饒富意義的是他是禮教深厚的儒者。他在中西學者齊聚一堂之時表現了謙謙君子的風度。

從那次共同與會後，我也常在台北所舉辦的學術會議上見到蔡教授。他對待晚輩及學生總是那麼仁慈與寬厚，他的溫文儒雅及莊敬自持，是儒家生命的學問最具說服力的見證。而他尊師重道的精神更是對青年學子最好的身教。這幾年我曾多次濫竽他指導的博士生論文之校外口試委員。從這些博士生論文內容的紮實，文字的順達，生命力的暢活，可知蔡教授所指導的博士研究生們不只敬佩蔡教授的儒學造詣，同時也受到蔡教授儒者生命氣象的感發。欣逢蔡教授七十大壽，謹此祝賀他福如東海，壽比南山，爲民族文化的承傳與創造不斷締結佳績。

賀蔡仁厚教授七十壽

馮達文

蔡陳何所困❶？
仁孝而已矣。
厚德載東海，❷
壽與南山期。

後學　馮達文敬賀
一九九八年九月九日于廣州中山大學

❶孔子當年受困於陳蔡之地，今則喻種種困境皆無與於蔡陳之氏。
❷古有「福如東海」之禱，仁厚公今載譽於東海大學。

蔡仁厚教授古稀大壽誌慶

黃宣民

仁厚蔡公　吾贛儒新
弘揚孔教　著作等身
道德文章　遠播聲名
嘉惠後學　偉哉厥功

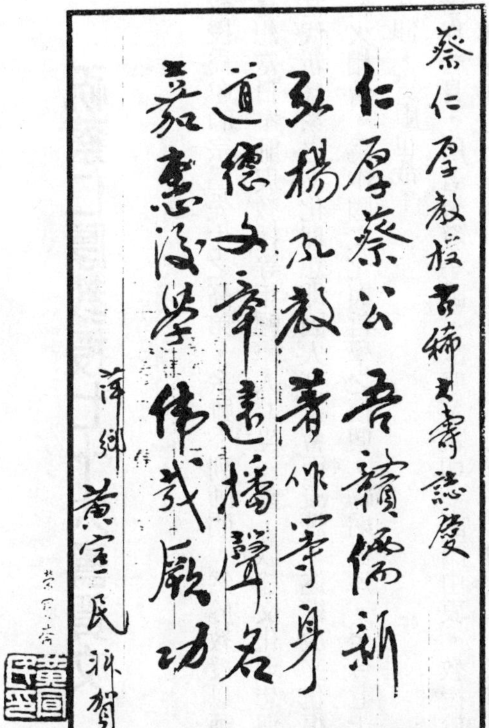

祝蔡仁厚教授七十大壽賀文

鄧立光

仁厚教授爲牟師宗三先生之高弟，余雖忝列師門，然於教授以師禮事之。余讀《人文講習錄》而意想當日牟師與教授等年輕學人共坐一堂，談論文化理想與家國大事之情景，心嚮往之！而當代新儒家之文化理想即因人文友會而凝煉，遂綻放文化復興之光芒。教授接續文化慧命，薪火相傳，爲中國文化與哲學之復興，鞠躬盡瘁。至今七十華誕，身當新儒重鎮，爲士林所共仰，豈虛也哉！

教授著作等身，所著皆發乎誠，故字字親切，語語由衷。教授於宋明理學所得尤深，而恪守師說，猶緒山之於陽明。於牟師學說之流佈，居功至偉！宋明理學之學脈不斷，則中國傳統之慧命可續；牟師之學承自陸王，則今日光大牟學者，即光大宋明理學與乎接續傳統之慧命。教授綜述《心體與性體》與《從陸象山到劉蕺山》之義旨，而成《宋明理學》北宋篇及南宋篇，得師說之要；而《新儒家的精神方向》、《儒家心性之學論要》，《中國哲學的反省與新生》大有功於理學之弘揚。《儒家思想的現代意義》乃照察現代中國文化之作。牟師弟子衆多，枝葉繁衍，而教授追隨牟師，數十年如一日，由教授撰《牟宗三先生學思年譜》，最爲恰切，由之可見牟師與教授之情誼，非比尋常。謹傳師學而不墜者，其爲教授乎？

教授仁厚中和，雖屈不踰，仍孜孜兀兀，著作窮年，爲後學之法式；現代新儒學之眞精神、眞氣象，即由教授之生命而透顯。教授誠爲儒門之健將，吾道之干城。余慕教授之仁風，謹以寸誠，祝教授壽！

承續慧命　接引後學

——賀蔡仁厚先生七十壽慶

彭國翔

當代新儒家最大的貢獻就是保持了中國哲學發展的連續性。這裡所謂中國哲學當然並非僅就一種狹義的Philosophy而言，它更多地是指中華民族傳統的精神方向和價值理想。近代以降，思想界的主流是激進的反傳統主義，但眞正的有識之士，卻深刻洞見到以斬斷乃至消解傳統的方式使中國步入現代之域的企圖，無異於離開腳下的大地，不僅無助於諸多問題的解決，反而從根本上扼殺了自我的生機。正是在這種「根土失保全」的局面下，「乃有賢哲起，奮力芸我田」（此引詩句出自蔡仁厚先生爲北大百年校慶所作詩），熊十力、梁漱溟、牟宗三、唐君毅、徐復觀等前輩力抗世俗，奮力謀求「守常應變」、「返本開新」的因應之道。眞正深刻的思想作爲遠見卓識，自然具有前瞻性而經得起歷史的考驗。但當其產生之初，卻往往難以爲俗衆所解。有所感應而能相契者，必亦爲豪傑之士、英靈漢子。

一代大哲牟宗三先生漂泊至台初期，蔡仁厚先生便追隨左右，消化、疏導、闡發牟先生之學四十餘年而精誠不懈。在蔡先生看來，牟先生之學並非僅是一家之言，而是揭示了中國傳統的精神方向和價值理想，接上了中國哲學的命脈。知性的探求，畢竟不能取代生命、心靈的安頓。因此，蔡先生儘管有自己客觀學問上的側重和建立，但並不以標立新說爲尙，而是始終將歸宿落在「學」中的「道」上。蔡先生學的是道，講的是道，傳的仍是道。而承續中國傳統文化的精神命脈，我想是包括蔡先生在內所有當代儒者終極關懷的重要內容。並且，蔡先生所闡發的義理之學，是在深厚的情感和斐然的文采中透出的。我在約十年前初讀蔡先生之作時便有此感，今年北大百年校慶在香山舉辦的國際漢學會議上，初見蔡先生之文者亦有相同之感，這不妨說是蔡先生道學的特點所在。

對傳統文化精神慧命的承續而言，如果相承主要通過自我有存在的感受而能接得上來表現的話，相續則顯然以接引後學爲其重要內容。

八十年代末九十年代初我在大學讀書時，並未被當時激盪的反傳統思潮所牽擾（儘管當時的反傳統思潮以現實政治爲實際指向，但對儒學與傳統政治之關聯的曖昧不清，必然使這種借錯了題的發揮難當高明且無法取得預期的效果），反而爲當代儒者尤其是牟宗三先生的哲思所吸引，於是浸潤其中，開始對中國哲學有了相應的了解。四年級上學期時將自己寫的一篇近四萬字的文章給蔡先生寄去，結果蔡先生不僅未置之不理，而且即刻給我回信，並在「有關大陸儒學二三事」的評論文章對我那篇不甚成熟的習作謬許有加。後來又寄贈《新儒家的精神方向》相勉，我大學畢業時所作的一篇「儒家思想是否精英文化」，也發表在當時蔡先生擔任編審委員的《中國文化月刊》上。這一切，對一位「興於詩」的青年學生而言，顯然有導引之功。而自那時起，我便常向蔡先生問學請益，蔡先生則每信必覆，雖不能謀面，卻是書信往來不斷。

今年五月北大校慶之際，蔡先生應邀出席國際漢學會議，在香山與我初次相見，剛見面時我還略有拘謹，但蔡先生並不像想像的那樣嚴肅儼然，而是平易和藹，加之我本性開朗，於是三言兩語之後，客氣全無，我完全可以暢所欲言了。九月初在濟南「牟宗三與當代新儒學國際研討會」上，又再次見到蔡先生，恰巧先生還擔任我那一場會議發言的主席。彼時師友同志，相聚一堂，接之以道，眞是意甚款款、其樂融融。

知西曆一九九九年二月十四日爲蔡先生七十壽辰，晚輩後學，無以爲賀，亦無法親往相慶，謹敘事以抒懷，祝先生壽。同時盼諸方道友，同舟共濟，永續我華族慧命。竊謂斯亦先生之大願也。

一九九八年九月十四日於北京大學

仁風淳厚，啓我生命

——祝賀蔡老師七十壽辰

賴伯琦

記得是高二的一個下午，午睡後昏昏沉沉，聽到班上一陣騷動，惺忪中看見學藝股長在教室後牆公佈欄張貼文章。同學們聚集在旁，指指點點，吱吱喳喳。這可是難得的盛況，心裡不禁好奇那是什麼文章使得一向對公佈欄興趣缺缺的第三類組的學生如此反常！趨前一看，原來是楊老師提供的雜誌報導，標題依稀是「蔡仁厚教授……新加坡……儒學會議」。當時心中納悶，蔡教授是何方神聖？楊老師爲何會提供這篇報導？

這個疑問，直到有一次拜訪楊老師，在老師家裡看到十來本蔡教授的著作，又有楊老師和蔡教授的合照，才約略猜到蔡教授是我們的師丈。離開楊老師家時，回頭瞥見意味深遠的門額：「仁德居」。啊！原來這是蔡「仁」厚和楊「德」英的「居」所。可是，那一次仍未見到蔡教授。

第一次見到蔡教授（之後多稱蔡老師），印象極爲深刻，他發亮的前額，微突的小腹，爽朗的笑聲，步履從容、悠然自得的神情，令我眼目一亮。他說話時和藹親切，但講到生命道理時，以理生氣，振聾發聵。每次聽蔡老師講儒家學問時，總不自覺地想到論語書中子夏的話：「君子有三變：望之儼然，即之也溫，聽其言也厲。」我尤其喜聽蔡老師講陸象山。象山直承孟子講心同理同，心即理。這天所與我、心所本有的道理。是有根的，實在的，故謂之實理。實理顯發爲行爲，即是實行。表現爲人倫日用家國天下之事，即是實事。得之於心而凝爲孝弟忠信等等，即是實德。聽罷，心中充實飽滿，不勝其美矣。

我就讀東海大學時，隔著綠蔭濃密的文理大道，和蔡老師分處兩側：文學院和理學院。大二時，我選哲學爲輔系，經常穿梭於文理大道點點婆娑的光影綠意中。我旁聽蔡老師教的孔孟荀哲學和宋明理學。雖然我無法每堂都到課，但一年旁聽的感受是愉悅欣快的。不過，學生的求知精神似乎一直比不上老師的講學熱誠。不少人懶懶散散，還有時竊竊私語。有一次蔡老師生氣了。他以嚴厲的聲調說：「我今天講的不是我個人的見解，而是古先聖哲留傳下來的智慧和道理。你們這樣鬆懈，不振作，心靈閉塞，對得起古聖先賢，對得起學術眞理，對得起你自己的天德良知嗎？怎麼可以這樣不自重不自愛！你們很聰明，不可能是白癡，想一想，反省一下，就知道自己對不對了。」說完，把書一拍，就出了教室。這一幕，給予我極大的震撼，極深的感愧。

回想高二高三兩年，沐浴在楊老師的諄諄教誨中，使我漸漸認識儒家，認識中國文化，進而透立生命主體，貞定生命方向。我強烈渴望生命的生生不息，而不願意讓生命走向虛無。我要像楊老師所說的「當生命的太陽升起時，生命中所有的晦暗都會一掃而空」。然而，現實的氣命是複雜的，而人的習性也常不免散塌墮落，如果沒有像蔡老師那樣的獅子吼，恐怕很難撞破時下青年那種幼稚的自矜、愚昧的自是以及軟疲的嬉肆。

當代新儒家的前輩們，懍於國族之存亡、文化之絕續，五十年前從大陸轉到台港海外。他們確實是「丹心爭剝復，慷慨走天涯」，而歷經數十年的精誠努力，終於做到「內聖抉奧義，外王拓新功」（皆引自蔡老師九月山東新儒會議詩）。而我個人這些年來一直得到二位老師的薰陶啓迪，潤我生命，開我智慧。感激之餘，謹掬誠祝賀蔡老師福壽吉祥，法運隆盛。

頌祝蔡仁厚教授七十壽慶

金忠烈

道統直追鄒魯遠
德機冥往天人際

韓國友人　弟　金忠烈撰獻並書

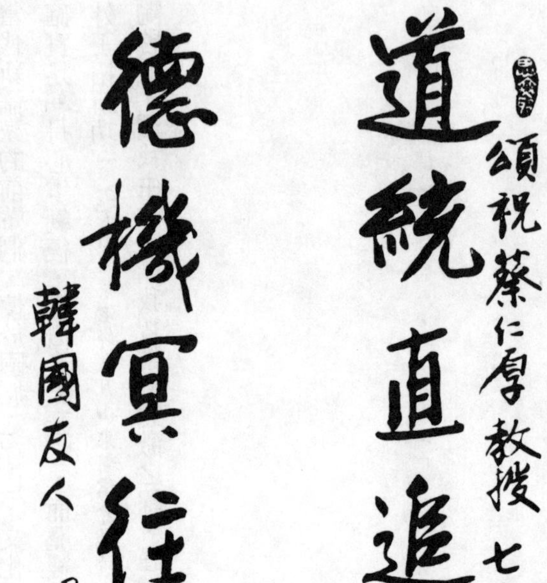
頌祝蔡仁厚教授七十壽慶
道統直追鄒魯遠
德機冥往天人際
韓國友人　弟　金忠烈　書

蔡教授仁厚先生七十壽頌

鄺錦倫

蔡教授仁厚先生，師承大哲牟宗三。今逢先生七十壽慶，謹述數言以表感知。

文曰

著作講學四十年，弘揚新儒使重顯。
傳統接續彰道理，時代課題務實踐。
文化生命得開展，立言不朽栽心田。
從心所欲不踰矩，知行合一是體現。
精誠貫注爲典範，仁厚德志後學勉。

頌曰

哲人心智　儒者氣象
聖人理想　嬰孩心腸

後進　鄺錦倫　敬述

「儒者」與「真性情」

苑舉正

我認識蔡老師在一九七九年，當時我在東海大學政治系讀三年級。就在這一年，學校成立了哲學系，老師受聘來校任教，開「中國哲學史」這一門課，而我則是因為選課的關係，認識老師。無奈我修課的表現平平，雖有緣「入沐春風」，卻無緣與「春風」深交。

坦白講，我在修蔡老師課之前，對中國哲學涉獵不多，談不上什麼興趣不興趣。回憶當年，我修課的目的，是哲學系成立之初所散發的學術氣氛，深深地吸引了我；我只能說，當時修蔡老師課時，有那麼一點完全憑感覺的味道。畢業後，服完兵役，我對中國哲學「知難而退」，出國改讀西洋哲學，中國哲學則完全還給蔡老師了。如今想到這點，我依然深感慚愧。

我並非老師「高徒」，卻有幸在近二十年後，成為老師的「同事」。我想，單就這點「亦生（我曾修課被打分）亦友（我們辦公室緊鄰）」的身份而言，我是唯一一人，因此我雖然沒資格也沒能力，在老師歡度七十大壽時，獻學術論文一篇，但我卻有資格，以親身的經歷，說幾句我心中對老師的感想。

我認為老師是一位有「真性情」的「儒者」。乍聽到這句話時，可能會以為我在「班門弄斧」，扯起「新儒家」了。我當然不敢，而我只是就我最直接的感受，說出這句話。我所謂的「眞性情」指的就是「性情眞實」，有時甚至「眞」的有一點可愛，完全無視於周遭的「假」，而堅持說出自己認爲是「眞」的事。「儒者」呢？我在此所談的也不是老師的學問，而我指的是一個自稱爲「堅守儒家原則的人」在傳統的認知裡，所表現出來的形象。這個形象是什麼呢？我覺得就是一個「讀書人」應有的「樣子」。我所談的還不是什麼言行舉止上所表現出來的彬彬有禮，我所談的只是一個讀書人，就應當散發出那種「愛書」的癡勁。這一點一直是我所樂見任何「讀書人」都能夠表現出來的熱情，而這卻也是修老師課中，令我印象最爲深刻的。

我不想多爲難自己，談老師上課所教授的內容，但是我卻時常被老師那種對學問認眞的態度所吸引。有一次，老師談到買一套書（我記不得是《宋元學案》還是《明儒學案》），卻因爲先買了一件夾克而失之交臂，看到說這段小故事的老師，他在提到當時意識到錯失良機的嗟歎，讓我們坐在台下的人都感到，那種失去「良機」的緊張，後來我們又都通通因爲故事的結局（帶著夾克回家之後，因心有不甘，乃毅然以價值六百五十元（當時二個半月薪水）的皮夾克，拿去書店交換標價五百元的宋元明清《四朝學案》，終於瀟灑地獲得這部台北坊間唯一的奇貨），而感到高興。我倒不認爲這是一個多麼戲劇化的情節，我只是認爲老師臉上所流露出的「眞性情」與「求知欲」，都讓我們爲那個原本不甚特殊的情節所吸引，終至期待它會有一個圓滿的結尾。

老師另外讓我深感印象深刻的地方是「說實話」，這一點在我的心目之中，一直是一個注重「擴張知識領域」與「追求道德實踐」的儒家學者，所應有的表現。我所指的並不是什麼「壯烈的」例子，我在此所提的只是我所觀察到的，老師表現在生活中的一段細節。

在今年的「謝師宴」中，當老師起身為即將畢業的同學說幾句話時，老師除了對同學們多所鼓勵，預祝他們前程萬里之外，特別提到了時下年輕人的道德觀，認為有許多求新求速的觀念實在無助於人生之開創。他並以「結婚」為例，建議同學在婚前「仔細挑選」，在婚後「堅守崗位」，同時語重心長地表示，對於他這種實踐儒家道德哲學的人而言，「離婚」實在是一件不可想像的事情。老師說著說著就指向師母，口中說著：「我與你們師母結婚至今，三十餘年如一日，而今家庭和美，子女有成。」話說至此，老師的聲音，已淹沒在同學的鼓掌聲中，只見老師帶著微笑的臉，愉悅地坐下來。我坐在一旁，靜靜地看著這一切，卻在內心中，不由自主地產生強烈的感覺。我懷疑，如果換了我，我會有這種勇氣，無畏於時下的新潮風氣，甘願承認自己為「老古板」，又率直地把自己生活實踐所得的「眞知灼見」，告訴尚未踏入社會的下一代嗎？坦白說，我沒有這種勇氣。這是「說實話」精神的表現，雖然這僅是生活中的一段小細節，但是從小處即可看出來，「說實話、不媚俗」卻早已成為老師生活中的一部份，無論時機大小，「說實話」卻總是他一貫的原則。

我與老師相識機緣特殊，無才亦無福得老師之眞傳，殊感慚愧。如今逢老師大壽，無能為文取悅於老師，只能記錄在老師課堂上與同桌上一二事，或許在他人眼光之中，這是微不足道的小事，實不足登大雅之堂，卻是我多年以來一直銘記在心的「小故事與大啓示」，我願在這一個有意義的機會裡說出來，聊表拙生之敬意。

履道坦坦

學生 蔡介裕

徐復觀先生曾說：「中國文化是心的文化」。博通經子百家，深受中國文化薰炙陶成的蔡仁厚老師就是這樣一位凡事都努力「從心出發，昂首闊步」的人。心是靈根，每個人心中都有一方田畝，要好好去耕耘播種，靈根自植，才能做自己的主人；由衷生發動力，驅策自己，一步一腳印地向前邁進。是的，一切要從心出發，心的方向掌握了，就可以昂首闊步了。從東海哲學系所研讀哲學，迄今十數年，對於中國文化的研習，一直深受蔡老師的指導提點，那份對儒學的熱愛與堅持，亦源自蔡老師的諄諄誨育。惟個人學思未精，於儒學闡釋實甚粗淺而有未逮之處，自當繼續努力，不負恩師期許。值此壽誕之慶，特爲文感謝師恩浩澤：

有顆種子，來自穹蒼的關愛
月沉日昇
當枝繁葉茂時，片片都是我們的故事
歲月將這些花葉編織
高緻雍容的桂冠於焉誕生
不勞細數那纍纍的桃李
因爲，你我已然見證惠澤

八十七年九月廿八日於文藻、人文科

達人之壽

王武俊 生 恭撰

諸葛亮出師表道：「臣本布衣，躬耕南陽，苟全性命於亂世，不求聞達於諸侯。」聞達是偏義複詞，諸葛大賢，當然不會求聞，他心目中的理想是達。不過達雖然不同於聞，於理上爲可取，但於現實上卻未必有做到的機會，諸葛亮初以世亂，天下滔滔難以澄清，故但求潔身自好，無意兼善天下。等到因緣際會，也就順勢而爲。

諸葛亮所謂聞達，典出論語顏淵篇，達是「質直而好義，察言而觀色，慮以下人」；聞是「色取仁而行違，居之不疑。」兩者大相逕庭，色取仁而行違便是虛僞，居之不疑是不知反省；達卻不同，質直而好義是至誠無僞，好義者義之與比，察言而觀色，是善於自反，敏於從善，慮以下人，那是謙沖自牧。懂得謙卑待人方能成其大，善於自反，則邪惡遠離其身，至誠遂能感通萬物，義之與比也就從容中道。

因此達是通乎內外的，不能把自我封閉起來，一定得「己立立人，己達達人」，不能以己達爲滿足。它又是徹上徹下的，故朱子註「下學而上達」，說上達是上達天理，下學是下學人事，其實理事相即，總要即事見理，故理是既超越於事物，又內在於事物。故達不是冥想枯坐可得，也不是離群索居可幾。

由於窮與達往往對舉，故有人以爲達與官爵有必然的關係。其實不然，正考父饘粥以餬口，孟僖子知其後必有達人，達人指孔子，孔子之爲達人，難道因他是魯司寇？孔子功在弘揚教化，炳耀道統，這等功勳加上他本身品德之崇高，使後世稱他爲聖人，不管稱他聖人也好，達人也好，都與司寇之官位無關。故有人把達人的達解爲顯達，實在含糊得很，不能盡達人兩字之義蘊。孟子說「禹稷顏回同道……禹、稷、顏子，易地則皆然。」不管窮通幽顯，不礙他們都有「己立立人，己達達人」的心。故諸葛亮不論進退，本就有達人的心胸氣度。

自從念高中時，親炙雩都蔡師仁厚先生以來，但見其從容中道，於事理無不通達。孔子自稱「學而不厭，誨人不倦」，蔡師之於學術於教學也是未嘗厭倦，熊十力先生說現實中無聖人，我也不好說「仁且智，夫子既聖矣！」但我要說吾師有達人心胸，達人氣象，實非溢美之詞。少年時便蒙吾師厚愛，啓發獨多，老大愧無長進，今逢吾師七十壽辰，不揣鄙陋，寫此短文，一申賀忱，一表敬慕。

和蔡仁厚教授古詩二首

祝賀　先生七十壽慶

吳明

其一：和「北京大學百周年慶」（編按：原詩見本書頁二二一）

自古希聖賢，慧命三千年；
孔子渾淪說，孟軻盡心篇；
上以接天命，內以開淵泉；
泉湧性有常，道政學統全；
乃有人文教，世代芸我田；
大醒破寂寞，淡泊志不遷；
忽焉大變局，國魂脫族肩；
神魔夾德賽，憂患啓英賢；
熊梁唐徐牟，牟學泰山巓；
門人遍寰宇，仁厚蔡丈先；
重鑄中哲史，證示朗現天；
蒼蒼一勁松，七十年方妍。

其二：和「出席山東新儒會議」（編按：原詩見本書頁二二二）

國運移東隅，患難化光華；（首段麻韻）
文命托臺島，天光映棲霞。
西北望神州，龍潛時見蛇；
今日還洙泗，寥闊願無涯。
牟門無門戶，論學不論功；（次段東韻）
蔡丈仁且厚，四方融和通。
赤手爭剝復，毋忘貴時中；
遙想壽慶日，雍穆儒門風。

九月五日，「第五屆當代新儒學國際學術會議——牟宗三與當代新儒學」在牟先生故鄉山東省（濟南舜畊山莊）召開。大會開幕式上，蔡教授致詞並以古詩〈出席山東新儒會議〉贈大會，之前，在《鵝湖》讀到先生另一首《北京大學百周年慶》，興感不能已，特和之以賀先生七十壽慶。本人不通詞章音韻，只是直抒感懷。在寫這些句子時，腦海裡浮現每次學術會議，蔡老師和夫人始終端坐聆聽，會場頓有一股溫厚穩重氣氛的情景。這種感覺，願與維天、維音、浩天分享。

民國八十七年雙十節補記

老師一直在我們心中

蕭振邦

這是一個遙遠……卻常—久—鮮—活於胸臆的記憶

當年在陽明山上求學時，隨著年歲的增長，生活變得極寡淡，除了修課之外，少有別的活動，日子似乎就像一幅幅景物在煙雨中逐次淡去的素描。那樣的歲月裡，懷抱著求知冷酷心志的人，與周遭一併寂寥。然而，爲我那種冷寂的山上歲月注入熱流的就是蔡仁厚老師——老師已然成爲我記憶回溯的起動鈕，每當心中沈緬，彷彿想起老師便能打亮山上陰霾求學歲月的景緻。

……從大學部到研究所一直選修老師的課，當時老師到山上上課，每逢中午總要找幾位同學陪他吃飯，我便是經常受到老師照顧的學生之一。餐間，老師偶而要喝杯小酒，而這時候的老師，不同於嚴肅的課堂講授，人生的許多際遇、感想暨洞見，便自他溫暖了的胸臆中自然流出，親和感人中尤帶教誨之意。記憶特別鮮明的是，當時，經常屋外很冷，而我心中卻因老師諄諄誘導的話語，而逐漸燃燒灼熱，知識的冰山立時解化，整個人充滿了莫名的感動——唯其莫名，心中才模糊地感受到生命自身的可塑！這些觸動伴隨著成長，不斷地被自我珍惜、擴張，而成爲記憶的永恒指標。

如今，我也埋首教職多年，與自己學生之間的互動，更使得昔日許多感受轉深轉醇。平日，限於所受的知識訓練，不輕易觸碰自己心中的感受，現欣逢老師七十壽慶，讓我把心中的話告訴老師：

老師！您一直在我們心中……

學生
蕭振邦敬賀於中央大學哲學研究所

十年常道

受業 李紀祥 恭撰

我大概是仁厚師唯一的歷史學界正式拜師的受業弟子。這當然與儒家有關，一切的因緣大事還是儒學。

猶記十八年前，甫進入東海大學歷史研究所就讀，因為志趣的關係，我並沒有在當時歷史學界的分域常態——即各個斷代領域內討專業。東海圖書館裡不斷經我手中借出進入的書典，都是當代新儒家的；從牟先生、唐先生到方先生、徐先生；而在研究生才能進入的古籍室中，我借閱最多的，也是張伯行編印《正誼堂叢書》中的宋代理學諸儒之文集與語錄線裝書，特別是《二程語錄》。就是這樣的企向，我想把我的方向定位在儒學；而理學中強調心性體會的進路，也正合乎我當時的心境。因此，我便在一天的陽光午後，走上文學院二樓，向蔡老師的研究室扣門。

在追隨老師的兩年中，最難忘的，當是老師本人的生活家居，每次攜帶手稿，騎著腳踏車進入育才街宿舍，就有股特別的感受。直到今天，留在我心中印象猶鮮明的，竟不是那流傳下來的歷史文本——一冊厚厚的碩士論文，那裡面存有未印出的思索、討論、請益與老師的修改；而是在育才巷道中，一襲棉袍與抱著文稿的儒者書生，對一位騎單車而來的青年，講說著理學及賢者的思理以及為他們的著述解義。這常令我聯想到《近思》與《傳習》二錄中的傳道與求道，往往是在生活中的對話實踐中體驗的，而文本形象之記載，在意義上已是後起的了。

此後我每年教師節一通長途電話問候請安，常常能強烈感受到老師的一份特質：日日如常，年年如常，十年如一日。這使我在十多年後的今天，能夠有一份體認：踐履與時間性的關係；常道在時間流變性中之所以爲「常」。終於明白，道德文章在儒學此一領域中必須承認它的位所，尤其是道德文章之書寫，何以在意義上大於學術文章。因此，在老師年年相續的著作裡，我逐漸見出一種特別的變化進境，尤其在勾勒孔門弟子與儒門人物的著作中，我見到了老師的心境早已由踐履體認而升登到氣象境界。而同時代的許多學者，卻停在「論述」與「研究」的書寫研摩中，仍然處在受到五四以來「純粹學術」影響的西式傳統中。這在前年的星加坡國際儒學會議上，我更能感受也見到了此點。我認爲這便是層次上的差別，「十年如一日」對我的意義是如此，道德踐履、生命體驗對我的意義亦復是如此；我自己不一定能做到，但十多年來，我在老師身上，卻確實看到了一條儒者踐行的常道。直接把自己作爲是一個「範疇」「領域」或者是「身心存有」，因此，「儒」是人的生命投射，而不僅僅是一份研究學術的書寫從業。這也令我聯帶體會到牟先生「生命的學問」和唐先生「生命存在與心靈境界」的切入基點，如果他們是念茲在茲從事於生命儒學的建構，那麼仁厚師便見證了當代的確有儒家。

在當今學術界或大學從事教學域內，這是不多見的，老師的學術著作早已豐盈士林，這反而不是我的重點，重點在於十年如一日。如果沒有當初在東海日日於古籍室中與線裝書爲伴的日子，我是不能經由古籍中理學諸家之「歷史」而關聯地體會到老師的一些特質，以及十年來點點滴滴在我心中逐漸形成一種儒者的意境形象，並思考追問它的形成。那麼，儒之為學也，便不僅是哲學義理；其發為文章，形諸道德，而且可以在歷史的流傳中，作一個生命的見證，在文本之外與文本之內。

一九九八年八月三十日　英倫旅次

人如其名的蔡仁厚老師

弟子　高柏園

初次上蔡老師的課，是民國六十六年九月，在文化大學哲學系，我是「孔孟荀哲學」與「中國哲學史」的受業學生。

蔡老師上課語調平和，態度認眞，具有十足的生命感與使命感。聽老師上課固然了解了中國哲學與文化，但是，老師生命的氣度與風範，更是學生們受教最多的地方。每當自己在讀書或生活上有挫折之時，想想老師上課的教誨，也能有一股兀自奮起的雄心與氣力。我想，我能在哲學之路上有所堅持，不得不說多受老師的感召。

「望之儼然，即之也溫」，這句話用來描寫蔡老師是再恰當不過了。我知道老師嚴肅，但也能體會老師的開朗與幽默，這是我從蔡老師學，最感得意的事。和老師在一起，愉悅而自在，無論聽老師說話，還是向老師報告，心情總是開闊自在。尤其當老師談到他自己求學的歷程，以及老師與牟先生的師生之誼，總覺得溫暖的不得了。

眞的，當老師的學生是幸福的。今天，我以最誠摯的心情恭祝老師生日快樂，並頌曰：

仁性聖境育才廣
厚情德澤潤生多

為了中華文化的現代復興

——記向蔡仁厚教授問學二三事

李翔海

蔡仁厚教授是現代儒學大師牟宗三先生的高足，當代港台新儒家的重要代表，在國內外學界均具有廣泛影響。作爲一個研習儒家哲學的後學，我有幸能夠向蔡先生問學，並得到他的關照和教誨。值此先生七十大壽之際，謹以此文敬祝先生貴體康泰、福壽無疆！

我與蔡先生的「學術善緣」，緣起於我在研究生期間開始研習牟先生的著作，如所周知，要想讀懂牟先生的大著，對於一個中國哲學的初學者來說決非易事。通過蔡先生對牟先生思想的紹述，使我得以粗淺地領略到牟先生「宗廟之美」。研習漸久，對蔡先生新儒學思想之學理規模亦有了一定的了解，於是就以《蔡仁厚新儒學思想述評》爲題撰成一文，刊發於一九九三年的《江西社會科學》。這其中或許就有某種「善緣」：蔡先生出生於江西，而我的祖籍也正是江西。

大約是在兩年後，我因擬寫一本《第三代新儒家》（此計畫至今未能完成），冒昧地給蔡先生去了一信並奉上《江西社會科學》上的拙文，且懇請先生能惠賜幾本有代表性的大作，以期對先生的思想有一個融合會通的把握。寄信之後，心中十分忐忑，既擔心蔡先生會不理我這個無名小輩，又害怕拙文會貽笑大方。令我不勝驚喜的是，蔡先生不僅一次惠贈我十一種大作，而且還專門給我回了一封熱情洋溢的長信。我捧讀大札，不禁爲先生對中國文化所傾注的無限眞誠所深深感動。先生對後學大力關照、扶持、勸勉之恩也使我暗下決心，一定要發憤努力，認眞讀書，爲承續和光大民族文化慧命而盡一己之力。

今年九月，在濟南的第五屆當代新儒學國際學術會議上，我終於見到了仰慕已久的蔡先生，有了當面向蔡先生請益的機會。會議期間，除了在大會，小會上從蔡先生那裡獲得良多教益之外，給我印象最爲深刻的是我與王興國兄一起去蔡先生下榻處拜謁蔡先生。蔡先生娓娓道來，和藹親切，不知不覺之中，時間已是半夜。從蔡先生身上，我領受到了平實而醇厚、深邃而博大的儒者風範，同時也眞切地感受到了一個眞誠的儒者所具有的人格力量。

蔡先生在給後學的大札中曾指出：「二十世紀是中華民族最爲倒運的世紀，但亦是歷劫而復，起死回生的年代，政經社會、文學藝術、學術思想、道德教化，皆須全面革故生新，以啓新機。」爲中華文化與中華民族的復興而不懈努力，可以說正是先生數十年如一日的奮鬥目標。有先生立範於前，後輩自當接續奮進！

一九九八年九月二十三日

敬祝 蔡老師七十壽慶

生 鄧克銘

初次稟受先生之教誨，已是二十餘年前高中二年級時的事情了。而今憶及當時與台中一中國學研究社諸友，聆聽先生所講「國學研究的途徑與方法」之情景，猶歷歷在目。（當時，楊德英老師教我班國文，又擔任國學社的指導老師，也正是她提醒我們邀請蔡老師來演講的。）至今雖尚無機會在大學課堂上正式受教於先生，惟自高中，承先生多次到社講授指導以來，亦忝以學生自期。二十餘年間，在請安或拜讀先生大著時，仍能深切感受先生之人文關懷與儒學信念，一如年少時初謁先生之印象。

儒學之理念固已昭耀典籍史冊，可供後人研習踐履，惟若得當世人物燦然再現者，更足矜式。長久以來，先生爲學之眞誠及成就，不僅體現儒門風範，亦爲後輩樹立楷模。自省受教至今，困於才質，未能深入先生奮然再續孔門聖學之精神世界，不覺悵惘。聞先生之言雖常有啓迪警惕，惜限於才學，難以繼述先生睿智，蹉跎光陰，實感慚愧。觀諸史傳儒學或儒林人物精神風貌不一，然求之先生，後學必可得一有力之感受。

轉眼先生七十壽慶屆至，愧無所成不能光大先生言教，謹略抒自年少迄今有幸受惠於先生者一二。願今後能再以少年時熱誠之心情，體認斯學斯道。並虔祝先生

松鶴延年　龍象輩出

道師、經師與人師

——敬賀仁厚夫子七十大壽

林安梧

人間事眞有其不可思議者，但這不可思議卻非偶然，而是一種可以溯及於根源的必然，既屬必然則是另一超乎思議之上的「可確認」事。我之受教於楊德英老師，因之而有機會受教於蔡仁厚老師，正是這等自然，但又不可思議，此不可思議之上又可溯及於根源的必然。吾因之而體會楊師的愷切，而領受蔡師的溫潤，深盼由此能「調適而上遂之，通極於道」。

受教二十餘年，老師知道在大方向上我戮力於華夏文化的闡揚及東西文化的匯通；但工作的落實點及學問的方向、方法，還有關心的議題上我與蔡仁厚老師及許多鵝湖師友仍有差異。蔡老師給我的包容、鼓勵讓我有餘地可生長，尤其在一些關鍵點上，讓我有機會「曲」而「全」的轉了轉，柳暗花明的走出了一條新的路。我以爲這是老一輩的學人中最難得、最可貴的！

我常和年輕朋友說及爲學諸多層次：有「資訊」之蒐羅堆積，有「知識」之構造系統，有「學問」之探討溯源，有「道」之信守與堅持。若吾師仁厚先生者，眞乃「有道之士」也。他對道的堅持信守是我看到的前輩學者中無出其右的，我常說：仁厚先生有道貌、有道象，即用顯體，望之儼然，即之也溫。有許多學界的朋友及晚輩都體受到仁厚老師，人如其名，既「仁」且「厚」。實者，「仁」是「生生之元」，可以爲「乾」，「厚」是「牝馬之貞」，可以爲「坤」；原來仁厚先生早有天地乾坤，通於道源。

以前的傳統是不可以拿長輩的「名字」來議論的；但我卻覺得若是出於眞心，回溯本源，則可以再轉出一新的傳統來。仁厚先生的「名字」在其身上眞是「踐形」地體現了出來，大哉妙也！

仁厚先生之於我，不只是經師，更爲人師，其實更恰當的說是「道師」，在我生命成長過程裡，能遇道師，何其幸也！

仁厚先生七十大壽，蔡師母（楊德英老師）六十大壽，做爲學生的我總以爲「福如東海，壽比南山」這通行的祝壽詞有著深切的義涵，是最好的祝壽詞，雖「通」而不俗，弟子在此誠懇眞摯地祝禱。並製一嵌名聯敬賀之，聯曰：

仁以居宅乾坤本厚

德能潤物天地涵英

孔子紀元二五四九年十月二日

蔡仁厚教授七十壽慶誌賀

蘇新鋈

仁厚教授吾兄七十大壽吉辰將屆，一門兒女賢秀，特爲乃父籌措禮贄，張羅宴饗，出版祝壽詩文巨集，心意良佳，誠極難得之美事。

仁厚兄數十年來，師承牟宗三先生，治學講著，悉得衣鉢。我於一九七一年春、夏，得學術假半年，訪香港中大新亞研究所一學期後，續程赴台，走訪台北、台中、台南諸大學，牟師特書一函致仁厚兄，囑他與我可「無所不談」。我們於台北文化大學首次會面，一見如故，相談甚歡。繼而仁厚兄更於台中知會同門諸友，歡宴銀座，時癸淼、王淮、問梅、清臣、維煥、文傑諸兄皆在，十餘人共論師學，誠乃一時之盛會。而我與仁厚兄之交往，此後尤爲頻密。他每有新著，必寄我一冊，惠我良多。我們除於台北、台中、香港等地之國際學術會議中，屢有歡聚外，仁厚兄之任新加坡東亞哲學研究所高級研究員半年、及多次來新開會，演講期間，尤多切磋琢磨。

歲月匆匆，水流不息，物生無窮，仁厚兄瞬已及屆「從心」之年，而有兒女賀壽之集，乃略述交往以重現歡聚之情，並撰一聯，敬表祝添福壽之意，曰：

仁學儒聖，心誠明兮道遠，

厚味易幾，性盡朗而年高。

新鋈、瑤陸、重愷同敬賀於星洲，戊寅八月中秋。

賀仁厚兄七十壽

謝仲明

仁厚兄是吾摯友、同事、及同門師兄，二人晤面，瞬間已近二十年。

猶記來台之初，曾應允教導仁厚兄之愛子愛女——維天、浩天、維音，然此承諾竟如「選舉支票」——有諾無現。時至今日，維天等皆已學有所成，事有所就。仁厚兄嫂固感安慰，而吾亦能放下心頭一石，蓋所開「支票」，已無兌現之需要矣。

仁厚兄與吾共事於東海，合作無間，相輔相成，情誼確是「淡如水」——彼此往還相處，無是非之糾纏、無利害之謀慮、無恩怨之擔負、亦無褒貶之計評，然親切如家人。此種關係在工作場所得以實現，極爲可貴。

仁厚兄秉承師志，用心用力於孔孟聖教之返本開新。返本者，回歸於一心之內聖；開新者，擇善應對於時世之外王。先師宗三先生固桃李滿門，各有所長，學有專精，雖殊途，卻同歸。然若就承傳師之文化理想及對先儒之疏解方面言，仁厚兄誠摯、一致、用功、及造詣，綜而觀之，吾以爲無出其右者。

欣逢仁厚兄「從心所欲」之年，特此誌賀。

一九九八年十月五日

敬蔡仁厚教授以德知情合一踐道的生命歷程

國立台灣海洋大學歷史副教授　黃麗生

作爲一位儒學的愛好者和學習者，我久聞蔡仁厚教授的大名，讀其論著，對他闡釋儒學之深具功力和勤懇專精，留下深刻印象；但直到今年赴山東出席「牟宗三與當代新儒學國際學術會議」以前，我並沒有機會認識蔡教授，親炙其教誨。

曾經從學友間略聞蔡教授的人品風範，並得知有幾位傑出的同輩，在高中階段就受到蔡師母楊德英老師的啓蒙，奠定一生求學問道的基礎。幾年前在我任教的課上，有位思想敏銳、勤學好問的學生，其見解器識、人文涵養，明顯優異於其他同學，在理工科系裡尤顯突出。該生自言其係高中時受教於楊德英老師，深得薰陶所致。我聞言在敬羨之餘，直覺蔡教授伉儷必是經師、人師兼爲，日常亦必是攜手過著共同向道、行道、傳道生活的佳侶；並且對這兩位未曾謀面，素昧平生的前輩有種心靈貼近的好感。

今年的山東之行，得以親身體會蔡教授和楊老師的言行風範，印證了我的直覺果然無誤，親切的好感之外，更有一份深深的敬重。

蔡教授師承牟師宗三先生的哲學，嘗言：「儒家學問不著重於知識性的論證和概念性的思辨，而著重於滿足人生實踐的要求……就必然要正視這個實踐的主體——生命。儒家以人的生命作爲學問的對象，因而形成了以生命爲中心的，所謂『生命的學問』」。我覺得蔡教授似乎即是以他的生命和整個的人生，去體踐儒學，去印證「生命的學問」，由而發展出我稱之為德、知、情合一踐道的生命歷程。

蔡教授一生致力於中國文化、中國哲學的教學研究工作，尤其是精心鑽研儒學，著述等身，傳揚儒教不遺餘力，亦將儒家的精神教養實踐在家庭的生活中——例如除了安置「天地聖親師」的神位，以實踐「報本返始」的儒家教化傳統外，日常也以「有情有義的恩愛」來貞定美滿的婚姻，體踐了人倫常道的意義。蔡教授以為：人生眞實的目的，在於表現生活的意義，成就文化的價值。而能夠顯發意義、創造價值的根源正是人的道德理性。我想也就是這個道德理性不斷引導促動蔡先生勤學著述不輟、闡揚儒學不倦、而且經營數十年恩義有情的家庭生活如此從容有餘……。這樣的人生豈不是融德性、知性、和情義為一之求道踐道的生命歷程嗎？

儒學是生命的學問，也是實踐的學問。但我們最常聽到對儒學的質疑，卻也多半詰難儒學的理想能否在現世人間落實的問題——就像此次在山東舉辦的儒學會議，對牟先生哲學的批評也大多集中在這一點。我發現這類批評未必能平實循扣儒學的核心義理而發，也多忽略了人生現世乃是由深沈綿密、多重連續的面相和內含構成。批評者常以國未治、天下未平或自己構想的的唯一標準，來質疑儒學落實的可能性；此不正有如以衆生猶有業障，地獄未空，乃質疑涅槃成佛皆無可能一樣不相應嗎？正心、誠意固未必能治國平天下；但國未能治、天下未能平，並不見得芸芸衆生就不可能依著儒學義理，各就其人生處境，取得其安身立命之向道，實踐其人生的意義？

至少蔡仁厚教授就是以其傳道、授業、解惑的人生歷程樹立了儒家君子典範。在濁世滔滔、儒門淡薄的當世，他一向不媚流行，不慍人不知，淡泊從容、自然坦蕩地顯發、實踐儒學。我想，他是以身體力行反駁了儒學難以落實的世俗謬見，也爲後輩創立了現代儒行的榜樣。

今恭逢　蔡教授七十華誕，晚輩不敏，唯謹以此文爲他祝壽，並對他融德性、知性、情義爲一，勤懇求道踐道不輟的人生歷程，致以誠摯的敬意！

一個「德福一致」的典型

金貞姬

有緣受教於蔡老師門下，最早是在民國七十四年，我讀大三的時候。這一段淵源，若不提起，恐怕連老師都已印象模糊了。那年，老師在中興大學教授「荀子」，我正巧選了那門課，在每週兩小時的課堂上，只覺老師平實、認眞、嚴謹，甚至不苟言笑。當時，年輕氣盛的我所能夠欣賞的還只是天才、英雄那一類自然的、盡氣的生命型態，至於老師那一種德慧雙彰的、圓實的、盡理的典型，其實尙未能眞正走進我的生命裡。後來，也不知是何緣故，老師只帶了我們一個學期，下學期便離開了。

再度遇見老師，已是數年之後，那是在牟先生的課堂上，在牟先生家中，在給牟先生賀壽的晚宴裡，乃至一次次學術會議的場合。這往後，我才逐漸得以從具體而眞實的生活當中，更眞切而深刻地感受並體會到老師這樣一種溫潤仁慧的人格典型。老師人如其名，仁德博厚高明；老師的生命開朗、光明、坦蕩，從老師身上嗅不出一絲絲世俗的利害與計較；老師人情通達，他的一言一行，皆足以潤澤人，任何時候，任何地方，只要有老師在，我便會不由自主地感到這裡有尊者、有長者在，在牟先生那德性的感應之中，一切皆覺坦然自在，妥貼順適，一無隱曲，而凡事皆能安得下、定得住。

還以為老師是得天獨厚，天生便具有清明過人的天資，可以輕易體現出這種高明圓融的生命境界，直到後來，讀了牟先生與蔡老師論「工夫」的一封書信（見《人文講習錄》），才知道，原來老師早年也曾經歷過一段所謂「struggle for being」的緊張。如今，老師那爲實有而奮鬥的痕跡早已渾化不見，現實生活中，只見老師與師母總是相敬如賓，又得知老師兒女孝順，客觀方面學問有成，桃李滿天下，主觀方面又得享天倫之樂，人生至此，豈不是德福一致，達到最高的圓滿之境了嗎！

老師的文章，一如老師的爲人，亦皆平正、大方、厚實、暢達，如理如實，而一無可議。然而，在老師的諸多著述中，我卻獨獨偏愛《孔門弟子志行考述》一書。因爲，這本書在老師一貫平正厚實的風格中，更流露出一股俊逸靈秀的神采，而特顯精神。通過老師那生動流暢的筆觸，孔門弟子彷彿一個個又重新鮮活了起來，歷歷目前。一個人若不是對於聖賢的工夫與生命有極其眞切的實踐與體會，又豈能對聖賢氣象有如此深刻入微的感應。

曾經，在一次與師友的談話中，我非常認眞地表示「我願像蔡老師一樣」的心志。這話在當時頗引來了一些疑惑。如果你以爲我想達到的是像老師那樣的學術或社會地位，或者，你以爲我想學的是作出像老師那樣的文章，那麼，我這句話的確很可怪。那客觀的學術地位雖高，仍不過是外在的，它並不足以顯示出蔡老師之所以爲蔡老師，它與老師的眞實生命相較，根本是微不足道的。至於老師的文章，全自肺腑中出，也唯有老師那樣一個獨特的生命才能寫得出那樣四平八穩、實實在在的文章，任他人是作不出，也學不來的。可是，老師那爲學的眞誠、人情的通達、生命的開朗與人格的高明，卻是那麼樣令人敬仰與神往。常常，我看著老師，心中便想，什麼時候我的生命才能達到像老師那樣圓熟的境界呢？老師全部的生活，全幅的生命，對我而言，都是教導。從老師的不輕易讚許人中，我學到了老師對青年小子的教訓；也從許多細微的生活行事當中，我感受到老師對後生晚輩的愛護；老師的不厲聲以色，更像一道光，讓我清楚地照察到自己的生命，每當我有了不合宜的言行，只在老師面前，我便立刻驚覺到自己作錯了事，說錯了話，可是，老師依舊溫柔敦厚，從不輕言責備。於是，我知道，在老師這樣一個光明爽朗的生命底看顧中，我將可以自然健康地成熟壯大。

前些時，在山東發現了一種非常有意思的小點心，叫做「野鳳酥」。這野鳳酥最特殊之處就在它每一片包裝裡都附了一張小紙條，上頭寫著一些或者勸勉，或者祝福的話語。那天，在「第五屆當代新儒學國際學術會議」的閉幕晚宴中，老師打開了一片野鳳酥，唸了唸裡頭的小紙條，便順手遞給了坐在一旁的我，說：「送給你！」我滿心歡喜地接了過來，只見上頭寫著：「你是心靈純潔的人，生活充滿甜蜜和喜悅！」常常，你可以從這些生活細節中發現老師的親切與幽默，而這竟是我最初在大學時期未曾發現的。我知道，這可能只是老師一個無心的小動作，因爲，老師總是順手拈來，隨時即化，當下起土堆，同時亦隨即歸於平地，但，這小紙條卻被我有心地珍藏了起來，當作是老師給我的祝福。而今，適值老師七十大壽，我也衷心祝賀老師

德福圓滿，福壽康寧。

民國八十七年中秋

敬賀蔡仁厚學長七十壽慶

方穎嫻

蔡仁厚教授是牟師在台灣的最早期學生之一，自然是我們的學長；但我對學長的認識，最初是通過他的著述。八十年代初相見，只覺他敦樸而淳雅，在儼然長者的氣度中，固能予人一種「即之也溫」的感覺。

從學長的學術論著中見到，學長對牟師（以至唐徐二先生）的學問與理想，是貼服無間的；數十年來對中國文化與儒家精神的條析護持，也深受牟師的影響；而其文章之明白條暢，似以平常心說平常話之敦實貞誠，則不但對儒家的義理精神以至牟師之學問，有疏導之功，且亦頗得牟師之心志，對我時有意想不到的啓發。記得多年以前，曾因牟師對清代學術的態度而有所疑惑，及後因學長說及老師對此階段的學術發展的態度，用上一句「不欲觀之矣。」顯露老師對有清以來民族文化生命斲喪殆盡的「痛心疾首」的感覺，因而對老師心中的隱痛與志意（由民族文化生命之淪喪以致國家分崩離析所導致的隱痛與由此而起的擔負的志業），有更深入與存在的體會。

又月前學長對鵝湖學友論進德修業的講辭中，述及我們對於老師的晚年，「都只注意他講學的光輝，卻沒有去體貼他生活中的孤峭、心情上的憂困。」也觸及了我心坎中的憾恨。至於論及老師「敦品勵學」，可以爲典範的「非常的修養」，我本也有很具體的體會，可卻永不能以這樣平實的話說出來。

因而我覺得，仁厚學長的學問，看來平實，卻自有其懿美之處，平常是不容易察覺的。牟老師可是察覺到的：九十年代初的某一天，老師與我談及學人的不能用功。(這是老師常說的，不用功的學人，也應包括我在內。)忽然卻吐出了一句：「蔡仁厚現在就不錯！」

對於仁厚學長之能數十年如一日地承續牟師之義路，闡發儒學義理的精誠，我有一感覺，可未能貼切地形容；最近讀其所贈的新書，自序中自道其致力於中國文化與儒家學術的精神與態度：

「我從來不估量自己有多大能力，也從來不計較有多少成功機會；唯是始終一念，精誠貫注，盡我心，盡我力，盡我分。」

這「盡心、盡力、盡分」說得極好，不但把我對其學術成就的感覺說貼了，也提示了我們應勉力以從的不計較的爲學態度。

際茲學長七十壽慶，謹祝願此精誠貫注之學思，綿綿無盡。

師門一長者
賀蔡仁厚教授七十壽慶

尤惠貞

初遇蔡仁厚先生大概是業師牟宗三先生應台灣大學哲學研究所之聘請，來台講學之時；當時有許多牟先生早期之弟子從全省各地方前來參與牟先生之講座或經常來探望牟先生，因此，我們這些年輕的後學不但有幸親聆牟先生一系列精采絕倫的哲學講座，同時亦得以親近一些前輩學者。由於蔡老師的溫文儒雅與和藹可親，的確減少了我們對於牟先生身邊一些師長輩的敬「畏」與「生疏」。

民國六十八年八月，東海大學哲學系初創，當時我個人因台大哲研所的課業學分已修畢，覺得換個環境，學習一些實際的工作經驗也不錯，所以也就南下台中開始我個人第一個專職的工作。當時蔡老師應聘爲哲學系專任教授，遂有更多的機會親近蔡老師，因此愈加發現蔡老師除了爲人親切與寬和外，其爲學之熱誠與教學之認眞，更是令人敬佩而常思效法。回想在東海哲學系十四年的過程中，不論是教書、研究或待人處事，牟先生均是愛護有加，這種情誼使得我個人很自然地就將蔡老師視爲師門兄長。記得有一次與牟先生通信時，稱蔡老師爲「大師兄」，牟先生回信時，特別教誨：蔡仁厚是你們的師長輩，不可不知分際。當時除了很感謝牟先生對於學生之提示與教誨，也隨時警惕自己不可因爲親近而忘了分寸。

今年（民國八十七年）九月初剛與蔡老師、師母等多位師友共赴山東濟南參加「牟宗三與當代新儒學國際學術會議」，並參訪共遊棲霞牟先生老家。于此紀念牟先生的國際學術研討會中，蔡老師表示從游於牟門適四十年，受牟先生之影響非常深遠。蔡老師特別強調「牟先生以一人之力，將康德三大批判全部漢譯出版，其學術功績，實與晉唐高僧之譯佛經，先後輝映。」坐在聽講席的我，心中突然浮現一種聯想：蔡老師一生弘宣牟先生的學問以期能接續中國哲學之慧命，其用心實可類比于牟先生之傳譯康德三大批判以期能會通中西哲學諸問題。牟先生門下固然有許多弟子，然而蔡老師長時期之用心講述牟先生之學問，以及有計畫地介述牟先生之著作及編撰學思年譜等，對於後輩年輕學子之所以能接續上牟先生之學術思想與生命的學問，實是貢獻匪淺。

民國七十四年，本瑞與我結婚時，蔡老師和師母送給我們一塊古玉和以我倆名字所嵌成之對聯作爲賀禮，聯曰：

本心淵懿　彰善行惠

瑞靄華藻　含章可貞

後來我們到美國遊學時，所租的房子因爲懸掛了請才貴兄寫的這幅對聯，不但減少些許鄉愁，同時也令來訪的外國朋友感受到中國對聯及書法之美，眞是感謝蔡老師及師母之厚愛。今爲祝賀蔡老師七十壽辰，個人也不揣才疏學淺，試作一嵌字聯以表述蔡老師與師母之風範，不妥之處尚祈蔡老師和師母不吝賜教爲感，聯曰：

仁寬之德以待人，視人如己；

厚實之英以彰己，推己及人。

壽仁厚老師

黃漢光

大學時代，因爲關心中國文化和哲學的緣故，在正課之外，讀了不少唐君毅和牟宗三老師的書。讀其書，想見其人，也想知其事，於是知道那時牟先生雖然在香港，但在台仍有許多學生，其中蔡仁厚先生，是最能傳承老師的學問而有所發揮的。我對蔡老師的最早的印象，就是從想多了解牟先生的過程中得來的。可是在大學時期，始終無緣親炙。

直到六十五年夏天，我才首次見到蔡老師。那時牟先生受邀回台大講學，住在基隆路學人宿舍。一天傍晚，我到學人宿舍探訪牟先生。進門的時候，看到已有一客人在座，雖然個子不高，但體型壯碩穩重，經介紹才知道是心儀已久的蔡老師。交談之後，發覺他十分尊敬牟先生，對牟先生的學問也異常精熟，性格溫厚、沈穩，眞是人如其名。這個印象，二十多年了，始終未變。

蔡老師對牟先生的尊敬可以由下面的事觀察得知，首先是他對牟先生生平事蹟的收集，極其精審，許多地方連牟先生自己也不大能夠憶及之處，蔡老師竟然能夠做成詳細的記錄，並送請牟老師過目認可；因此牟先生過世不久，學思年譜可以快速出版，而牟先生的一生，也有一完整的記錄。其次是：牟先生剛去世時，蔡老師和同門一樣，都在傷痛的氣氛中籌備喪葬事宜，但他卻能表現沈穩不亂、順理而應的神態，主撰生平事略、祭文、輓聯和墓表。

他對牟先生眞可謂盡心盡意了。

學術上蔡老師大都以發揚牟先生儒學上的創見爲主，當然也有儒學現代化方面的論著，一般而言，甚少越出儒學的範圍之外；因而給別人的印象是他只懂儒學，其他並不在行，其實那是不對的。這從他的中國哲學史大綱，對道、佛兩家以及中國哲學史的相關問題，都能做到提綱擷要的簡述，要非對此中問題十分精熟，不能有如此精準而細緻的把握。

可是有些人卻認爲老師只是墨守牟先生的學問，沒有自己的創見，以此來批評老師的不足。其實開發和守成應該是同樣重要的。以牟先生學問層面的縱深和寬廣，要確實而完整的把握並非容易，而老師在中國哲學方面卻做到了。在牟先生的門人弟子中，他應該是第一人，所以在有關牟先生學問上有疑惑之處，都應該就正於老師。至於創發方面，牟先生的學問實是個高峰，要超越並不容易，若沒有眞切的把握而罔談創新，只是失根的浮議吧了。

鵝湖月刊創刊之初，舉步爲艱，百廢待舉，有號召力和入門性的作品最爲短缺，老師從那時起，即不曾間斷地供應稿源；雖然沒有經過統計，月刊發表作品最多的，除了首任主編曾老師之外，應該就是蔡老師了。鵝湖月刊辦學術討論會已經辦了十多年，大多數與會的，包括我自己，總是在幾回催稿後，開會之前，才完成論文；而老師卻都是最早交件的，從不須要催繳，這都是老師沈穩持重性格的表現。不熟識他的人，可能認爲老師天生性格就是如此；但是和老師接觸多了，才知道他的性格其實也頗爲狷急，容易緊張。而沈穩持重，從容不迫，其實是他後天修養工夫閒熟，達到變化氣質，從容中道的結果。我國的學問是生命的學問，即學問是用來調養自己生命的，老師可謂已得個中精髓了。

東海人文初薰時

楊秀宮

「哲學是學什麼的？」當親朋好友不只一次問到這個問題時，我意識到在浩瀚的哲學領域裡，爲自己「選擇」志向的重要性。可是，哲學到底包含多廣？初學的我又如何選擇重點？每一位啓蒙我的老師都是學有專長，都是循循善誘的教導好奇卻懵懂的我。

一個影響我做出志向選擇的重要因素，適時的出現在我的大一生涯裡。那就是蔡仁厚老師在課餘爲我們那一班同學所安排的「人文講會—論語研讀」。「人文講會」採取自由參加的方式，經過幾趟研讀以後，卻形成固定的成員，我也是其中之一。

我的室友不解的問我：「阿宮，難道你眞的喜歡那些之乎者也？或是你喜歡孔子、蔡老夫子……」室友不清楚人文講會的內涵與意義。但是，他的問題卻也包含了我的答案。我的確喜歡孔子的思想，我更直接感受到「蔡老夫子」的講學熱忱，以及他對我們這班傻呼呼的初學者的諄諄教誨。我的室友更不了解，在古典優美的四合院裡(文學院)參加人文講會的氣氛。還有那種得名師指導而與古人同遊的悅樂。

如今憶往，仍然萬般懷念東海人文初薰時的歲月，更感珍貴的是能獲得受教於蔡老師的機緣。茲逢蔡師七十壽辰，特述一段往事以表感念之忱。祝福老師福壽康泰。

妙萬物而為言

李瑞全

遠在七十年初，當我進入香港新亞書院哲學系，從學牟師門下時，即已常聞仁厚兄之名。由於港台兩地睽違，一直無緣拜會。第一次文字往來，當是仁厚兄主編牟師七十大壽祝壽文集之時，這也是我第一次正式發表的論文。其後赴美求學，八〇年應召回國到東海大學哲學系任教，時仁厚兄已從文化大學轉到東海，因而得以共事五年。在回國前，一位同門友人說：仁厚先生人如其名，於台中相會，即深感此言不虛。我當時方學有小成，且受教於唐師、牟師門下多年，於中西哲學頗能議論，豈無睥睨諸子之慨。與仁厚兄共事共道，常得教益，方知論述中國哲學之不易。此所謂「見君子而後厭然」，乃知學問確是先難而後獲，解悟之道豈易易也！在東海五年，朝夕過從，不但在義理詞章得到增益，尤其是在學道做人上，「君子溫良恭儉讓以得之」之義，略有所悟，這都是仁厚兄不言之教所啓發的，對自己的安身立命實不止小補而已。

有謂仁厚兄於牟師之學，只亦步亦趨，毫無己見云云，這是不知學問艱苦之俗見，也是對仁厚兄造詣不了解的濫言。西方哲學固然強調推陳出新，但也得要對先行的哲學有基本的理解，在義理上能相應，進而批判地調適上遂，方可說是有所創新。平常那種玩弄些新名詞，變些新花樣，動輒以爲有所見的文章，實質上只是恣意橫議，都是些無根之談。在論述牟師與中國哲學方面也有許多此種文字，根本說不上對牟師之學的理解，更遠離證悟、澈悟之途，故牟師在《心體與性體》序言殷殷致意，謂「非過來人不可輕議」也。牟師晚年常有感言：我寫的東西，還是仁厚最能了解！這並非泛泛的誇讚的話。事實上，仁厚兄除了引論和發揮牟師之義理以回應和討論當前的學術課題外，尚有許多銷融當代學者而自鑄的中國哲學專著。義理文獻的精熟，在當代學人之中，又有幾人可以相比的呢？仁厚兄以數十年如一日的沈潛功夫，用力於理解、傳揚、衛護老師的學問，若似不違如愚，豈眞是愚人之心哉！

去年重遊台中，共赴埔里一日遊，途中藉機請益牟師說「儒家之創生乃妙萬物而爲言」之義，得仁厚兄之條分理析，一解多年不得其意之苦。良師益友此之謂也。謹略記數語，以誌仁厚兄七十之壽。

師友道義，千秋永命

——我心目中的蔡老師

盧雪崑

我與蔡老師見面的次數不多，談話的機會也很少。但有兩次見面的情景卻是記憶猶新。

牟老師健在的時候，我就在與牟老師的談話中聽到蔡老師的名字。我的博士論文口試，蔡老師還是兩位校外口試委員中的一位。那次跟蔡老師見面，雖然算得上是在一個難忘的場合，可是，完試後蔡老師匆匆的回台灣去了，蔡老師留給我的印象還只是淡淡的。

一九九五年底，赴台參加《鵝湖》舉辦的「牟宗三先生與中國哲學的重建研討會」。甫抵台北，我就在《鵝湖》雜誌社見到蔡老師。儘管我與蔡老師並不熟絡，我還是一見面就跟蔡老師談到新亞研究所遭遇的困難。自從牟老師離開了我們，新亞研究所哲組博士班就因缺乏導師而停止招生。研究所的老師、同學都希望蔡老師能擔任我們研究所博士班的導師。蔡老師聽到新亞研究所遭遇困難，即時答允相助。並隨即在一張紙條上詳細寫上東海大學地址、電話、傳眞，以及家宅地址、電話交給我。這張字條我一直保存著。

最難忘懷的，還是那一次在牟老師墓園的情景。我記得，蔡老師站在老師墓前向老師講話，從墓地的設計、規模、形勢，到老師全集出版的籌備工作，仔細道說，那麼恭謹，那麼深情。此時此刻，我眞正體會到「祭神如神在。」「洋洋乎如在其上，如在其左右。」這幾句話的眞切義，不是知解可得，必須從篤厚的生命中體現出來。

蔡老師輯錄《人文講習錄》，「編印說明」末句說：「唯念師友道義，千秋永命；人文精神，萬古維揚。」此正是我心目中的蔡老師。

蔡仁厚教授七十壽慶賀聯

陳榮灼

仁心傳儒術
厚道述陸王

一九九八年十月於加拿大

遠客途中

金起賢（韓國）

東海林間依舊然
方知華心滾滾來
起看當儒打西波
賢哲聖朝無斷絕
返家忙中懷抱新
本以厚恩為大河
開拓鮮儒從晦庵
新人孤舟萬里程

記「蔡伯伯」

千炳敦

在人的一生中，要遇到很多人，有些人很快就忘了，而有些很難忘記。一九八六年孟秋，在台灣東海大學哲學研究所的一間研討室裡，我遇到了永遠忘不了的恩師蔡仁厚先生，那時候老師給我的第一個印象倒不是一位老教授，而是一位慈祥的老伯伯。當時我的語文能力還不夠好，聽都聽不好，而老師每次都很有耐心地說明給我聽。我深信，老師如此的耐心才使得我能在台灣完成學業。我還記得每次我交研究報告，就算是一萬多字的，老師還是用紅筆字字句句糾正，加以批改，有時候，我連問題也問得沒有道理，但老師卻回答得很認眞，我經常老聽不懂，老師再三說明前後關係，一直到我了解爲止。有一次，我把佛教術語「般若」的「般」念成班，老師就露出笑容告訴我應該念「波」。我深深感到老師在學問和教學上的嚴謹態度。

在讀碩士班一年級時，老師正好擔任哲研所所長，我們班一共有十三個同學，當第一學期結束時，有三位同學拿到獎學金，有些同學提出分配問題來，意見紛紜，不易了結，決定請教老師。老師的意思是：「從研究所所長的立場，我不同意分獎學金，但從一個老師的立場我很同意，這是由於公私不同的關係。從老師的立場，希望多一個學生能分享到優惠，不過分不分應該全由那三位得獎同學斟酌決定，這一點誰都不能多說一句。」十多年以來我之所以牢記這件事，因爲老師同時兼顧，而表現出兩種不同的考慮，我想這是極爲合理的見解，如此公私分明的處事原則，對我後來的價値觀有很大影響。

老師很自然地令我選擇儒學作爲主修，老師總是親自把儒學的眞面目顯現出給我們看，我似乎不是從讀書學到儒學，而是透過老師親身實踐懂得了儒學的道理。老師既是我學問的恩師，又是我人生的恩師。儒學的理論儘管能夠透過書籍而得到，但儒學的踐仁、盡性、致良知，倒應當在生活中尋找典範。對我而言，老師就是典範。

由於老師的親切安祥，當時我們班同學都叫老師「蔡伯伯」，這樣稱呼會不會不禮貌？但在我心坎裡老師確實就是蔡伯伯。今天我希望老師健健康康地看著我努力學老師。

衷心祝願老師七十歲壽辰快樂！

感念老師的教誨

黃瑞明

欣逢蔡仁厚教授七十壽慶，除爲蔡老師和楊老師所教養出色子女的孝心同感高興外，更想到自己從年輕時起就有幸受老師教誨指導，特敬陳受業經過，以誌感謝。

聞識蔡老師大名時我才十六歲，正讀高一，楊德英老師爲了鼓勵幾位國文月考成績較好的同學，送給每人一本《孔子弟子志行考述》。楊老師特別介紹作者蔡仁厚是她先生，書上附作者照片，不過這張照片與本人不像。我還記得有位同學調皮地接口說，本人比照片好看多了，楊老師莞爾一笑。

隔年中秋節楊老師突然邀請我和另一班的鄧克銘到她家用餐，從私淑到正式認識蔡老師，這是生平第一次到老師家中作客，心中非常拘束忐忑，又深覺受寵若驚。現在回想起來，當時雖然懵懂無知，但已感受到老師對學生的用心與關心絕非僅止於課業上的傳授，而是懷抱著更大的教育青年與文化傳承的理念。

高二時與鄧克銘在台中一中合辦「國學社」，由蔡老師擔任義務指導老師，透過蔡老師邀請校外學術界人士到學校演講，蔡老師自己也講了好幾場，這是在聯考壓力下的高中生活中唯一留下的課外活動的記憶。也經由老師指引而得以漸次接觸唐君毅、牟宗三、熊十力、徐復觀等當代大儒之書籍，開啓了認識中國文化之門。

上大學、研究所後服兵役一直到就業出國，這段成長時期正值台灣社會政治變化騷動激烈，年輕的心每每隨外在的變動激盪不已，甚至涉入其中而心有所鬱結。便也常利用返鄉之際，攜同內子尤美女向蔡老師請益。每次與老師晤談，總感受到老師對於作學問、對家國天下大事之見解，有一股堅定沈毅的力量，讓人凜然而生端正敬畏之心；但老師在待人上又充滿了和藹祥穆之氣，讓人感受圓融的智慧。因此，每次見面請益總能有一些新的體會，並自然地生出一股新力量，重新審視自己內心與外在的變動。

我雖從事法律工作而未能追隨蔡老師從事文化及哲學之研究，但老師之身教言教率皆眞性情，且以人品爲重之教誨，對我日後的法律生涯有重大影響。我在德國工作期間體認到德國律師界尚存在以較高道德期許的自治自律，德國法律甚至明文規定以「人格」作爲甄選律師擔任公證人之標準，其中精神與儒家傳統有許多相通之處。因此回國後特於大學講授「法律倫理學」，致力於職業倫理之研究，並參與司法改革之活動。在律師界中見到較具抱負與理想的年輕人，往往也就是受到儒家學說薰陶較深者，分別致力於社會改革活動。其中不乏畢業自台中一中，並曾受教於蔡老師和楊老師者，師者之人格感召可見一斑。

蔡老師和楊老師於台灣物力艱難的年代，奮力著述發揚儒家學說，以仁智雙彰啓迪青年，其胸懷與擔當即爲儒家最具體之典型，我和內子何其有幸得以親炙老師教誨，本文實不足以表達感激與尊敬之情於萬一。

老大的老大

王邦雄

小時候我是西螺老大，帶衆兄弟讀書逃學的老大，那是土生土長、土裡土氣的少年時光。通過博士學位，與衆兄弟創刊鵝湖，肩負文化使命，我還是老大，資格最老年紀最大，那是修德講學任重道遠的中年歲月。

老大當慣了，頗有獨來獨往、來去自如的豪氣，當起牟老師的學生，才體悟到豪情氣勢是不行的，還得靠眞積力久的學養工夫。

而這樣的典型人物，就是蔡仁厚教授。早在文化大學當研究生的年代，就聽聞謝幼偉老師對蔡教授的推重。其後，我留系任教，與蔡老師有同事之誼，卻少有相處相知的機緣。東海哲學系成立，蔡老師家住台中，是首位被禮聘而去的教授。看起來距離拉遠了，卻因著牟老師來台講學，陪老師喫茶談心的聚會甚多，才開啓了跟蔡老師做學弟做知友的二十多年交情。

儘管相處日多，蔡老師對我而言，是亦友亦師的，「仁厚兄」的稱號，一直喊不出口，叫聲「蔡老師」還是比較切合我內心的感覺，狀似疏遠，實則親近。

蔡老師人如其名，既仁德又厚實，是牟門中中青代共同的大師兄，任何場合，只要有他在，我的壓力就不會那麼大了，只因爲他是老大的老大。他一直關心鵝湖，支持鵝湖，在鵝湖內部出現信心危機的時刻。他站出來與保新、祖漢做了酒後交心的會談，甚至發表公開信，來延續鵝湖的命脈。所以，我是鵝湖的老大，蔡老師是鵝湖的大老。

牟先生在世，我們衆弟子眼中只有老師一人，似乎只要老師在，我們都可以在老師的羽翼下優遊自得。老師過世，才警覺保護傘不在了，我們得獨當一面，去開拓屬於自家的學術空間。

不過，就團隊來說，還好有蔡老師在，所有一代大師的身後事，門弟子所當撰寫的行狀、輓聯、祭文、墓表、年譜，都出自蔡老師的手筆。

慶幸之餘，我們也赫然發現，鵝湖大老的蔡老師，就要過七十大壽了。實在看不出來，蔡老師即將屆齡隱退，不僅因爲他根本未見老態，今年暑假還跟衆少年同登泰山呢！最重要的是他生命力蓬勃，著述不輟。大師兄的書，永遠超前厚重，爲的是給小師弟好看啊！

做爲儒門的學者，是一生一世的，何況他是牟門的大弟子，當代新儒學的保護傘，老大的老大已經會合同門撐持起來了。

不亦君子乎

翟志成

未識蔡先生面，便已讀蔡先生書。辛酉夏，余赴檀島國際朱子學會議，因問梁燕城兄：「蔡先生何如人也？」燕城兄即以「人如其名」作答。會議期間余從蔡先生遊，素心相對，樂數晨夕，飽飫溫潤敦厚、藹然仁者之春風，始信「仁厚」其名，蓋寫實也。越二年先生赴星洲講學半載，余方客食彼邦，遂得與先生朝夕過從。余小先生廿歲，先生於爲人治學之道，時時當機提撕指點，以實衡之，先生亦余師也。余幼即失學少文，於古禮法尤爲疏外，竊謂先生既爲棲霞首徒，余亦嘗從牟師問學，誼屬同門，故先生稱余爲兄，余亦以兄稱先生，誠輕狂簡慢非禮無法而實不自知也。蓋先生以兄稱余，份屬謙德；余以兄稱先生，則爲僭越矣。及長，粗識禮義，憶及昔時之失禮，不禁羞慚無地。然則十餘年與先生妄稱兄弟，先生從未有慍色相加，亦不直斥其妄，將謂余爲朽木腐土而不屑教誨之耶？抑憫余之失學無知而靜待其自悟耶？余雖不學，亦固知先生必不以不堪教誨而棄之也。犯而勿校，不知者不罪，此非先生之仁厚乎？語云：「人不知而不慍，不亦君子乎！」今稍反其意，以之稱美先生，並謝前愆。

※志成從學唐、牟、徐三師，固同門友也，稱以兄弟，不亦宜乎！乃志成深切自責，不亦君子之懷也耶！

仁厚謹識

為仁者壽

楊祖漢

記得還在香港唸中學時，便從人生雜誌中讀到蔡仁厚老師的文章，亦買到他由人生出版社印行的《家國時代與歷史文化》，這是他最早的著述。那部封面樸實無華，紙張略顯發黃的書，對後學如我者，是很有感發力量的。

及至來台就讀師大時，遇廖鍾慶、岑溢成二學長，大家一起談學問，說理想，對唐、牟二位先生及他們門下弟子，都不勝嚮往。蔡老師的名字，是我們經常提到的。後來大家有感於「人生」及「民主評論」已停刊多時，而潘柏世兄又倡議辦刊物，於是遂有鵝湖雜誌的出刊。其時鵝湖草創，艱難萬狀，牟先生在台的弟子都大力幫忙，而蔡老師尤其關懷備至，並撰稿多篇以相支助，這對於鵝湖早期之生存，是有莫大助益的。當時我們所見到的蔡老師正值盛年，頭角崢嶸，英姿煥發。他對牟先生謹執弟子禮，對後學和顏悅色，一種眞誠懇切之情，溢於言表，使我十分喜歡親近。

鵝湖辦了四年，同仁感到心力交瘁，有暫時停刊之想法。蔡老師以停刊易、復刊難，不可輕率而行，一再勸導。其間他特撰文慰勉鵝湖諸友，情文並茂，感人至深。鵝湖能細水長流，存在至今，實在是應向蔡老師感謝的。

蔡老師在文化大學任教九年後，轉教東海。當時他力薦由我繼任他在文化哲學系的講席。我當時年輕識淺，本無勇氣擔當，但覺蔡老師此舉有其深意，遂不敢辭。二十年來我能勉力於教學，在學問之途持續探索，不致退墮，實乃蔡老師提掖後學之舉所促成。

乾坤元德在生活世界中的實踐

潘朝陽　敬撰

觀諸中國上古典謨，均肯定宇宙世界大生廣生、至健不已。此觀點形成中國文化及哲思的獨特性質。《易傳》最能顯發此種特質。《易繫辭下》曰：

古者包犧氏之王天下也，仰則觀象於天，俯則觀法於地。觀鳥獸之文，與地之宜，近取諸身，遠取諸物，於是始作八卦，以通神明之德，以類萬物之情。

類似的語言，亦見諸《易繫辭上》：

仰以觀於天文，俯以察於地理，是故知幽明之故。原始反終，故知死生之說。精氣爲物，游魂爲變，是故知鬼神之情狀。

由此，我們知道，中國先哲根本的思維方式是通過對於天地萬物的實際密切觀察而澈底把握到宇宙天地的本質；此本質至剛至大、健行不息。至聖先師孔子，特以一個「仁」字點出之。儒門重要典册，均在大根大本處，突顯此剛健弘大之德。先秦時代的孔孟荀如此，宋明理學家如此，而當代新儒家諸先生亦莫不如此。

「仁」的宇宙世界即是一個大生機體；生命與意義不停息的創造和發揚，是此大生機體的本質，《易乾彖》曰：

大哉乾元，萬物資始，乃統天。雲行雨施，品物流行，大明終始，六位時成，時乘六龍以御天。乾道變化，各正性命。保合太和乃利貞。首出庶物，萬國咸寧。

《坤彖》則曰：

至哉坤元，萬物資生，乃順承天。坤厚載物，德合無疆。含弘光大，品物咸亨。牝馬地類，行地無疆。柔順利貞，君子攸行。……安貞之吉，應地無疆。

乾坤兩彖合一點明天地生生至健的盛德大業，這樣的宇宙生機觀，乃是歷來儒家的共見。當代新儒家創造轉化、重新詮釋了儒家的本體存有論。熊十力先生通透大易乾坤的仁德，直探宇宙大化的生機，而詮釋了宇宙和心靈的演進和豐富，熊先生曰：

乾道（即生命、心靈）始於隱藏，終於飛躍。坤道（即物質與能力），由流動性，而開始微凝，終乃發展爲固結與粗大的物質世界。……乾道無形，其幹運乎物質中，誠是隱藏。質和能，當其未成固結、粗大的實物時，不必是隱藏。而其勢甚隱微。……故隱有二義：曰隱藏，乾初以之。曰隱微，坤初以之。……生命和心靈，質和能，同是宇宙實體內部含載之複雜性。有先隱微、而後凝固、粗大。有先隱藏，而後隨緣出現，改造閉塞、沈墜之物質宇宙，爲生命力充沛活躍、光燄騰騰、生機洋溢、進進不已的

宇宙。（見《乾坤衍》，頁二六四—二六六）

乾坤雙元合一的創建之德，永續無竭地創建了生機盈沛、進進不已的宇宙，隨其不斷的演進，其心靈終乃呈顯，因而表現爲人之能思能慮的存有，進而在洪荒宇宙中創造出各種精采多姿的文明社會。換言之，儒家的本體存有論預設了由宇宙論到人性論、社會論的連續性構造。儒家以「仁」總綰貫串之。牟宗三先生指出「仁」有二義，一爲覺潤、一爲健行，牟先生說：

仁有二特性，一曰覺，二曰健。……覺即就感通覺潤而說。此覺是由不安、不忍、悱惻之感來說，是生命之洋溢，是溫暖之貫注，如時雨之潤，故曰「覺潤」。「覺潤」至何處，即使何處有生意，能生長，……故覺潤即起創生。故吾亦說「仁以感通爲性，以潤物爲用」。……覺潤並無極限，其極也必「以天地萬物爲一體」。覺潤即函創生。故仁心之覺潤即是道德創造之眞幾，此即函健行不息，純亦不已。綜此覺潤與創生兩義，仁固是仁道，亦是仁心。……此仁心是遍潤遍攝一切而「與物無對」且有絕對普遍性之本體，亦是道德創造之眞幾，故亦曰「仁體」。仁心、仁體即與「維天之命於穆不已」之天命流行之體合而爲一。天命於穆不已是客觀而超越地言之；仁心仁體則由當下不安、不忍、憤悱不容已而啓悟，是主觀而內在地言之。主客觀合一，是之謂一本。（見《圓善論》，頁二五六—二六二）

乾坤創造眞幾的仁心仁體，就天地而言，指其生生滿盈、永續健行的自然生態的雄渾勢能，就人性人心而言，則是指其心德的自強不息及博厚敦篤。而儒家思想並不止於論天地和心性存有之道而已，儒家具有強烈、積極及正面的社會實踐存有論的價值取向。換言之，乾坤創造眞幾的展現，不僅僅在天地星辰的自然規律，也不僅僅在心靈唯識眞常的一點孤明內照，而必須是在客觀性的社會秩序和內容之獲致合乎仁義之道的妥適安排設計及實踐上，才能充盡其本質。

在傳統中國，儒家是在「外王」範疇發揮斯義，兩千多年來，一直以直接或間接的形式要求政統須上合於道統，在政治上，追求聖君賢相仁政的實行，此種政治理想，究其本體存有論而言，即是要求乾坤天地生生仁德落實於人間的政治層面和結構中加以實踐。歷代從政的儒者莫不懷抱這樣的理念而思有以踐成。然而由於長期的專制政體，儒家的政道實踐總是十分受到限制及扭曲。由於如此，在傳統中國，儒者所以轉而在民間社區，推展其講學、教化以及慈善救濟事業，可名之爲「社統」。透過社會或社區的客觀工作，傳統儒者在主觀上，希望將乾坤元德落實具現在人間，而不必然只有爲政一路的實踐。

儒家仁心仁體在社會層次上的充分實踐，在今天而言，更顯其豐盛滿盈的意義。胡塞爾晚年發展了「生活世界」的概念，指出前於科學客觀抽象化的具體之日常生活世界，方是屬於人們眞實存有著的世界，這個世界是創造生幾生生造化的源起、過程與結果。原來，儒家的乾坤元德所呈現展露的世界，其實也就是這個活生生的生活世界，此即是熊十力先生一生強調的「舉全體大海而爲衆漚」的「全體即大用」的哲學睿智之深義。我們依循斯義，當能體認當代儒家的「外王」的實踐，應是在豐富繁賾多元精采的生活世界中的「仁」之實踐。

因此，當代儒者的踐履儒家的生生慧智，並非僅只是在主觀的內面修爲心靈明覺，也非僅只是客觀上的從事於狹義的「治國平天下」的政治，更不必只集中在本體存有論的思辯上成爲一介專曲之士；乾坤元德的呈顯，在多元的人文社會層面而言，成就的是生活整體結構中的全面的實踐，士農工商的百業，均是儒者推拓展溥儒家仁心仁體的場域。換言之，我們應該促進當代社會產生譬如生態學家的儒者、醫生的儒者、工程師的儒者、飛機師的儒者、養豬業者的儒者、文藝家的儒者，……總之，我們要在社會上各行各業的結構和內涵之中，復蘇振興乾坤天地的生生元德，而不僅僅將它當作本體存有論的思想系統，在學院門牆裡面琢磨剔光而已。

儒家慧命常道在社會生活層或日常生活世界中平常性的實踐，本來即是儒家的本懷，但在近現代，由於國家民族的魔難，不僅儒家君子在其思想學問系統中，相對於其文化學術課題，有所忽略，就是一般人民在其生活世界中，亦喪亡殆盡，局面十分嚴重。唐君毅先生在其心念情感中，最能顯出這方面的憂慮，常常苦口婆心發之爲文，期盼喚醒國人的本心，能在生活上直接踐履乾坤元德。蔡仁厚先生在其著作中，關懷此慧命常道的苦心亦可謂深切廣遠矣，我讀先生此方面文章，特別是《新儒家的精神方向》、《儒家思想的現代意義》、《儒學的常與變》、《孔子的生命境界》……等作品，均能立即想到《易》〈乾坤〉兩大象：

天行健，君子以自強不息

地勢坤，君子以厚德載物

先生的學問、人品，正如先生之名，亦正是乾坤生生元德顯發之義，此義即「自強不息、厚德載物」也。今年（民國八十七）九月，參加在山東召開第五屆當代新儒學國際學術會議，常能親近先生，往昔，我對先生的認識是先生眞能善繼善述儒家往聖前賢的學術思想與德智，並且透過此繼述而進一步提揭了儒家常道的「現代性」與「當代性」，可謂「周雖舊邦，其命維新」，在蔡先生的著作中，常能顯出儒學常新勇健的精神。讀先生書，經常懷有「日新明德」之心，而能不斷提撕自強的志氣。牟宗三先生深廣高明的儒家道德理想主義，亦有賴先生的疏解詮釋，使許多年輕後學知道循門徑路序而進，先生功德宏大無限矣。如今，我更能體悟先生不僅僅是作學問的儒家，他更是生活和生命中眞正實踐乾坤生生元德的當代儒家。本來儒者即應是合學問生活爲一的實踐者，其價值亦須在生活世界中落實而踐成，而完成儒者的基本人格。但原儒之本來面目，因整個時風的迷茫與障蔽，已遺忘日久。今天，讀先生書並親近瞻仰其言行之深幾，在生命和心靈中確如慧日照耀而煙塵立消，而有清明皎白、朗朗乾坤之懷抱，這樣的懷抱正是孔孟以來歷代大儒體證的仁心仁體。蔡仁厚先生以其高明敦厚的德學，給無數的後學體現了儒家大君子的典範。

敬逢先生七十華誕，小子不敏，謹以此短文敬呈祝壽之忱。

師門孺慕：蔡師仁厚先生七十大壽

李得財

十年前，因種種因緣，我脫離原本摯愛的中文系，帶著一顆徬徨的心與對哲學模糊的認識負笈東海哲研所；我對中國哲學的初步認識便是在蔡老師「中國哲學史專題研究」的課堂上開啓的。

「札實明晰，循循善誘」是我在課堂的初步感受。當時，老師爲彌補課堂上只能偏重學術傳授之缺憾，每次課後總要與修課同學共進午餐，由老師作東而同學輪序參加。（那時，常有輪序到的同學因事不克參加，我總是欣然頂替前往，因此，獲益也最多）。席間，老師或延續課堂論題，或關切同學生活起居及人格成長，或暢論天下家國大事等。印象最深的是，有一次，論及儒家思想之種種時，老師說：「對我來說，儒家（良知）思想是個人生命的信仰」。望著老師堅毅而充滿光輝的表情，我頓時感受到一種宗教般的力量。因學殖有限，那時對老師所談論的許多論題其實多是一知半解而勉力吸收的；而且延續大學時代兩年基督徒團契生活之體驗，在個人生命之安頓處仍是徘徊著。然而，在師門薰習日久後，回返儒門正宗之呼喚卻已在心靈深處默默地醞釀著。

到了博士班階段，儒學漸成爲我主修的方向，並以泰州學派的羅近溪作爲博士論文主題，而由蔡老師指導。論文寫作初期，因自己學殖疏淺，進度格外緩慢，老師除殷殷關切外，並未苛責；其後，在處理羅近溪哲學之關鍵處，我與老師及牟先生的觀點有相當大的牴觸，並爲此掙扎良久。但老師並不以爲忤，且鼓勵我將它寫出來，並在論文口試時，替我向委員們說明其間之曲折。於此，我深深感受到老師仁者之襟懷與學術之器識，並永銘難忘。

論文寫作雖備嚐辛苦，但也因此有幸能與老師進一步的接觸。每次，一杯清茶在握，老師的話題依舊豐富。有幾次，談到返鄉與親族之種種接觸，老師興奮的表情立形於色，卻又難掩造化弄人無奈之情。有時，提及痛風的毛病又發作，我不禁感到歲月之倉皇，只有默默地祝禱了。而我最折服於老師品評古今人物之器識，總是一針見血，而直探其人生命人格之核心。

回顧這一路走來，雖有幸能躋身師門之列，卻一直慚愧於未能札實地闡揚師門義理。記得最深的是，多年前老師曾說過：「在學術的道路上，只要能眞積力久，不湊熱鬧、不撐門面，相信終有孤明自發之時；若終未能有所發明，那便是天資慧命之限制。」這種對學術之虔誠與信念，直是令我動容。然則，根器淺薄，且興趣多變如我者，恐怕仍是徬徨掙扎多於期待的。

欣逢吾師七十大壽，謹述此師門孺慕之情，爲吾師壽，並致上最誠摯之祝福與謝意。

尚志謝師恩

周博裕

當年就讀哲學系初次接觸蔡老師的書，總是繞了好幾個彎，才能體會書中的義理，這並非老師的書有何問題，而是學生領會不足所致。但也因爲經過這樣長期的訓練，我才能有幸踏進中國哲學的殿堂，一覽其精彩，並開啓個人生命的另一境界。

我不願用陸象山讀孟子而自得於心的例子來比擬自己，只是在個人的印象中，高中的課業能讓人把書讀進心裡頭的，也當屬論語孟子兩書而已。但這僅只「知其然」，而未達「知其所以然」。通過老師的教導我們才得以「知其所以然」，漸漸地也才有能力進入牟宗三先生的義理系統。

上老師的課，除了領會其義理的疏解，更重要的是傾聽其運用哲學義理對現實社會的批判。更因爲老師疏導了孔孟荀哲學與宋明理學的脈絡，學生方得循序而進入儒家哲學的堂奧，甚至到目前爲止，想要研習宋明理學還是要有老師的書以導其先路。

當年我讀了老師的《孔門弟子志行考述》，便以班代表的身分，要求老師利用「孔孟荀哲學」的課，帶領同學前往台北大龍峒「孔廟」參觀訪問，老師二話不說立即答應。經過老師的講述，我們對孔子及其門人才有了更深一層的認識與感受，同時也體會到老師對先聖先賢特有的崇敬之意。說來這可算是孔孟荀哲學課程另一種方式的心靈洗禮。而更可貴的老師的信念始終如一。今年九月赴山東出席當代新儒學國際學術會議，有幸與老師同遊鄒城孟廟、曲阜孔廟、孔府、孔林。兩次參觀活動時隔二十多年，兩地孔廟的規模氣勢也大不相同，但我卻同樣深切地感受到老師那份對聖賢的誠敬之心。

緣於鵝湖雜誌的關係，我和老師及牟宗三先生有了較多的接觸機會，老師的性格與牟先生並不相同，但老師對牟先生崇敬有加，自然而眞誠，溫煦而親切。牟先生生前，老師將牟先生的學問消化疏導介紹給學生晚輩；牟先生逝世後，大部分的喪禮文字，亦都由老師負責撰寫，其中的師生情誼令人感動。我想師友相處之道絕不是建立在彼此的依靠，而獨立成長發展的個體才眞是撐持師友之道的支柱。

我讀了哲學系，也喜歡上了哲學，但能讓自己的生命有方向可循，人生的奮鬥有路可走，應該說是體會到中國哲學的價值及進入儒家學問之後的事。只是個人雖有了奮鬥的目標，但個性卻不免有些急切。此次出席新儒會議，因爲負責籌備工作，而與老師同乘一部專車，在青島到濟南將近五個小時的路程中，老師的談話正好一一鬆動了我急切的想法而作了適度的調整。的確，儒學的推廣工作應該是一種自然而然的事，它是一點也不能強求的。

牟先生曾說：「如果生命糊塗了，生命的途徑迷失了，則未有不陷於顚倒錯亂者。生命途徑的豁朗是在生命的清醒中。這需要我們隨時注意與警覺來重視生命的學問。如果我們的意識不向這裡貫注，則生命領域便愈荒涼闇淡。久之，便成漆黑一團了。」我受教於老師，自己覺得尙能經常自反，避免糊塗與迷失，而得以保持生命的清醒，此應是老師的啓發所致。然而，這豈是一句「感謝」的話語所能盡意。惟「生命的精進」畢竟是一無窮無盡的工夫，因此我願以孟子所說的「尙志」一語來激勵自己，並以答謝師恩。

溫馨的話語

李妙英

德英：

我想了很久，不知要怎樣給仁厚祝賀七十大壽。七十歲是人生一件大事，有你和孩子們替他作壽，算是有福之人了。

我們到了這個年紀，最寶貴的是身體健康，心神愉快。有你和三個孩子在身邊他一定是心神愉快的。所以我就想著給他出一些有助身體健康的主意。爲此特奉寄一些Vitamin及鈣片等補品，尙盼笑納，也算是我們的一點心意。在此祝仁厚

Happy 70th Birthday

健康，快樂

妙英
振興　祝賀

儒者胸懷

——爲仁厚先生七十大壽而寫

劉國強

「人生七十古來稀」，這句話現在看起來是有點過時，現代人活到七十歲並不稀奇了，雖然如此，人活到了七十歲，總是很值得慶祝的。蔡仁厚先生將七十歲大壽，子女們爲父親慶祝，準備出版祝壽文集，邀約父親的友朋學生寫文章，或許新潮的人認爲這是老套的做法，筆者卻認爲這是子女們送給父親最好的禮物，這種孝的表現形式，尤其在學界，今天並不見得有甚麼過時。筆者受邀爲文爲蔡老師祝壽，感到十分欣悅，也義不容辭。

第一次見仁厚先生是在一九八二年，那時筆者正在夏威夷大學唸博士，蔡先生來檀香山出席朱子大會，我和內子招待他在家中吃飯，見面前已久聞蔡先生的大名，見面時只覺人如其名，蔡先生是仁厚長者，和蔡先生接觸，就使我想起唐君毅先生，總使人感到溫潤、可親；蔡先生的眞誠，使人戾氣全消，使人生命也變得坦誠，人便在不知不覺中受感染而變化氣質。筆者看來，蔡先生的性格形態更像唐先生，但在人生的機緣上，蔡先生深契牟先生的學問而發揚不遺餘力。可見人的性格形態之不同不礙人在生命之眞中相遇，牟先生唐先生大半生相知相契，但唐先生牟先生性格形態便很不同。牟先生罵人，是牟先生的銳利與批判與對世俗厭惡的眞；唐先生包涵，是唐先生的仁厚與涵容對世俗不忍深責的眞。牟先生罵人，但並不涼薄，而是有仁者切膚之痛；唐先生包涵，但並不鄉愿，而是時刻自低處引導人提撕人生命向上，有智者當機接引之意。蔡先生仁厚包容似唐先生，然蔡先生對流俗之見不予假借，爲文講演皆予以多方駁斥，而更能使牟先生的慧見得以彰顯。

儒者或一切人宜在生命之眞中求相遇相接，而不宜把觀念橫梗心中，先封門立派，以隔斷人心靈相知相接之路。人之爲學問進路可有不同，用辭與用思之重點固亦可有分別，然只要是用心之眞，總可有相知相接之路。故我個人不同意有甚麼牟派唐派之派別。蔡先生大力推崇疏解牟先生的學問，牟先生有蔡先生爲弟子亦無憾焉。但蔡先生並沒有自稱是牟派，就我的接觸與體驗，蔡先生雖然會時常爲牟先生的學問辯，但蔡先生的心胸是開放包容的，比如說，他較許多人了解唐先生；他亦曾對筆者言自己了解西方的東西不夠，即表示有願意多了解西方的心胸；又有人提出「鵝湖學派」的名稱，蔡先生卻謂：「這種稱號，不是鵝湖成員所希望的。我們只論是非，不落門派，道之所在，尊之；理之所在，從之。如此而已。」（蔡仁厚著，《孔子生命境界——儒學的反思與開展》，頁四一四）。所以蔡先生也不會同意要分什麼唐派牟派。如自稱是唐派或牟派，也實在是不了解唐先生與牟先生的心胸，也是把唐先生牟先生看小了，而且在儒門淡薄，正需要凝聚以開新之時，更非儒者智者所當言。分門立戶並不是儒家的眞精神。蔡先生曾言人在任何時、任何地覺醒、實踐、表現儒家的道理與精神，皆可以是儒家（蔡仁厚著，《儒學的常與變》，頁一三—一四）。所以只要人在表現人性之眞的時候便是儒家，我認爲蔡先生之言最有識見也是眞正儒者之言。這是更把儒家與非儒家之對立打破，在生命之眞人性之眞中，一切人都可相接相遇，故一切人也可以是儒家，這是何等寬闊的心胸。

唐先生牟先生蔡先生皆是這個時代不可多得的人師，唐先生是我的老師，牟先生是我的老師，蔡先生也是我的老師。

雜感一則

鄺蘭夫（芷人）

在唸高中的時候，我開始接觸到一本雜誌，它對我日後的生涯規劃有著決定性的影響。這本雜誌叫做《人生》雜誌，而蔡仁厚先生是當時《人生》的常見作者。我的中學是「香港培正中學」，非常重視數理，而事實上也培養了不少世界一流的數理人才。例如，中研院數理組院士邱成桐君，本年度諾貝爾物理獎得主之一的崔琦，均在香港培正中學受到數理的基礎訓練。在這種教育背景下，當時，我在人文哲學上的知識來源，幾乎可說是來自《人生》雜誌。

由於當時常在《人生》上拜讀蔡先生有關儒家思想的文章，而《人生》雜誌在當時也是唯一傳揚儒家思想的學術雜誌。偶而，也能在《人生》閱讀一些西方哲學及有關當代哲學思潮的文章。於是，在高中二年級的時候，我便打聽當時投考香港的大學哲學系之條件，而報考哲學系的心志已到達不可動搖的地步。在進入香港中文大學崇基學院的宗哲系之後，慢慢也聽聞了哲學界的一些人士，奇怪的就是從來沒有機會遇到蔡先生，後來才知道他根本不在香港。

我在七十年代往德國唸哲學，臨行前，行囊裡放了幾本中國哲學的書，其中一本是蔡先生的《仁心的存養及其發用》。我當時非常喜歡這本書，後來在德國，便把這本書送給一位韓國的老教授。可是翻閱《東海哲學研究集刊》第五輯有關〈蔡仁厚教授論著類目〉，卻找不到該書。可見蔡先生著作豐富，才讓編目者漏列了。

在各種機緣際遇下，從來也沒想過我會把人生最好的青春在東海渡過，更沒有想過能與蔡先生一起共事。這麼多年來，蔡先生誨而不倦，勤於著述。繼牟宗三老師之後，蔡先生無疑是當代新儒學的祭酒。於我來說，歲月蹉跎，往事如煙。適逢蔡先生七十大慶，謹以〈雜感〉一則爲誌。古人云人生七十古來稀，今人七十只屬盛年。祈望蔡先生值此盛年，繼續爲東海哲學系發揮更多心力。

讀蔡先生的書，學蔡先生的為人

——賀蔡仁厚教授七十壽辰

顏炳罡

蔡先生，我是先讀其書，後知其名，最近幾年才得見其人。

蔡先生著書很多，最早見到的是《新儒家的精神方向》。我自覺或不自覺地進入當代新儒家研究領域，與蔡先生這部書有著很大的關係。記得十多年前，在山東大學哲學系的書架上發現了一本新書——《新儒家的精神方向》，當時只覺書名很新鮮，並沒有經意作者是誰，不過這本書向我敞開了一個全新的文化世界即「新儒家」的文化世界，大陸教科書固然沒有「新儒家」這個領域，老師在課堂上也從來沒有提及它，甚至研究文章中也沒有它。幾十年的文化壁壘所造成的海峽兩岸的學術阻隔，使雙方讀書人乃至一般學者對對岸的文化生態漠然無知。然而阻隔一旦敞開，無論其情景會有多大的不同，但彼此都會有全新之感。正是從蔡先生的書中，我獲得了這種感覺，了解到牟宗三、唐君毅、徐復觀等一代儒學大師的名字，了解到當代新儒家對內聖與新外王的理論疏理，對道德主體與認知主體關係的疏理，對中學與西學關係的疏理，接觸到「良知自我坎陷」、「道德的形上學」、「三統」之說等等特殊的文化話語。今天，這些話語早已成為學者筆下常用語，然而八十年代初的大陸學界，卻相當的新鮮、奇特。這些名言或思想當時也許還不能確知其意義或者說是似懂非懂，然而卻深感有繼續了解、學習之必要。正是在這一意念的驅動下，我慢慢進入新儒家的研究領域。

八十年代中後期，我參與了國家哲學社會科學重點課題《現代新儒家思潮研究》，負責收集牟宗三先生的學術研究資料，編寫牟先生的學案，進而展開對牟先生學術思想的研究。一年冬天，在天津一次會議上，課題組負責人方克立教授交給我一份複製的手抄本《牟宗三先生學行紀要》，作者是蔡教授。這份資料我視爲至寶，不僅給我提供了研究牟先生思想的線索，開啓了進入牟學殿堂的門徑，而且由此得識蔡先生的秀潤的筆迹。在這之前，我已經讀過蔡教授的《新儒家的精神方向》、《孔孟荀哲學》、《墨家哲學》等大著，對蔡先生心儀已久，此時得見蔡先生的筆迹，如見其人，特感親切。每一次打開學行紀要，如同接受蔡先生的面授與教導，自己提起全副精神，認眞讀著每一頁，每一行，每一個字符。在蔡先生的書中，我加深對牟先生思想的理解，學到蔡先生的治學精神，尤其是蔡先生至誠至公的學術態度。

一九九四年十二月底，第三屆當代新儒學國際學術會議在香港中文大學召開，在那次會上，見到了久仰的蔡先生。蔡先生舉止安詳，態度謙和，平易近人，給我留下了很深的印象。一九九六年七月，在台北中央研究院中國文哲研究所主辦的國際學術會議上，再度見到蔡先生。九月，我在會上作《儒學在當代中國之斷續——時代病痛與儒學的回應》的報告，講畢，會間休息，在講台還沒有走下，蔡先生拿著我的文章走向前台，指出我文章中兩處具體錯誤，其治學之嚴格，態度之誠懇，愛護後學之周到，使我大受感動。就在那一刻，我突然萌發了一種念頭：爾今以後，永遠記住蔡先生的恩德，學習蔡先生的風範，學習蔡先生的治學精神，學習蔡先生對待後進者的態度。

十多年來，學問上一直受蔡先生的恩惠，這種恩惠今後還將長期受下去。蔡先生雖說已屆七十華誕，然而老當益壯，學問更臻精純，新作不時推出，令我輩高興不已，也羨慕不已。「高山仰止，景行景之，雖不能從之，然心嚮往之」，以此向蔡先生祝壽。

從仁厚先生所贈書觀其「昭熊述牟」之志

景海峰

初見蔡仁厚先生是在戊辰歲末香港法住學會召開的唐君毅思想會議上。在這之前曾拜讀過先生的《新儒家的精神方向》《宋明理學》北、南宋篇諸書，於文字上已有神交。也曾聽南游星洲歸來的王守常兄提起過蔡先生，他與先生同期在東亞哲學研究所做訪問研究，守常繪聲繪影的描述和稱道不已的語氣，使我對先生更多了一層仰慕之情。所以那次在港頭回見面，並不感覺到陌生，反倒像是久已相識。先生在會上宣讀的論文《唐君毅先生論人格世界》，讓我有耳目一新的感覺，留下極深的印象。會間先生以新出版的《熊十力先生學行年表》一書相贈，更是使我獲益匪淺。在那以後，與蔡先生雖見面不多，往來不密，但先生在我心中始終是一位感情上非常親近的長者。今年金秋時節，在濟南開牟宗三先生的學術會議，我們再次相聚，蔡先生又以新著之《孔子的生命境界——儒學的反思與開展》一書相贈。拜讀之餘，驀然一覺，兩次贈書，已隔十年，時光何以如此之疾耶？

前贈書爲一學術年譜，所記熊先生修業弘道之事迹頗詳，因爲這些材料大多是我所熟悉的，所以當時讀來並無太多新奇感，反倒是書後附錄的幾篇短文引起我極大的興趣。特別是蔡先生對十力老人生命格範的分析，可謂精妙絕倫，直將一個熊十力活脫脫地畫出；言辭也力透紙背，盡把自家胸中積蘊甚久而表達爲難的一點感受和盤托出，那種被點撥而始心底透亮的感覺眞叫淋漓痛快。用「野人」、「眞人」、「大人」來描繪熊先生特立獨行的生命格範，也許別的先生也說過，蔡先生本人在早年的短文中也曾寫到過，但在我看來，唯有這《年表》所附諸文筆墨酣暢，無能過之。自從讀了這幾篇文章之後，我對熊先生的理解可以說進入了一個新的境界，蔡先生的體悟和描畫對於我來說實有畫龍點睛之功效。

後贈書爲一論文合集，上自先秦，下迄當世，所涉範圍幾乎就是一部完整的中國儒學發展史。我最感興趣的是卷中「返本開新」部分，特別欣賞蔡先生對牟宗三哲學的概括和總結。在《當代新儒學的回顧與前瞻》一文中，蔡先生用五句話（闡明三教，開立三統，暢通慧命，融攝西學，疏導新路）來說明牟先生一生的學術成就和對人類文化所做出的傑出貢獻，可以說講得既精簡又全面、既平實又深刻，往後人們的總結恐怕很難越此町畦了。蔡先生在牟宗三先生去世不久即出版了《牟宗三先生學思年譜》一書，儘管至今無緣得見，但我能想像到先生撰著此書的良苦用心和所耗精力一定不在上述的《年表》之下。（編按：蔡先生見到此稿，即日航空寄書將牟先生年譜贈與景先生。）

蔡先生謂：「我沒有見過熊先生，關於熊先生的爲人，主要是從牟宗三先生那裡聽到。」雖未曾照面，但不隔「江漢以濯之，秋陽以暴之，皜皜乎不可尙已」的崇仰讚歎之情，因蔡先生在精神上是與熊十力眞正接交了的，所以他能體悟到熊十力之爲熊十力，能把握住熊先生的精神人格。蔡先生親近追隨宗三先生四十餘年，相知之深自不待言，能以戒虛矜、戒誇飾的「落實之言」總結乃師的一生，更是一種心靈的相契和生命的投緣。蔡先生數十年孜孜以求，彰顯黃岡學術，弘揚棲霞哲思，於當代儒門實爲大有功之人。其爲人之敦厚，治學之樸正，說理之平實，言語之懇到，在同輩後學中是有口皆碑的。記得九月間，在棲霞悅心亭賓館大堂，與邱黃海兄曾有一番促膝長談，當說及蔡先生時，他的崇敬仰慕之情溢于言表，當時很令我感動。我想黃海的心境是當得了「誠摯」二字的，確是發自內心；同時這也不僅僅是他一個人的感覺，而是表露了許多人的共識和心聲。雖說我與仁厚先生接觸不多，相知有限，但對其「昭熊述牟」之志還是有所體會的，我衷心感念他在這方面的劬勞和功德。值此蔡先生七十大壽之際，撰成一聯，略表崇慕之情和敬賀之意：

昭十力人格，推本原始標舉子眞，光大氣象，巍巍樹起野（人）眞（人）大（人）；

述宗三學術，闡明三教開立三統，融攝西學，綿綿流向亞（洲）美（洲）歐（洲）。

戊寅仲秋初日于深大新村

蔡教授仁厚先生古稀誌賀

欒　棟

蔡陳常留聖賢心
公劉古歌是正聲
仁德師友芳澤遠
厚重長者口碑深
七海子弟傳經旨
十方桃李仰綸音
雅人高致金石壽
辰光年年照後生

一九九八年十月二十八日
欒 棟 恭頌於東海 大度山

遇見蔡老師

陳一峰

多年前某日的午後，下課時，趕緊將書本收起，走出教室找到老師，深怕遺忘似地，一股腦地傾洩剛剛上課讀書所想到的疑惑：即存有即活動者，爲何會被障蔽物隔斷，不能順其自性、活動不已，以成爲自家生命的眞實主宰？老師說：人有私欲習氣，不免放失其心；但那本體既是眞實又是健動不已……，數問數答，然而，困惑未解（當時的言說已記憶不清，大約如此吧）。

心中起伏不定地走出文學院，獨行在文理大道上，心中闇然，道旁綠樹成蔭，順著斜坡仰望，白日清朗，吾卻突覺茫然，蒼茫大地，誰堪共語，同游者誰。年少氣盛的我，就在如此的情境中，產了對老師的第一個印象。

課外的時間，老師又爲一群同學講解四書。效法古人聚會講學之風，又想延續二三十年前牟宗三先生「人文友會」之學脈。講習不拘形式，不事考核；又領我們遊孔廟，從迫促的課室移至風清日明的天寬地闊。諄諄然，只想讓我們從現代人的種種習氣機括中釋放出來，以會悟古人爲己之學（生命的學問）之深蘊。我們這群大孩子，聽在耳中，然歸入心地的，實在不知能有幾分。老師亦不催促，畢竟這門學問貴在自悟，若不悟，終究只算門外漢。因此，老師平居常慨嘆：現今的學子，多趨易於速成有功的西洋哲學（西洋哲學藉概念思辯來建構展開其理論系統，因此學者若能抓住一個概念，即有一分功效，故易於速成，雖然、欲全面深透地把握其理論之樞要，以步步展開其理論，得全盡之理解亦甚難），而中土賢哲之學則少人問津，又或取徑不善，難於相應。這個講習會，並無固定的期限，且講且行，至何境地即止於彼境，能爲此學留下多少善種亦難能詳加思量，遂亦根本不作此種考慮，只行其當行，止其當止。這段傳習終於散了，老師只說：各自奮鬥！

到了碩士班，有門討論課，由同學自己寫文章，找指導老師，然後在課堂上發表，與同學討論，請老師講評。時正翻閱陽明王守仁書，遂請老師指導並講評。印象中，老師並未先考考我，對陽明先生之學問究竟了解了多少、即答應了，並任我自行讀書寫作。文章完成，送到老師手中，老師看得異常仔細，字斟字酌，幫我改了錯字，提醒我的疏漏，而文章中有些論點，與老師著作中的解說不盡相同，卻被完整地保留下來。經課堂的討論後，老師又讓這篇文字發表在期刊上，公諸於世。這可說是我在學問的領域中，第一次獨立運思，嘗試著釐清並形構一整套的觀念（小小的一套），這個行動在老師的寬容下，成形了，有了結果。

我的碩士論文是蔡老師指導的，然其中有此曲折。起初我想處理德國哲學康德（I.Kamt）的理論，主要是他對知識活動的分析，而焦點自然是著名的「Transcendental deduction」（超越推證），於是找到所裡另一位教授商量，那位老師告訴我，時間上可能來不及，要我再考慮。剎時，我有些慌亂，不知如何是好！考慮了好久，突然想到，不久前在寫〈陽明言「物」諸義之解析〉（蔡老師指導講評的那篇課堂報告）時，曾經花了些時間整理《傳習錄》與《王陽明全集》，若以王陽明爲我碩士論文研究的主題，似乎可行。於是我大著膽子，有點不安的去找蔡老師，將前因後果全跟老師說了，並問老師是否可行，是否願意指導我寫這篇碩士論文（其實那時還不是非常清楚要寫些什麼，只有一個方向而已），像上次一樣，老師欣然同意。

或許這番曲折，耗了些力氣，接下來的日子裡，我像散了似地，只隨意地讀書，整理文獻，偶而找老師談談，全然沒有積極地投入論文的研撰。隨著時限的迫近，有一天，老師問我：大綱寫好了嗎？我心虛地說：還沒有。這時我才警覺到好像該動筆了。

這一動筆，發覺到寫一篇有份量的論文，對我來說，竟是如此地艱難！又延遲了一段時間，才在期限的壓力下趕緊寫作，那是一段天昏地暗的日子，我強凝精神，一邊整理資料，一邊寫作，寫好了立即送交老師，老師仔細看過，與我討論過後，又趕忙送去打字，最後再回到我這兒校對。在有限的時間中，就這樣週而復始地一章一章緩慢地、急迫地寫成。老師辛勞地幫我隨到隨看隨改，伴著我渡過那昏天暗地的日子。終於趕在期限前完成了，並通過口試。

從進哲學系到碩士畢業，整整五個年頭（我在大二時轉入哲學系），雖然並未時常親近老師，但在重要的時刻，老師總是願意助我一臂之力，讓我順利地越過理解上的關口，或學問進展上的關口，我所感受到的，像極了先儒所言：「己欲立而立人」的「成物」之心。我在學問的領域中，若有立足之地，老師寬容而循循善誘，並示之以平常的培育之功不敢忘也。

吾生也疏野。疏者，不善緊密地籌畫，安排步驟，以完成某事；野者，沒有恰當的修養，以合宜地待人處物。僅有些許向學之心，而又常被性情上的悠悠忽忽所掩蓋。以此疏野不學之性情，竟能在學問的領域中立足發展，遇見蔡老師實是一大因緣。

仁厚先生七十壽序

——聰明何如篤實

曾昭旭

在大變動的時代，人要靠什麼來立身應世？絕大多數的人選擇聰明，我卻愈來愈覺得聰明沒有用，誠實才有用。

「誠」是眞誠面對自己，不逃避躲閃，也不虛誇僞飾；對自己是怎樣的人，只是如實認取。「實」是切實契入生活，不猶疑顧盼，也不盲目執著；對此生能有何成就，只是老實累積。若然，則早晚會了悟所謂自我，不過是一點眞誠不灰的心志；所謂此生，不過是一份孜孜矻矻的事業。此所謂易簡，也就是圓成。莫小看這樣的人生樸實無華，到頭來自然便從心所欲，水到渠成。

而聰明的人卻總想妄窺天機，火中取栗；要在時局將變之頃，就已掌握未來必將如何發展的後勢。卻不知時局愈是動盪，本質也就愈是虛浮，倏忽萬變，都只是假相。即使能精準掌握，也只是無謂的趨避，於人生理想的實踐，價值的創造何涉？也只是虛耗精神，畢竟成空罷了！

所以說，於亂世中安身立命，聰明是更沒有用的，篤實誠懇才有用。

長久以來我認識的仁厚先生就是如此。他也許不算聰明，卻眞是篤實。他認定了一個儒學，就從此認眞踐履，略無疑義。他選擇了以牟先生、唐先生爲代表的現代儒學的詮釋進路，就一生孜孜矻矻，鑽研日深。而且老實承認就是在繹述師說，絲毫不以爲自己可以超邁前賢……。

——在此，當知仁厚先生並不是不敢以爲，而就是不以爲。這蘊涵著他如實的人生態度與學問態度，就是：人本來就不該也不必存有超邁前賢的計較心。因爲以道觀之，誰高誰下是沒有意義的，而人則只須懇切行道也就是了，此外還須要有什麼企圖呢？

但沒有計較心企圖心的人其實反而是更可能成熟的。仁厚先生早年端謹謙遜，到老，面對昏亂俗世，反而時作獅子吼，用語遣詞，擲地有聲，透露出他內在逐漸累積的道德自信。

牟先生的弟子雖然衆多，但傳牟先生學問的畢竟還是以仁厚先生爲首出，我油然想起孔子門下的曾子。

而仁厚先生也轉眼七十了。是因爲時光流逝太快嗎？還是因爲生命存在本來如此自然呢？篤信好學，守死善道，勤勤懇懇，始終如一，是所謂君子之道，闇然日章者。因敬以此數語爲仁厚先生壽。

說緣與恩

賀蔡師七十大壽之慶

王財貴

猶記民國六十年頃，吾嘗問學於隱者掌牧民先生，一日，詣師草堂，有客在座，掌師爲我引介，於是得識蔡仁厚先生也。須臾，先生辭出，掌師指其背影語諸生曰：「蔡先生精誠篤學人也，他日吾百年後，汝等當以師禮事之。」時吾教執於台中市逢甲國小，先生於台中一中授國文，雖請益無多，而已心淑其人矣。

未幾，掌師既歸道山，吾輒北上師大國文系所就學，先生亦轉往東海大學哲學系任教。迨民國七十八年，吾提考碩士論文時，原指導教授牟宗三先生適在香港，不克親臨視試，校方電詢代理之者，牟師直指定曰：「東海蔡先生可！」。於是先生乃爲吾典試之導師焉。

其後，吾進文化大學哲研所攻讀博士，復求得牟師爲指導，論文方始寫作，牟師不幸謝世，乃正式敦請蔡先生爲指導焉。先生於論文之審閱，字句不苟，惠我良多；又論文提交之際，小有波折，先生且默默而爲排解之，於是始得順利焉。先生之爲學與爲人，眞乃吾良師也。

憶懌近三十年來，先生於我，其緣與恩有如此者，可謂緣深而恩重矣。

留取丹心爭剝復

——敬賀蔡仁厚老師七十嵩壽

謝大寧

距離第一次拜讀蔡老師的大作，怕不快二十年了吧！但就在月前山東的新儒學會議之前，我總共也只見過老師三次面，談了幾句話。說來也眞是慚愧，只源於自己的孤僻和疎懶，我乃很少有博習親師之樂，這眞是我的一大病。但說句良心話，在僅有的幾面之緣，甚至幾乎不曾談過話的印象中，老師的生命力度和溫靄的形象，卻一直是極爲清晰的，我也每能在其中獲得深切的感動。在我們這些後生晚輩的心目中，老師的舉手投足，言談吐屬，大抵就是一個「眞」字吧！唯其能眞，於是而有性情，能灑落，能沒有頭巾氣地堅持一個理字，而這點也就於我能有振拔和接引的力量。

我是常墮落而常需要振拔的人。我和鵝湖許多師友都不能算是太熟，但卻常喜歡引幾位鵝湖中的標竿人物來反照自己，老師自然也是此一意義下的我的標竿。我的性情是多狐疑而少能貞定的，此一性情促使我一直以一種和鵝湖師友頗不相同的心境，在接觸著牟先生的學問。我說我常墮落，便是源於我不能信，於是我會不斷和牟先生進行某種批判式的對話，這一對話於我而言，幾乎是一個必經的「起信」過程。在這過程中，其實我是常感受到破裂與不安的。也因此，我於老師在言談與著作中對牟先生所流露的堅定不移的「信仰」，常有一種不容自已的「羨慕」。

老師的學問路數，我必須承認我是不可能做得來的，但我也必須如此說，「重複即創造」這句話對我卻有一種恆常的震動力。這是一種不見得關乎學問的生命的撞擊，我每每喜歡沉浸在這種由信道之篤所流露的生命輝光中，因為其中有來自信仰所煥發的溫潤，這溫潤自然足以撫慰如我一般的閻浮提衆生。我常在想，是什麼樣的人格力度乃能安於一種完全忠誠的「重複」呢？我猜想這裡面一定有一個眞理，一個生命的眞理，於是我於老師的生命有省。

這當然是個「儒門淡泊，收拾不住」的時代，在這個時代談儒學，我總愛將之描述為某種但求「護住心脈」的工作，可是也唯其如此，它是更需要生命力度的。這回，我有幸能在泰山的山道上，陪著老師走了一長段路，感受著老師站在聖人腳下的虔誠，然後我可以更清楚的知道，若想護住儒學的心脈，需要的其實不只是學力，它還更需要那個能頂得上去的生命，於此，我相信老師是無愧的。

非常感謝老師能允許我在老師壽誕的文集上，來表達我對老師人格、生命的崇敬。我不是牟先生的好學生，亦常有勞老師掛心我學術上的離經叛道，但我願藉此誠摯地說，我雖不可能如老師講學的方式來為學，但我卻絕對不會背叛由老師的生命所啓示的一條「留取丹心爭剝復」之路的。這不只是祝嘏，更是莊嚴的承諾！

人名與人品

祝賀蔡老師七十壽辰

黃甲淵

回韓國已經過了三年多的時間，每當我聽到有關台灣的新聞，就會想起美麗的東海大學校園和哲學研究所。但那裡如果沒有蔡老師，我在台灣九年的生活，便很可能只是一場空。

大學三年級時，第一次讀到蔡老師寫的《宋明理學》。當時我對中國儒學之理解很淺薄，讀解之能力也不夠，而且我發現蔡老師的講法與我以前所理解的儒學有所不同，覺得很新鮮，於是我決定留學台灣，一探究竟。

一九八七年九月，辦完入學手續，便向哲學研究所的助教打聽有關蔡老師的事，他說：「你想當蔡老師的學生，你放心，老師不但學問境界很高，人品也很仁厚。」當時我認爲「仁厚」二字只是一個名字，並不代表什麼。但過了一段時間，才知道助教爲什麼以「仁厚」兩個字來介紹蔡老師。原來「仁厚」不但是個名字，也顯示了老師的人品性情。

在台灣留學九個年頭，我學了中國哲學的精華，也學了做人的道理。同時有一件讓我印象非常深刻的事，就是蔡師母對老師學問的關切和欣賞。老師每次在學術會議發表論文，師母一定在場敬聽。我問老婆：「你也能這樣做麼？」他回答說：「那要看你的表現啊！」

記得我第一次用中國話發表報告，心裡很緊張。老師說：「你辛苦了」。這句話使我感到很溫暖。現在我要說：「老師，今天我仍然在辛苦之中。因爲老師教給我們的學問，我還沒有完全消化。尤其「仁厚」這兩個字所蘊涵的意義和它表徵的人品，更是我踐行的標的和效法的榜樣。欣逢老師七十壽辰，恭祝道福綿長，身心康泰。

陌生而又親切的蔡先生

李山

至今仍無福拜識蔡先生，不長的交往還只在信中，但先生的師者德風卻已在我心中矗起高崇的形象。

我之得以在書信中與蔡先生交往，是由於給牟宗三先生寫傳而帶來的善緣。偶然讀到牟先生大作《智的直覺與中國哲學》的節錄，當時的感覺好得如飲醍醐，徹裡徹外一股通明感。後來便莽撞地應了山東一家出版社朋友的約定，不知深淺地就要爲賢哲立傳。眞如老話說的：談何容易！上上下下地搜尋材料時，見到了蔡先生大著《新儒家的精神方向》，算是初識先生。還有一份《鵝湖》雜誌（八十年代以後的），上面也有蔡先生的文章，特別是分期連載的《牟宗三先生學行著述紀要》（年譜初稿），乍見這份文獻時，直大喜過望，差不多叫出一聲：謝天謝地！

加上牟先生《五十自述》、《生命的學問》及其他紀念文章，蔡先生的《年譜》就成了我不避隔膜之嫌地敘說牟先生證悲證智一生歷程的依據。但仍有許多問題，很想向蔡先生問清楚。此前我對台港的學者，也曾有過接觸的機會，雖然覺得他們學問不錯，但心態不免孤冷高傲，難以親近。我如寫信到台灣，蔡先生會如何對我呢？心中遲疑，久久不敢冒味。最後，終於鼓起勇氣，把信發出去了，但心中一直忐忑著。

有一天忽然接到一封看起來很精美的信件，是從台中市寄來的，蔡先生回信了！他對我所提的問題一一裁答，即使問得不恰當的問題，也不憚煩地作了指點。讓人意外的是先生還說，本想將新近修訂出版的《牟宗三先生學思年譜》送你一本，只因你寫的地址不詳確，怕丟失，所以沒寄。那時我任教的學院有「政治」二字，怕引起誤會，落款時就用簡寫把那兩字省去了。那可眞是自己的小心眼！這對我是一個度化，陌生的蔡先生一下子親近起來。更讓人感念的是，先生在信尾介紹過自己的家庭之後，說：若沒有不便，也請你介紹一下自己及家人情況。信讀到這裡，心不禁爲之一顫。實際上在我未開拆信封之前，就已經確信自己再一次幸遇一位師德以待人的尊長。又豈止是有叩必鳴的師者呢？那一聲來自遙遠的訊問，已把人帶到了先生那有德有福的祥和家庭中來。我年逾而立而未立，然辱勞師尊教誨亦多矣！我想起在業師啓功先生幫我找到工作後，有人當面稱道此事，老師只淡然地說：年輕人遇到難處，總得有人幫一下，我們都是這樣過來的。淡然的話語，卻教人泣下，永誌不忘！此刻我尚無福拜見蔡先生，尙無從論及蔡先生學問、道德之廣崇，但有這親切的垂教，完全有理由仰先生于我所熟悉的那些慈祥的師者之列。

在不太長的時間裡，用書信向蔡先生請益卻是頻繁的。先生不僅惠賜《牟宗三先生學思年譜》，還把其他相關大作，如〈牟宗三傳〉、〈牟宗三先生學思年譜撰述報告〉、〈牟宗三先生墓園記〉、〈牟宗三先生研究宋明理學過程之探析〉等的抽印本或複印本，以及先生近年大雅典重的詩、聯贈送給我，殷殷之情，感人至深！先生年近古稀，在這相當頻仍的信函往返中，從來都是有問即答，未嘗有一次拖延，倒是我的回信，反不免會有拖沓。其間的差異有多大啊！「萬行門中不舍一法」，於這些小事，先生之德風，不是煦煦可感麼！

今年（一九九八年）秋天，先生來濟南舜耕山莊出席儒學會議，行前還特意告知我具體日期。我因課務較重，未能趕赴山東拜謁向慕已久的先生，至今懊悔不迭。其間也曾試圖用電話問安，但沒有接通。後來知道，會議剛剛結束，先生就不辭路途勞頓，在登臨泰山和瞻拜曲阜孔廟之後，又飛車前往棲霞，去探望年逾九十高齡的牟師母。先生是重禮重情的人！

至今仍無福拜謁先生台前。眞希望在先生七十榮秩之辰能在壽筵席前，奉一巵觴。這當然是不實際的奢望。但會有那一天的。衷心祝願先生在從心所欲的華年裡，硬硬朗朗，身心康泰，常來內地講學弘道。眉壽應當屬於德高者，會這樣的。

高山仰止，景行行止。雖不能至，心嚮往之！

一九九八年十月二十八日

芳鄰佳偶

林文端

八十五年十月十七日搬入椰風名廈H棟七樓，一星期後傳出同事楊德英老師也買下H棟十六樓。她帶先生來參觀裝潢及參考空間處理。第一次見到蔡仁厚教授的感覺是學者之風，深思熟慮，臉上掛著微笑。八十六年初蔡家自辦雞尾酒會，宴請一中好友，天呀！楊老師一個人是如何準備那麼豐盛的精品呢？想必蔡教授應該是位廚房的好幫手！

遠親不如近鄰，蔡家與梁家既是同事又是搭乘同一部電梯，很快就熟絡起來。蔡教授的書房夠令人羨慕，藏書之多，字畫之美，難怪哲理思潮滾滾而來；他恩師的遺像供奉在窗軒台上，每日不忘參拜；有幸在美術館聆聽蔡教授的演講，出口成章，引經據典，一絲不苟，博得全場喝采！他每年都會出國開會宏揚哲理，打算退休後好好寫一部中國哲學史！

八十六年七月楊老師因腳傷不適合劇烈運動，決定成為椰風太極拳友，她靜靜地坐在旁邊觀看鍾師傅的一招一式，一星期後蔡教授也加入，從練拳的出席率與準時性，可看出蔡教授的生活嚴謹與規律，從打拳的招式與步伐，誰相信他要過七十歲生日？打完拳還會跳兩下，童心未泯；打拳時常看到他用手揩汗，打完拳還可以擰出紙巾的汗水來，一點都不誇張！

蔡教授早年隻身來台，對於自己建立的家非常照顧：兩男一女從小到大，他用愛心陪伴，用眞心鼓舞，個個成器！對楊老師更是疼愛有加，贊同她的教學理念與執著，讓她早出晚歸，專心輔導學生的課業，造就好多的菁英，贏得一中名師的美譽！大概蔡教授的廚房手藝不錯，所以楊老師能放心與同事們出國自助旅遊，捕捉美景於相機中，回來共享大地的風光與見聞。

今人八月楊老師提早退休，準備支助蔡教授撰寫中國哲學史的工作！只羨鴛鴦不羨仙，兩人同進同出，看電影、游泳、打太極拳！楊老師習畫時，蔡教授評頭論足之餘，最後也肯定她的梅蘭竹菊頗有韻味和風致！人生七十才開始，不是嗎？

從學蔡老師仁厚先生小記

邱黃海

已經記不起是什麼時候第一次有幸得識蔡老師仁厚先生了。那時我還是師大國文系的學生，秉著鄉野青年一股向上的企向與拼勁，正隨著鵝湖師友的指導，對著宇宙人生的大問題進行著理論的探索、交換著實踐的體悟。當時鵝湖的氣氛全然是以文會友的。我們一兩個禮拜就在王邦雄老師家聚一次。往來的師友不只對理論知識問題的討論充滿著興致，在成德學道方面也是懷著諄懇精誠之意。十幾二十個人很輕易地就佔滿王老師家書房的每一個座位、每一寸地板。小小的書房擠滿了人，專注而熱烈地討論著，顧盼之間，卻也覺得這幾坪大的書房彷彿有如天寬地廣、皇皇而四達。哲學界的其他朋友也常有人在此出入，或專題報告、或參與論學。一個在哲學思辨與工夫實踐初識之無的學生，便是在這裡一次次地享受著他在其它時候、其它地方再也無福享受到的論學取友的盛宴。蔡老師即是我在這樣的福氣中得緣拜識的。

當時我對於來王老師家的師長都會特別的注意。第一次看到蔡老師時，覺得他氣性沉靜，一點都沒有煙硝味、也不露精彩，正大穩實的坐在那兒，神態之間頗是親切。當時鵝湖諸友皆是以才氣、光彩奪目的，從沒有一個人像蔡老師這樣。後來我才知道蔡老師這種精神氣象對我的影響日漸地明顯起來。

我跟隨蔡老師學習乃是在民國七十三年考上東海哲學研究所碩士班以後的事。當時我在東海新認識了一批朋友，問學論難好不痛快。我尤其喜歡與何淑靜姊、關亮清兄在一處，彼此在生命的學問上相互提攜。我們固然花了大部份的時間學習西方哲學，但是我們生命的眞正核心是要在生命學問的道路上前進的。我們互相砥礪、互相幫助、彼此學習。我們讀熊先生書、讀唐先生書、讀徐先生書、讀千古聖賢的書。我們不是以知識理論的態度去讀，而是以切己受用、尙友古人的態度去讀。我們常常分享彼此的心得、常常相互切磋印證。切磋之不足，便有折衷於夫子之想。於是我們就常常去蔡老師家。去著去著就越來越愛去。其實，蔡老師說的那些道理我們都懂。我們只是心裡敬愛老師，看到老師的爲人、爲學、知人、處事，就覺得有莫大的鼓舞。書本上的話都是抽象的道理，老師的眞生命是活的。看到老師活的眞生命，我們就知道聖人不虛言、對於自己生命之修己安人的前途就更篤定。不偏不黨、穩厚篤實，蔡老師的精彩與慧解好似一一皆消融於其中。當時我的智慧尙淺，不足以言理解牟先生。但蔡老師這大人君子的氣象卻一直默默地護持著我，讓我的生命不至走作，讓我的生命也能知所勸勵，也願一絲一毫地脫落其悁急躁進而歸於人情之正。王邦雄老師在第五屆新儒學國際會議時說道：「自然生命是父母給的，精神生命是老師給的。」旨哉斯言！十幾年來每想起唐先生、牟老師、蔡老師以及鵝湖師友的扶育輒覺師門之恩情如天之覆、如地之載。願終身居廣居、行正道，勇猛精進、日新其德，冀報師恩於萬一也。

今逢蔡師仁厚先生七十壽慶，謹綴數語，用彰師德；並以虔敬之誠，祝頌蔡師福壽康寧，德業永長。

祝賀蔡仁厚先生七秩誕辰

鄭仁在

與先生相識，已二十星霜。吾在華岡拜訪先生，甚深感受其仁厚之德，以至今日，未嘗改變。先生之學，與其生活如出一轍，可謂知行合一之典範也。心學眞髓，由當代大師牟宗三先生，至於蔡先生，益其精緻。「王陽明哲學」，譯成韓文，影響不盡韓國學界。

先生人品，顯露童顏微笑，不失赤子之心也。吾之女兒素伊，在加拿大得碩士時，欲學中哲，吾勸她讀於東海。有人問其故，吾答曰：「因蔡先生在東海故也。」吾對素伊云：「先學其人，後受其學。」

韓國後學　鄭仁在　一九九八、一二、一二

我對蔡先生的認識和感受

梁承武

一九七四年十月牟宗三應文化大學的邀請在哲學研究所主講康德哲學時，第一次是在華岡上課，第二次是在師大的大禮堂，當時聽講的人很多，所以未能有直接與蔡仁厚先生見面的機會。

第二年唐君毅先生應台灣大學之邀請，以客座教授的身分，在哲學研究所講中國哲學方面的課，從第一堂課開始，教室的第一排就有一位四十多歲，充滿書卷氣，舉止文雅的先生。我問了旁邊的同學，才知道是文化大學哲學系教授蔡仁厚先生，這是我第一次認識蔡先生，筆者當時是台大哲研所的研究生，來台灣第四年。以後雖然有機會能與唐先生和蔡先生見面談話，但僅止於寒喧，未能深談。

一九七六年九月至一九七九年七月間牟宗三老師應教育部聘請，在台大哲研所主講「宋明理學」、「南北朝隋唐佛學」、「魏晉玄學」、「天台宗與華嚴宗」、「中國哲學之特質」、「中國哲學十九講」、「天台學研究」時，筆者跟所裡的同學經常去牟老師的宿舍拜訪老師或上課，這段期間常常碰到蔡先生，漸漸熟悉了。筆者一九七六年九月進入台灣師範大學國文研究所博士班。一九七九年十二月在韓國退溪研究院的支持下，師大校方與退溪學會分會主辦「第四屆退溪學國際學術會議」，筆者當時是主辦單位的成員之一，擔任各方面的聯絡工作，蔡先生也參加了會議，發表「理性的全義與偏義」的主題論文，在會議上見面，彼此之間更爲熟習了。

一九八〇年五月份，蔡先生應韓國檀國大學東洋學研究所邀請參加「第十屆東洋學會議」主講的主題是「朱子學的綱脈與朝鮮朝前期的朱子學」，所以蔡先生需要相關的資料，筆者記得曾將「朝鮮儒學史」（玄相允著）一本借給蔡先生參考。後來他在辦理出國手續過程中，筆者替蔡先生辦理加簽手續以及訂班機、去大韓航空領機票、跟檀國大學聯絡等的雜事。十月八日蔡先生來台北準備赴韓城與會，當天晚上我們在通化街楊祖漢兄家裡聚餐聊天，後來發現他身上帶的名片不夠，我們提議影印帶去。第二天祖漢兄有課，筆者住處是辛亥路三段，比較近，由筆者陪蔡先生購買些茶葉等，帶到韓國去的小禮物，然後到松山機場與鄺錦倫會合去桃園機場送行。十月十四日晚上蔡先生回國，筆者在祖漢家等候，聽蔡先生談訪韓的感想，又送了我們一些禮物，讓人感到他的細心和慈祥。

一九八一年三月初開始，筆者回韓國，在中央大學中文系任教，一九八七年七月份率領本系的三十名同學組團到國語日報語文中心去進修中文一個月。進修結束後，租借了一部觀光巴士南下，訪問參觀中南部地區的各大學以及名勝古蹟，台中也是訪問地點之一，筆者事先與蔡先生聯絡，到了台中拜訪蔡先生以後，他親自帶我們到東海大學，給我們一行人親切的一一介紹；對東海大學的印象是感覺上校園並不很大，但是環境安靜優美，是讀書的好地方。參觀學校之後又到救國團的台中青年活動中心共餐。因爲我們的行程較緊，所以就與蔡先生分別，離開台中往溪頭去了。以後偶而利用寒暑假回台灣，也有拜訪蔡先生，一九八三年十月份筆者在母校師大撰寫博士論文，當時剛成家，正值新婚期間，帶著內子住在台北，有一次請了蔡先生及祖漢兄來寒舍聚餐，還記得做的菜是道道地地的韓國烤肉。

一九八四年七月，博士論文順利通過，題目是「朱子哲學思想的發展及其成就」，寫論文的資料多是參考蔡先生的專著。八月份回國之後就不能與蔡先生常見面了。

一九八七年八月，蔡先生第二次來韓國，參加韓國中國學會舉辦的以「明代的學術思想與文化」爲主題的「第十一屆中國學國際學術會議」，蔡先生提出的論文題目是「中國哲學的特質與中國哲學的世界化」。筆者擔任那一組的主席，很榮幸的能介紹蔡先生的學術成就與地位。他也很高興的說，能跟我們在一起進行討論，很有意義。因爲當時他指導的韓國學生不少，都已替他安排了會後參觀的地點和日程，難得來韓國一趟，筆者卻沒機會接待，甚感遺憾！

之後，我們又多次的在當代新儒學會議上見過面，去年五月在新加坡國立大學所主辦的「儒學與二十一世紀世界文明」之學術會議上、今年九月在山東濟南爲紀念牟宗三老師逝世三週年所召開的「第五屆新儒學會議」上，都有見面請教過。

筆者認識蔡先生二十多年，對他的感覺是慈祥而且平易近人，與蔡先生在一起不但沒有一點負擔感，而且還有溫暖的感覺，什麼話他都能耐心的聽取，然後再仔細的說明，是一位猶如父兄似的仁者，當爲此時代的楷模。

蔡先生是撰寫專著很多的一位學者；包括筆者在內，研究中國哲學的外國學生以及學者們，直接閱讀牟老師的著作是一件非常艱難的工作，有的人根本不敢碰，但是經過蔡先生的疏解之後，就比較容易接近了。尤其是「宋明理學」（北宋篇、南宋篇）兩大冊，以及「孔孟荀哲學」、「王陽明哲學」，更是詮釋儒家思想的代表著作，這部著作在近期內，由蔡先生的門生翻譯成韓文，即將出版。另外，還有「儒學心性之學論要」、「新儒學的精神方向」、「儒家思想的現代意義」、「中國哲學史大綱」、「孔子的生命境界」等著作。我們可看出蔡先生的義理規模，並且是了解、研究當代新儒學者必讀的專書。筆者在山東濟南曾向蔡先生請求，要翻譯他的「牟宗三先生學思年譜」，他一口應允，使筆者感到非常榮幸！

蔡先生曾於一九七九年十一月在「第四屆退溪學國際學術會議」上提出了「性理學的全義與偏義」的主題論文，以及一九八〇年十月在韓國的檀國大學「第十屆東洋學會議」上提出了「朱子學的綱脈與朝鮮朝前期之朱子學」之主題論文。經過這兩篇論文，他直接的與韓國儒學界有了接觸，當時蔡先生一面承認李退溪對韓國儒學發展的成就和貢獻，另一方面指出了退溪對陽明學的學脈理路似乎缺少相應的了解，所以退溪對陽明採取了直接批駁的態度。蔡先生又指出從儒學家內聖成德之教的義理綱脈來衡量朱子的義理系統，可見朱子並不完全符合先秦儒家孔孟與「中庸」、「易傳」的傳統。若以儒家的大流爲標準，朱子是不宜列於正宗之地位的。如果一定要朱子爲大宗，則他的大宗地位，正如牟老師所說的是「繼別爲宗」。他認爲牟老師的這個說法，是切當而不可易的。而這種觀點對於認爲朱子是儒家的正統、正宗，又「集北宋理學的大成」，並一直認爲朱子學是朝鮮朝五百年的指導理念、義理綱領的韓國儒學界來說，是非常大的刺激，並且難以接受，多少引起了一些問題。當時他們認爲蔡先生是反朱子的，反退溪的，貶退溪學的，反應相當熱烈。實際上韓國的儒學界並沒有經過仔細的分析和討論，只一味地批評和駁斥，自然而然的產生不相應又不必要的誤解和忌諱。

當代新儒學從一九五〇年以來，有著唐君毅、徐復觀、牟宗三幾位大師的學術成就，以及多位先進們付出了莫大的努力與精力，才能奠定了堅固的地位。特別是蔡先生對當代新儒學的發展方面，不僅是在學術研究上，就是在實踐上也都作出莫大的貢獻。

今逢蔡先生七十古稀，盼望能及早實現「重開生命的學問」、「完成民主建國」、「轉出知識之學」的當代新儒學的精神方向。

恭祝蔡先生　福如東海　壽比南山

一封晚到的信

楊慶亮

蔡老師：從每次您的來信中，我都可以深深感受到您對我的焦慮。您的焦慮是屬於親人的，情願我平平凡凡，也不願我受到傷害。離開學校後，我有很多話想說，但我沒有說。因爲我明白，帶著您的教導，我應走一條實踐的路。

今年喜逢您七十大壽，我慚愧在學術上一事無成，不便以祝壽論文爲您賀壽，心中相當遺憾。今年四月在國父紀念館導了一部戲，盼能當做祝壽獻禮。希望您能高興。

弟子楊慶亮敬上

仁厚按：

楊慶亮君，才氣內歛，性情剛毅。以過於朴質堅直，在人際關係上無端受挫，以致博士學程未完，甚可痛惋。唯慶亮剛正挺拔，故能發其忠憤貞潔，以新形式編導古典戲劇，如：東周風雲（趙氏孤兒、孔子的故事）、秦時明月漢時關（荊軻刺秦王、李陵的故事）、月子彎彎照九州（戲夢人生：岳飛）、留取丹心照汗青（文天祥的故事）、留得清白在人間（玄奘的故事）。一九九九年，又將於四月二十四、二十五兩天，在國父紀念館首演一部新編的大戲：「天行健——孔子與玄奘的故事」。海報宣示：這是一部令人感動至深的戲劇。

並且還說：

肫肫其仁，淵淵其淵，浩浩其天。無論何時何地，人都應有天地悠悠的情懷。

如此的表白，可以說是「藝與道的融通，心與天的會合」。中華文化原本就有「詩樂合一、樂舞合一、舞劇合一」的老傳統。可惜後人不賢不肖，未能善述善繼，光大發皇；遂使仁義、禮樂、劇舞，造成脫節失聯，此實文化生命偏枯之象。孔子有云：

志於道，據於德，依於仁，游於藝。

戲劇，正是「藝」的重要內容。戲劇之中，有情理節義，有語文聲容，有悲歡離合，足以激盪性情，善化人心，導正風俗，敦厚教化。苟能善加運用，自可臻於「盡美矣，又盡善也」的境界。慶亮移志於此，深合「君子以自強不息」之旨。慶亮念之哉！慶亮勉之哉！

戊寅冬月仁厚識於七十初度三十六日之前

歸德依仁、蘭桂騰芳

楊德英

1. 關雎

這篇文字不可替代，非我莫能言之，講學術，論流別，雖平日也有講習，終非我之所長。而以眞實生命印證「君子之道，造端乎夫婦」，進而體悟君子之德亦完成於夫婦，此則我能言之，並可因之而體認誠仁相通的境界。

我們新婚時，牟老師以函札祝勉。說是家庭幸福，關乎福分。歷來賢哲，鮮有美滿之家庭生活，西哲尤甚。此不正常，終屬缺憾。此雖關乎命運，亦實視乎修養。又說仁厚和我，皆敦篤樸厚，宜福之相也。望能福中修慧，慧中修福，是謂福慧雙修，不落凡俗。最後又告誡我們要時時勉之，勿溺勿肆。如今三十五年的歲月，證實我們確在修福修慧，不敢溺肆。

我讀南朝才女劉令嫺之文：「簡賢歸仁，乃隸夫君，幸移蓬性，頗習蘭薰。」常有同感。覺得自己擇婿，也是簡賢歸仁。我慧不逮劉女，而福命過之。每念及此，心中的感謝之情便似乎要滿溢出來。

2. 仁宅

我們住處題額爲「仁德居」。這三個字一方面是記實：仁厚德英的居所；一方面也表示願以仁德自勉。孟子說「仁，人之安宅也」，而「天下之廣居」，也正是宅心於仁的意思。

朋友常說仁厚很仁厚，人如其名。他對鄉情親恩，可說近乎耽溺。對子女的愛顧更是無微不至。有時偶施責罰，又覺不忍，反來撫抱溫慰，實在過分。我自己比較客觀理性，堅持原則。但結果我卻又忌妒兒女親爸爸多而親媽媽少的不公平。這就是我家父慈母嚴、舐犢情深的畫面。

3. 義路

我認識仁厚，是從宗教問題的論辯開始。這件事造成我們理性與感性在撞擊中交融成長的機緣。仁厚可以說是我心靈的接引者，使我湧發沛然莫之能禦的力量，願爲文化的傳續克盡心力。他不僅讓我活出了我自己，也讓我在花果飄零的情境中靈根自植，勇於播種培苗。我在台中一中的學生，常能獲得仁厚的指導援引，而得以成長開展。就人生靈慧的接續和心智的啓迪而言，這也是不可多得的福緣。

4. 繕性

在結縭三十五年的歲月裡，仁厚給了我和兒女絕對自由的空間，任我們海闊天空，隨意翱翔。我朝六晚六的教書生涯，他默認、不計較。有時帶學生去聽演講而遲歸，或者找學生個別談話到天黑，開始時，他等我，久之，便只好「自動」整治晚餐了。

後來我天天打網球，暑假還出國自助旅行，這時他便成爲全天候的「主夫」，家事樣樣都來，也都井井有條，而一手蔥爆牛肉，更是又滑又嫩，美味可口。誰也想不到吧，我們這位著作等身、道貌岸然的名學者，還是標準的新新好男人哩。

在他的薰陶之下，我們三個兒女，也能自然地成長，自由地發展，如今芝蘭玉樹，蔚然有成，欣喜無限。

5. **琴瑟**

仁厚當然也有缺點，譬如他性子急，講話很大聲。他自己說那不叫「生氣」，而是「著急」，但聽起來總像是發脾氣。還好，他每次著急都爲時短暫，一下子便又回歸正常了。但家常言語，仍不免會有爭議，有時他不耐煩，不等人把話說完，便攔路干涉，殊爲失禮。總算他意善心誠，而木訥的本性又足以彌補他的唐突。所以數十年的家庭生活，堪稱情意款恰，琴瑟和諧。

親朋好友都說我的命好。我有仁厚做夫婿，確實福份很大。加上三個兒女如此嘉美，更是喜樂愉悅。欣逢仁厚七十生辰，我深願替造化表功能，爲夫婿說實話。諺云：妻子眼裡無英雄。但在我的眼裡，仁厚實是謙誠君子、賢師益友。脾氣雖然稍大，但遮掩不了他的溫厚眞樸和潛德幽光。

八十七年閏五月端陽佳節

父親印象

蔡維天

遊子這天起個大早，揉揉眼睛窗外仍是灰濛濛的一片。雖然上了大學之後就很少見到這般天色，半天裡星星眨巴眨巴地也沒什麼不尋常的。不尋常的是床前擠滿了鼓漲漲的皮箱行囊，書桌上陳列著井然待檢的眼鏡，手錶，護照和機票。

他一腳狠狠的踢開城牆般的行李，騰出一角，穿上昨夜堆好在枕邊的衣褲和棉襪。聽著門外碌碌張羅早飯腳步聲，想起幾天前還爲少帶些行李和老爸鬧彆扭，心中不覺歉然，隨手又把東倒西歪的箱箱袋袋整理好，踏出房門陪老爸喝豆漿。

進了候機室，手裡緊緊捏著登機證，遊子才發現準備了這麼久，到頭來還是毫無準備。恍忽之間不知爲了什麼小事又和老爸鬧得不太愉快。

猛地回頭，家人模糊的身影已停駐在長廊的另一端，只得全心全力地舉手揮別。老父眼中的淚光閃爍即逝，但遊子永遠記得這和解片刻的平靜與憂傷。他大步邁入機門，獨自面對一個不確定的未來。

離鄉背井的這一天，可說是祖宗保佑；一路上飛機沒掉進海裡，乘客也稀稀落落。遊子索性扳開了扶手橫過來躺下，面對著照壁上無言播送的光影沉沉睡去。他夢見了心愛的女孩，卻記得未曾有過女友；也夢見自己在無止盡的期待下成長，卻甚少品嚐出人生的滋味。高空浮沉的氣流彷彿母親的手，疲憊地爲他搖出前塵往事。

※　※　※　※

這是留學時爲排遣鄉愁寫的掌中小說，題爲〈遊子心中的浮光掠影〉。雖只短短數行，卻是我對親子關係的眞誠詮釋。記得當時一邊寫一邊掉淚，頹然夢醒常不知是他鄉還是故鄉，如此反覆數日成稿。而今重回美國遊學，讀來又是另一番滋味；因以此文做個引子，談談我對父親的印象。

兒時的父親是嚴厲的。理論上他允許我到外頭玩耍，但條件是白白的汗衫不能弄髒，其結果可想而知。長大後偶而提及此事，父親總是搖頭苦笑，說怎麼能讓小孩嬉鬧，又不准把衣服弄髒，眞是不講理。兒時的父親是縱容的。他大概覺得小孩該及早見見世面，常用筷子沾著烈酒餵我喝。也因爲如此，長大後喝酒向來只有我扛別人回去，從沒失過面子。兒時的父親是偉大的。每日清晨他的背影總矗立在我惺忪的視野，時而沉思冥想，時而振筆疾書。出門上學前才見他微駝著背影，精疲力盡地倒臥床頭；在我小小的世界中，父親是曉月，也是朝陽。

成長的過程中，父親沒和我打過棒球，也沒教我紮過風箏，卻參與了我做過的每一個重要決定。高二從理科轉入文科，父親只淡淡地說好好考慮，要轉就持之以恆；眼光中卻不經意透露出些許憂慮，大約是擔心往後我會塡不飽肚子吧。上清大後我積極準備重考，父親卻興致勃勃地向我推銷中語系的好處；若沒有他這樣賣力說服，我大概也不會留下來走語言學這條路。還記得當年填志願時，母親怪我沒選哲學系，父親則淡然一笑；但到頭來父親的生命、學問還是與我有了交集：語言學家將語言視為人類與生俱來的本能，是人之所以為人的定義之一，也因此有了人獸之別；這和儒家對「仁」的看法相近，只是前者是採生物性的觀點，而後者則屬先驗。就這個角度而言，其實每個人都是一部活語法，其源頭是人類基因中內建的程式；只是我們從牙牙學語開始，語法已受外在環境的陶養而日漸成熟、定型，彼此有了很大的差異；這又與孟、荀對性善、性惡的論戰相關連。從方法論上來看，我的老師杭士基先生（Noam Chomsky）認為語言既是本能，那麼就該反求諸己，從自身母語導出語言的通性，探索普遍語法（universal grammar）的內涵，其立論頗有陸九淵「六經皆我注腳」的氣概。若再進一步推廣，我們可以說語言既植基於人類共通的本能，那麼就不該有優劣之別，更不該有偏狹的種族偏見，這又近於「天下為公」的理念了。

近來年歲增長，痛飲狂歌、大起大落的年少歲月已走到盡頭，也漸漸能體會父母的心境與人生的艱難。但偶爾，深夜的片刻寧靜仍會將我帶回十五年前：當時在學校出了車禍，很意外地父親冒著暮秋的寒風，老遠從台中來我宿舍探病。望著他西裝畢挺的背影順著宛延的山徑大步離去，忽然間我明白了一件事；或許我終究做不成父親這般的翩翩儒者，卻也無須強求。只希望能跨著父親的步伐走出一條自己的路，不負他的身教、言教。當日如此，日後亦復如此。

我的老爸

蔡維音

我的老爸是我心目中最好的爸爸。我和老爸有很多共同的興趣，從小就和老爸一起看武俠電影、金庸小說，最近則一起看德川家康（山岡莊八版小說）和大相撲，還可以交換心得。我還記得高中時堂而皇之的看金庸小說，同學很羨慕，覺得不可思議，問我在聯考前看武俠小說，怎麼不怕被家人發現，我就說你少呆了，這是我老爸買給我看的，我家有金庸全集啦，厲害吧。

其實，我老爸眞的很酷，向來都讓我們小孩獨立自主，自由發展，害我每次看到別人家小孩要爸媽陪考、接送、決定志願，或是因爲「找不到人生方向」而在那裡自怨自艾時，都覺得這些小孩怎麼這麼遜。可是，這眞的都是因爲我老爸實在太酷了，他覺得只要他端端正正、俯仰不愧，小孩自然會耳濡目染，也生長得健健康康的。老爸和我們談天論地時，與其說是在「說教」，實不如說是在「抒懷」，讓我們能體會到爸爸胸懷中蘊含的志向與關懷。

不過，有一個有名的老爸，有時還是會碰到老爸的學生或是讀者私下偷偷問：「你爸爸平常在家都是怎樣的啊？」這時候我都兇兇的說：「就是像我老爸那樣啊！」（失禮之處請原諒）可是我眞的覺得我的老爸，在家裡就是最好的爸爸，老爸在外的努力與成就從未成爲家裡的負擔，他在家就是好好的幫忙家務、撫育子女，和家人相親相愛，把爸爸的責任盡到最好。這才是老爸的學養在生活中最好的體現，難道你們期待我說我老爸都在家裡講道嗎？所以說我不喜歡人家這樣問我也是有原因的：難道你們看到這麼健康均衡的小孩，還不知道父母教育的成功嗎？（哈哈哈）

老爸要過壽，作子女的最開心的就是可以對童心俠骨的老爸說：

「爸爸生日快樂！做爸爸的小孩，也眞是快樂！」

以真心實意為父親祝壽

蔡浩天

爸，我學機械，沒有學文。雖然不太懂您那些專門著作，但您講的人生道理，我可以懂。您寫的短文，像「羅田岩之憶」、「農夫的哲學」……以及紀念牟爺爺的文章，還有就是有關孔夫子和他的弟子們的學行故事，我都很喜歡。

有一句話，我記得很清楚。您說自己平生有三不離：目不離書，手不離筆，身不離桌。在我的記憶裡，您的確是這樣。現在我已了解，一個人的成功，決不是偶然的。

我曾隨您回過江西老家，那一次媽媽沒有同行，由我負責攝影，也照了不少很好很美的照片，我自己很得意。可是，今年出差到日本，卻忙得沒有時間照相，實感遺憾。目前我的工作是汽車機械方面的研究發展，作得還不錯。我要以更大的努力，更好的績效，來祝賀您的七十大壽。祝福您和媽媽　福壽康寧

次子浩天三鞠躬

話我外子（綜結）

楊德英

仁厚的性格，中中庸庸，大家都感到他的平實穩妥，卻很少有人覺察他也常有一些「不與人同」的新意、新事。

首先，他用「表式」講學，以凸顯各家思想的線索和義理的分際。這種頗有創意的方式，既可幫助理解，又能加深記憶。例如〈宋明理學綜述通表〉，附在《儒家心性之學論要》書後，有四十多頁，可供參證。

其次，他秉持「凡事豫則立」的道理，早早著手牟老師的「學行著述紀要」，有了這個基礎，所以能在大師謝世百日之期，整理成學思年譜書稿而交付出版。仁厚說，他已經盡力。但仍寄望將來有人寫出更好的牟先生年譜。

其三，仁厚這個人，自尊而不自滿，自謙而不自卑。別人的優點，他十分肯定，自己的能力，也似乎並不刻意藏拙。由於他遭逢時亂，所以對自己的學思歷程特別鄭重。當他為兩代大師熊牟二先生撰寫年譜之時，便也進行自我省察，自訂學行著述年表。在人文學界，這也是一件罕見的新鮮事。

其四，他對儒家的德慧生命和文化理想，是全幅嚮往而融入的。他講習師門之學，也純然是本乎深摯綿穆的文化意識。他服膺學術之公而無所偏取，心中有師門卻不屑於標榜門戶，因此對於唐君毅先生、徐復觀先生的學思也同樣關切，而具有深入的理解和適切的表述。這是很難得的。

其五，他判析漢唐宋明之亡，除了朝政敗壞，還要看它淪亡之際的社會風氣如何，民間人才如何。他發現，漢、宋、明三朝雖亡，而社會元氣不衰，民間人才鼎盛。只有唐朝亡後，一切皆成虛無。整個天下，風俗不堪，人才荒涼。由此可以體察一個道理：光能「盡才、盡情、盡氣」，便只有發洩、耗散，而缺乏操持、涵養，那樣是不行的；必須同時也能「盡心、盡性、盡理」，乃能存養擴充相續綿延。世人都稱羨大唐，仁厚則認爲宋代自有超越唐代之處，未可輕看。

其六，朋友常說，仁厚人如其名。但有時候似乎也有一點狂情，一點霸氣（不過他一向橫不起來）。他直道而行，臨事無心，而別人卻以爲他是有意。他的言行，也常因別人之誤解，在不知不覺之間，而把某些人給得罪了。我提醒他要留意，他說自己本無心，本無意，而是性情使然，實在無可奈何。不過，他相信日久見人心，過些時候，別人還是會相知相諒的。

其七，傳統的讀書人，除了品學，也看重「文事」，所以人人都會吟詩寫字。平常所謂「文史哲不分家」，也是順著傳統的學問性格而說的。而新學尚專，門類繁多，所以現代知識分子，連生命心靈都不免要承受「割裂」，更不必說學術分工之細了。但我發現仁厚的學術生命卻能保持渾樸（幸未破裂支解），他的人文情懷也很眞淳深摯。而他的文章，似乎如他自己所說：「也能在平實中偶露鋒穎，在溫厚中忽現犀利」。數十年來，他在人文薰陶中自我成長，居然韻、散、詩、聯，都能稱手，而且時有新詞新語。這也是我很欣羨的。

本來，我還想其八、其九……寫下去，仁厚卻來干涉。他說，夠了，再寫下去，就變成吹嘘了。我想一想，他的話也對。就此打住。

民國八十七年六月二十九日結婚三十五周年

附錄

帚穗自拾

為東海大學哲學系第一屆畢業同學而作

「帚穗」，是我杜撰之詞。帚字，從「敝帚自珍」來，穗、禾成秀也。帚穗自拾，表示我對自己說過的話，寫過的文字，不無自珍之意。因爲無論它有多少價值，那總是我的眞誠和心血。別人取捨如何，非我所知，而我自己總是有著一份拾起自珍的心情。

一、大度緣

我和大度山結緣甚早。東海創校之次年（民國四十五年），牟先生來此任教，我也因而成爲大度山上的常客。後來牟先生赴香港大學講學，仍然沒有隔斷我和大度山的緣分，因爲還有徐復觀先生在這裡。五十六年春，徐先生應新亞書院之約，赴港作短期講學，要我接替他中文系的論孟課程。半年後他回東海，此課仍然由我教下去，直到五十九年秋我北上華岡爲止，一共教了三年半。六十八年東海成立哲學系，我便和你們同時來到東海。所不同的，是你們住校，我住臺中市，你們坐著聽課，我是站著教書。

我連續教了你們三年，這個緣分該是不淺的，起先，我們系的辦公室，設在圖書館右側靠後邊的一間，記得第一次系會，馮主任、謝老師、蘇老師、尤助教和我，加上你們班幹部全體，都出席了。班代蔡瑞霖、學藝陳麗如、康樂王露華等都說了話。我覺得你們都很可愛，很有向學之誠。我提早離席下山回家，臨走時，我說：「今天很開心，因爲我們哲學系第一屆的同學都很優秀。」如今，優秀的學生即將畢業，大學階段的緣分眼看就要散了，心裡不能無所感。

二、美中不足

感懷多端，從何說起呢？還是從教學說起吧。

我擔任的課程是中國哲學史、先秦儒家、宋明理學。對於中國哲學，大家都有一些印象和了解，說起來應是比較容易上路的。我曾提醒大家，讀中國哲學和讀西方哲學不同。對西方，我們是旁觀者，是客的身份；對中國，則是主人的身分，我們的生命與自己的文化生命是血脈相通、合拍合流的。因此，我們不可以將中國哲學推置於生命之外，而應將聖哲的德慧引歸到自己的生命之中，以期與文化生命有存在地呼應與感通。可是，這個意思你們似乎很少有幾個人放在心上。

我不能（也不忍心）責備你們，因爲大學四年，你們要修很多課程，而且一大半是西方哲學。西方哲學當然需要讀。我們系從第二年起，先後增聘了五六位老師，他們都是從美加德法回來而學有專長的新銳，我很欽佩他們，也常鼓勵你們多向這些位老師認眞學習。爲了西方哲學的課程，你們讀原文、查字典、寫報告，忙得不亦樂乎，我覺得你們表現不錯，可是，你們讀中國哲學的時間卻相對地減少了，而且大大地減少了。

還有一個頗爲古怪的原因。不少同學覺得讀西方哲學比較有「成就感」，因爲本來很生疏的東西，每聽一堂課便能知道一點，一兩個月下來，就感到頗有收穫，彷彿能把握到一些東西。而中國哲學方面的情形就有些不同，甚至相反。開始的時候，總以爲自己懂得一些，也常常有些意見。但你們的意見，往往不能得到我的肯許。我不是不想鼓勵你們，但說得不中肯、不妥當時，我能「爲了鼓勵起見」就濫加稱讚嗎？學問之事，一須不斷蘊蓄，二須漸次消化，乃能得其綱領脈絡，明其義理分際。中國哲學既有幾千年的傳統，其間自有規矩義法，不容隨己短長，胡亂講話。但如此一來，你們便覺得中國哲學越來越難，於是乎，讀中國哲學不容易有「成就感」，竟已成爲你們普遍的感覺。這種情形，我是知道的。但我認爲，學問要從累積發展中看：由累積見深厚，由發展見高明。因此，我並不喜歡你們這種時時要求「成就感」的心理，這太小家氣了。你們試平心想想，一個念哲學的人，如此沾沾自喜，易於自足，是不是「器小」之徵？我不希望你們這樣。同時，如果你們之中有人因爲讀中國哲學不易有所謂成就感，因而就忽視中國哲學，那就尤其「非吾所望」了。

東海是教會學校，正因爲是教會學校，所以更要重視中國學問，發揚中國文化，就在你們入學前後，梅校長說了一句很有器識的話：「我們要把中國文化的大旗插在東海！」我也一向認爲，所有辦在中國領土上的教會大學，事實上都是中國的大學。而一個中國大學裡的哲學系，也天經地義地要以弘揚中國哲學與中國文化爲職志。這不只是道理，而且是我們應該做出來的事實。但我檢討四年來的教學成果，發現我們未能「克盡職責」。這也就是這段小標題所謂的「美中不足」。

還好，雖然「不足」，畢竟有「美」。而補其不足以成其美，就是我對你們的期望，也是我願意與諸位共相勉勵的。學問總要「眞積力久」而後能「入」。沒有人能「一口吞盡西江水」，也沒有人一下子就能徹盡而無餘。所以，一方面要慢慢來，不能急，一方面也絕不可以「荒」「怠」。既是「學生」，就要用功，也要用心。用功是「學」，用心是「思」，學思交互爲用，然後可望有成。

三、中國哲學

去年，我在華岡和師大講過一個題目：「中國哲學的現代化與世界化」，講詞發表於鵝湖月刊八十四期。現在擷取三點意思，簡述於此。

首先，我提到中國哲學思想，不是「物本」，不是「神本」，而是「人本」。物本，可以導出重知識的文化思想，如像希臘。神本，可以導出重信仰的宗教文化，如像希伯來。人本，則發展出重實踐的，以生命爲中心的哲學思想，如像中國。依於「以人爲本，以生命爲中心」的智慧方向，我們可以把中國哲學的基本特性，概括爲二點：

1.本天道以立人道，立人德以合天德——天道與人道，天德與人德，相互回應。所以「天道性命相貫通」，乃是以儒家爲主流的中國哲學，最爲基本的義理骨幹。依於這一個義理骨幹，可以使人生與宇宙通而爲一，可以使道德與宗教通而爲一。因此，從根本處、原則處看，中國哲學所顯發的文化方向與文化理想，最平正、最通達、最高明、最深遠，是最適合提供全人類來共同努力，以求其實現的。

2.以仁爲體，以智爲用——仁通內外，智周萬物（周，謂周遍、遍及）。無論就個人成德或就文化功能而言，「仁智雙彰」的模型，都是最優越的。⑴由「仁」的感通潤物，而成己、成人、成物，這個從「體」上顯發出來的善意，不但有根有本，自發內發，而且是最爲普遍的善意。它可以感通於人類，通化於萬物，最後達於「與萬物爲一體」。⑵由「智」的明覺朗照，而知人明理，而開物成務，而利用厚生，全都是「智周於物」的大用。而且，由於以仁爲體爲本，智之「用」就不會脫離道德的規範，而可以完成道德的要求。所以仁智雙彰的哲學模型，也應該是人類哲學可以共同採取的。至少可以提供別的文化系統或哲學系統，作爲觀摩反省的借鏡。

其次，我認爲所謂中國哲學的現代化，不只是用西方概念來解釋中國哲學的問題，而是要使中國哲學顯發出「活」的意義，而能落實於現代的社會，以顯示它眞實的作用和價值。因此，中國哲學現代化的意指，應該含有二方面：

1.如何通過現代的語言觀念，把中國哲學裡面的思想和智慧，闡述出來，顯發出來，使它能夠爲現代人所了解，而進入現代人的生命心靈之中，以表現活潑潑的作用。

2.如何對中國哲學作一全面的反省批判，不但要重新認識和發揮出它的優點長處，更應該補救它的短缺和不足，以求得更進一步的充實和發展。這才是中國哲學現代化的積極意義之所在。

復次，我認爲中國哲學的世界化，不只是語文傳譯的問題，而必須進行中西哲學的融攝和會通，才有眞實的意義。而要想融攝會通，就必須有一步「判教」的工作。判，是分判安排的意思。也就是對不同的文化系統或哲學系統，分判它們的同異，確定它們的層級位序，以建立綜攝融通的基準。只要中國哲學有它的價值，它就可以在世界文化世界哲學中有一個位置。有了一個重要的位置，它就具有世界性的價值。必須彰顯出世界性的價值，中國哲學才有世界化的可能。就此而言，我認爲牟先生的「現象與物自身」一書，正爲哲學之融通提出了一個基準，通過牟先生這一步新的判教，中西哲學的價值都可以被承認，都可以得到一個安排。也必須這樣，才可以顯示哲學「世界化」的意義。

四、寄　盼

記得在你們一年級的時候，我曾說過幾句相勉的話。現在摘錄在此，看看是否可堪回味。

一個大學的每一寸土地，都浸潤著前人的心血，都蘊含著萌芽、長枝、開花、結果的潛力。大學是文化學術的土壤，全體師生都該來拔地氣，盡地力，尤其要發潛德之幽光？

不有前人之型範，何來流風餘韻？

不有後學之繼踵，何來慧命相續？

一代之學風，起於人心之所向，此起彼應，先後接續，便成風氣。語云：德能感人之謂風。重振學術，復興文化，乃是「人同此心，心同此理」的事，一經倡導實踐，自然上下同風，滋生力量。

進德修業，都是八字著腳的實工夫，我們要有「開放」的心靈，也要有「凝聚」的心靈，而對應目前散塌的時風學風而言，我們更要有「躍起」的心靈。躍起者，抗拒狂潮、拔乎流俗之謂。我們不能像顛狂柳絮，也不可學輕薄桃花。我們要有以自立，有以自處。茲就此意，略陳三義，以與同學勉勵：

一、但求沉潛，不湊熱鬧：人生不可無熱鬧，但熱鬧只是一團空氣，一吹即散。沉潛則是一份志趣，有了志趣，便能生發力量。

二、須立骨幹，不羨花樣：人間不可無花樣，但花樣實是幾番變幻，朝雲暮雨。骨幹則是一根支柱，既挺拔自己，亦撐持天地。

三、應求平正，不尚精采：生命不可無精采，但精光奇采乃是耗散，一洩無餘。平正則是一種態度，能平能正，然後乃能通達。

人的活動，有知、有情、有意；眞理的世界，有眞、有美、有善。我們不能只靠一點乾冷的理智，去衡量眞理，從事學問。學問者，學與問也。學宇宙人間之事，問古今中外之人。如果我們不能「橫通天下之志，縱貫百世之心」，又如何能開拓知識領域，以在人品學問上站立自己，進而擔負文化學術的責任！

四年來，你們都很用功，雖然這個「都」字頗嫌誇張。但從我們緊接於首屆同學畢業之後，即將開辦哲學研究所這件事來看，大家的努力畢竟功不唐捐。你們畢業之後，有的在國內考研究所，有的出國，有的就業，你們走的路，不可能人人相同。但有六個字，我希望你們能夠永記在心——「人格、學術、國家」。

1.人就是人，人要有「格」。永遠不要做褻瀆「人」的事。

2.學術就是學術，要獻身於學術（至少要支持贊助學術）。永遠不要做曲學阿世、褻瀆「學術」的事。

3.國家就是國家（不宜與朝代政權混在一起），今天中國在困頓中，但它不會永遠困頓。我們既已生而為中國人，就永遠不能做出危辱「國家」、褻瀆「國家」的事。

熊十力先生說過兩段話，我抄錄出來轉送給你們：

「今日所急需者，思想獨立，學術獨立，精神獨立。一切依自不依他。高視濶步，而遊於廣天博地之間。究諸依傍，自誠自明。以此自樹，將為世界文化開發新生命，豈惟自救而已哉！」

「吾先哲為學之精神嚮向，超脫小己與功利之私。此等血脈，萬不可失，哲學無此血脈，不成哲學。科學無此血脈，且將以其知能供野心家之利用，而人類將有自毀之憂。吾人今日，必延續此血脈，以為群生所託命。吾炎黃虞夏之胄，不能不勇於自往也。」

日前，我又從一篇文章裡讀到陳寅恪先生（文革之時，折磨死於大陸的名史學家）晚年之作「柳如是別傳」書中幾句話：「鄭氏父子之興起，非僅由武力，而經濟方面，即當時中國與外洋通商貿易之關係有以致之。……閩海東南之地，至今三百餘年，雖累經人事之遷易，然實以一隅繫全國之重。治史之君子，溯源追始，究此變之所由，不可不於此點注意及之也。」

這是幾句很有「史識」的話。三十年來，中華民國政府退守臺灣基地，確實是「以一隅繫全國之重」。今年一月三十一日牟先生在中國文化研討會上也曾指出，臺灣現代化所透示出來的路向，即是整個中國應走的大道。

我們縱觀歷史，從黃河流域，而長江流域，而粵江流域的各重要省區，都曾在國史上挑過大樑，做個主角，盡過它歷史的使命。今天的臺灣，正向國史舞臺大步邁進。在臺灣成長的中國青年，將如何創造國史上光輝而不朽的一頁？這已經是大家「無所逃於天地之間」的責任了。臺灣的山川靈氣，和大陸的河山一樣，必然要孕育出歷史性的人才。但大家如果只知「小我」，而不能投身於中華民族的歷史文化之大流中「受洗」，以化爲「大我」，則你的生命終將成爲「遊魂」，而無法進入「國史」，無法成爲中華民族的肖子賢孫。道理是如此的朗朗明白，實實在在；取捨去從，浮沉升降，就看諸位的抉擇了！

七十二年六月　鵝湖月刊

華岡九年緣

我與華岡結緣，其實不止九年，今標爲「九年」者，乃就專任教學年數而言之。

民國五十九年秋，我應謝幼偉先生之約，到華岡任教，在哲學系講授「孔孟荀哲學」、「宋明理學」、「墨家哲學」三門課。由於沒有適用的教本，所以同時自編三課講義（那時候，學校容許每一門課打字印刷講義六十頁。如今回想，覺得那眞是教學上的一項德政）。後來，這幾門課的講義，都先後增補成書而出版了。數年後，我讓出墨家哲學，改教「中國哲學史」，仍然自編講義，後來出版的「中國哲學史大綱」，就是以這份講義擴充而成。

此外，又先後應創辦人張曉峰先生之約，校點「王陽明全書」，準備出一部華岡版的王陽明全集。接著又撰「王陽明詩文選註」十萬言。這兩部稿子，都未能出版。但這兩步工作，卻使我在撰寫「王陽明哲學」時，獲得不少方便。還有一件事，就是吳怡教授負責籌編百科全書，約我寫了好幾十個字頭，共約六、七萬字。但這部書後來沒有下文。等我轉到東海以後，華岡終於正式組成百科全書編纂委員會，由宋晞教授總其事，又約我撰寫字頭（有稿費），由於上一次的底稿還有若干留存，可供參考採擇，使我省了不少力氣。

很多朋友都知道，雖然我和華岡在位的先生們關係不深，但卻對華岡有一份特殊的情分。原因很簡單，因爲華岡以「中國文化」爲底盤，這是別的大學所沒有的。我對華岡人（尤其華岡的人文人）有著一份特別的期盼，我覺得經歷過岡上風雨的人，要比別人對「中國文化」

多盡一份心，多盡一份力。如果我們做不到，就很難寄望他人了。我這個意思，在我敬輓張創辦人的聯語中也自然表露出來：

荒荒山頂起華園，當思廿載經營，未完宏願；

煦煦岡前接儒雅，最念九年教學，常挹清芬。

說實話，我對華岡是有深情的。我的深情關乎人、關乎事，但卻不定著於任何「個人」，也不緊貼於任何特定的事情。我這種通泛而卻具體的情分，別人也許不懂，但在我自己卻是眞眞實實的。因此，儘管我在華岡教學那幾年，臺中臺北來回跑，非常辛苦，而且有時連薪水都不能按月領到，但我從不計較。我知道，我確實在爲中國文化而奮鬥。這樣，就夠了。

在華岡那九年，先後發表五、六十篇文章，出版了四部書。（第五部書稿，也在離開華岡時大致寫成，於次年出版。）一般而言，這份成績算是很豐碩。但我自己最感安慰的，卻不是這些可以看得見的成果，而是那九年教學的精誠，確實有了相當的積蓄，而且已達到一種條暢通貫的境地。所以轉來東海的頭幾年，除了哲學系的課程，更爲外系開授中國哲學史和儒家哲學，同時又不斷寫文章，不斷作專題演講，更連年參加國際學術會議，宣讀論文。無論口頭的宣講，文字的抒發，都覺得「得心應手」，自己很感滿意。到今天，我在東海的時間即將屆滿十二年，又先後出版了七部書，每逢我翻閱自己這些著作時，仍然會牽引出我對華岡的一些回憶。何以如此？一句話，只爲了那個「中國文化」的「底盤」。說起來，各家大學也都是「中國的」，都應該以中國文化爲底盤。然而，今日大學的氣圍，以及大學校園的人脈

（此所謂人脈，乃指從人的生命中自然顯發的脈動與氣味），似乎無法令人感受到作爲中國文化「底盤」的意態和氣象。這或者就是我隱隱約約中的「基本煩惱」吧。

我這個人，從不憑空奢望任何事情，也不對任何理所應然的事悲觀失望。我的成長，本就是在不平不常的進程中走過來，所以碰到任何情況，我總能保持常態，照樣教我的書，照樣寫我的文章。在家裡，則一貫地做很不錯的老公，做相當好的老爸，我覺得自己是個正常而又有福氣的人。同時，我還要特別感謝上蒼，使我在離亂四十年後，猶能在江西老家拜見年逾八旬的高堂老母。天恩浩蕩，感謝無既。

華岡九年緣，雖已過去十多年，但今日我仍然擔任華岡哲研所博士班的教課，這眞可說是「香火緣不斷，慧命相續流」，猶記十年前，因爲見到研究生一份好卷子，特別賦詩一絕：

華岡煙雨日遲遲　各自辛勤各自知
十載浮雲遮望眼　於今喜見發新枝

華岡這座文化底盤，處於風水之地，宜當呼風喚雨，大作波濤。有志者盍興乎來！

民國八十年六月，華岡哲學系三十周年特刊

蔡仁厚教授 楊德英老師 伉儷專訪錄

台中一中校史編輯小組

訪者：老師，您二位在一中任教多年，請從頭說起，談一談一中的今昔。

楊：蔡老師比我早三年到一中，請他先說。

蔡：我是民國五十年八月，應黃金鰲校長之聘來一中。我本在基隆市一中，南下之前，楊老師的雙親要我們先訂婚，說是名分定了，大家安心。二年後我們結婚，住科學大樓後面新建的平房宿舍。次年長子出世，楊老師也由豐原高商轉來一中。那時候的教師待遇眞微薄，二個人的薪水，還不夠養一個兒子。如果小孩生病看醫生，到月尾就得向鄰居借菜錢了。同時，二個人都教書，小孩如何照顧呢？這要感謝教務處給予方便，把我們二人的授課時間錯開，我上完一、二節課，立刻趕回家，換楊老師趕去上第三、四節的課。這樣接力賽跑似的教學生活，延續好幾年。現在回想起來，覺得這一段「攜手同心，清貞勵己」的苦日子，實在情懷誠熾，回味無窮。

那時候的一中，頗有莊嚴貴矜之氣。首先是典重古樸的校舍，以及那體積不大而卻器宇軒昂的創校紀念碑，使校園裡涵蘊著一種本乎恆常而又超乎恆常的精神，而全校師生也在不知不覺中自然流露一份莊矜自重的貴氣，中部地區的父老（尤其學生家長）更是對台中一中懷著特異的親厚之情。這些都是別的學校所沒有的。當時的黃校長，爲人嚴毅簡默，卻特別尊師重道，在紛紛流俗中而能存行古風。譬如每年發聘書，他一定親自到老師家裡當面致送。而每週的週會演講，也都是人文的、學術的題材，而不作事務性的瑣屑報告。同學聽講，也自始至終靜靜聽取，細細領受，而略無懈怠之狀與吵雜之聲。我覺得這樣的週會，才是可以顯發教育功能的集會。

我來一中時，已經出版過一本書：香港人生出版社印行的《家國時代與歷史文化》，後來又由省教育廳獎助出版《儒學與文化》，同時第三本書《孔門弟子志行考述》也在陸續撰寫，後來由商務印書館出版。在一中的最後二年，我應聘到東海大學和中興大學兼課。在東海是接徐復觀先生擔任的論語和孟子，在中興則先教大一國文，後又改授荀子。大學和高中當然不一樣，但若通盤比較，覺得大學生的資質頗爲參差，不比一中同學整齊。

後來我北上華岡哲學系任教，九年之間往來於北中道上，每週有四天不在家。楊老師一面教書，一面還要照顧三個兒女，其辛勞可想而知。有一天，小女兒半夜哀哀哭泣，驚醒了楊老師，問她爲什麼哭？女兒說，我要爸爸，我好想爸爸啊！我聽說之後，心中好生不忍。後來東海成立哲學系，邀請我到校任教，這才結束了南北奔波的生活。但眞正說起來，華岡九年，對我實在意義重大。這九年的辛勤，我沒有覺得苦，因爲我心志彌篤，意氣奮揚。我曾說過，學問要從累積、發展中看：「由累積見深厚，由發展見高明」。我雖然當不起這二句話，但一直以此自勉。到了東海，大致上是學問的發用時期。除了講授先秦儒家、宋明理學、中國哲學史，以及研究所的專題研討，還不斷寫文章，不斷作學術演講，更連年出席國際學術會議發表論文。無論口頭的宣講，文字的抒發，都覺得很能「得心應手」。如果不避俗套，也可以說是「在華岡耕耘培育，在東海收穫享用」。

而對一中，我更有著深沉厚重的香火之緣與泥土之情。我家在育才街二號之二十三的宿舍裡，住了整整二十年，後來遷居北屯路（今按：現已遷回雙十路惠宇椰風名廈，又靠近一中了），而育才街的「舊家」，還是常常回去看一看，坐一坐，住一住。我們三個小孩都在育才街出生、成長。大兒子並在一中就讀三年，今夏他完成學位，從波士頓M、I、T回到新竹清華任教。前個月歡宴一中的老師，席間洋溢著育才街的溫馨，我們內心的感謝是滿滿、滿滿的。好，我暫時打住。下面，該請楊老師說話了。

訪者：對呀！楊老師在一中任教超過三十年，平日又特別關愛學生，與同學接觸很多，這些年來有那些學生是您印象最深刻的，請大略說一說。

楊：三十年來，教過的學生實在不勝枚舉。我應聘到一中時，還很年輕。記得初次走進教室，看到滿座都是比我高大的男孩，心裡眞有幾分驚懼。爲了嚴正容色，我特別穿深色的舊式旗袍，以配合我「抗顏而爲人師」的心態。韶光易逝，三十年一晃而過，教室依舊，講台依舊，而在我面前交相疊映的卻是不同的面孔，眞所謂「年年歲歲花相似，歲歲年年人不同」，而唯一不變的，是活躍在一中校園的人永遠都是「求知若渴、花爛映發」的青青子衿。

回思往昔，一切歷歷在目，言之不盡，說之不完。現且講兩個眞實的小故事，和「一中人」共同分享。

每年假期，東海大學都和教育廳合辦文化研討會，我也常常帶領同學前去聽講，聽罷上午，還要聽下午。中午時分，我們環坐在林蔭草地高談闊論，而成功嶺上的大專兵也正好行軍到東海校園作些操課。忽然間，一支行進中的隊伍在我身旁停下，領隊的官長跑前兩步，向我立正行禮，並大聲說：「楊老師好！」由於事出突兀，當時的驚愕、喜悅，以及那掩飾不了的光彩感，到現在仍然印象鮮明。原來這位大專兵的輔導連長，便是六十八年高三19班的班頭秦成勳同學。

而早一屆的高三7班，也有一個特異的學生林明宗。他聰明、狂傲、多才多藝。那年母親節前夕，我走向教室，看見門是關的，正感詫異，忽然呀然門開，全班同學起立，林明宗則以吉他伴奏，把他自己作詞作曲的一首歌獻給老師，那眞是令人難以忘懷的激盪和欣愉。不久，他又做了一首班歌，用英文唱給我聽。我一面稱讚他，也一面提醒他：我們的班歌，和校歌國歌一樣，要用國語來唱，不可以用英文。只要和我們生命血緣有關的東西，都要保持炎黃華胄的本色，不容假借，不容虛飾。

沒想到我的話引發他激烈的不滿，他利用作文，寫道：以他的才華，能作詞，又會譜曲，如果在外國，早已出人頭地了。偏偏他生在中國，爲聯考制度所桎梏。他恨中國，以當中國人爲恥……這些話使我非常傷心。我說你這篇作文寫得再好，我也只能給你四十分。他更加憤憤不平，大跳其腳。到高三下，他參加全校演講比賽，得第二，全班爲他祝賀，他卻拒絕領獎。他的理由是，高二他得第一，爲什麼高三只給他第二？我告誡他：你這種只能享受勝利，不能接受失敗的人，正是最脆弱的「外強中乾」者。二次大戰，英國勝利，邱吉爾說了一句警語：「除了失敗，沒有比勝利更可怕的了。」邱翁的話，是提醒英國人要警惕於爭取勝利所付出的嚴酷代價。而你今天卻虛驕地爲區區名次而鬧情緒，不顯得器量太淺太小了嗎！

但老師的話他聽不進去，幾次模擬考他都只求及格，卷子答到六十分，就交卷不再作答。他說，獎狀榮譽我多的是，有實力就好了，何必爭高分！結果「驕兵必敗」，聯考勉強上榜而已。過了幾年，他從國外寄給我他巡迴演奏的照片。又過幾年，他來信說他以「螳螂捕蟬，黃雀在後」的理念，開發出新電腦，成爲當地年齡最輕而納稅最多的人，他的照片也上了月曆云云。又幾年，他說他主持二十六個國家參加的國際會議時，站在主席台上，一言一行，都戰戰兢兢，不敢忘記自己是中國人。他還說，這都是被老師罵出來的。這個學生，是長時間連續不斷震動我心靈的人。

台中一中，本就是台灣各地的鄉賢，本乎民族意識和文化意識，抗拒日本帝國主義在教育上的不公道，而創辦起來以教育自家子弟的中學。這份歷史的光榮，是我們後人的驕傲。我能在這所學校任教三十多年，實在「與有榮焉」。

訪者：謝謝楊老師講的小故事，眞實感人。好老師教好學生，只是老師心目中還有許許多多優秀學生無法一一舉述，不免感到遺憾。下面，能否請蔡老師介紹幾位印象鮮明的早期老師。

蔡：一中老師很優秀，可以說都是好老師。幾年前，「國文天地」雜誌曾刊登過一中校友廖振富寫的「我的國文老師：三種典型，三種風範」。一位是他國中的老師，另二位便是楊德英老師和胡楚卿老師。作者描寫二位老師的笑容很有意思：「楊老師常穿一襲旗袍，臉上總是掛著溫婉和煦的微笑。她的笑，在婉約含蓄中，蘊涵著嫻雅貞靜的氣質，在我眼中，她簡直就是文教精神的具體象徵。」這種讚美，我看了很是受用。至於胡老師，他嘴角邊著的笑意似乎是說：「什麼事都不必太在乎、太計較，只要放開一步，人本來就可以活得好好的。」從這幾句描述，可知一中老師竟是如此可愛。

我不會這種描寫，只能質直地說一說。那時候，一中圖書館闢有一間供老師閱覽研究的專室。我常在那裡碰到二位英文老師，少者是現任台中市長林柏榕先生，老者是陳伯寅先生。他二位曾是師生，而一直互切互磋，教學相長，而且彼此之間，頗顯示一種類似親情般的溫厚。國文科當時也有二老。一位是馬福雙老先生，東北人，卻在西北做過專科校長。人很爽朗而風趣。但當他在自己兒子婚禮上致詞時，一副老氣橫秋的意態，便和平時判若二人。另一位是黃仲瑜老先生，廣東人，做過縣長，他人很倜儻，能酒能詩。我和楊老師結婚時，由美術老師李樹聲先生做男儐相（現在已是佛像專畫名家），他送一幅畫為賀禮，特別請黃老師題詩，詩云：「水清松靜在山深，蹊徑豈無道可尋；自是夷然輕杖履，煙霞一抹有知音。」出語自然，淡雅溫醇，後二句尤屬有味。

此外，還有一位歷史老師齊治平先生。他上課時從不帶課本，也從來不照課本講，一中的同學都說，聽齊老師講歷史，棒極了。可是有一年女中請他兼課，大概女生比較在意「老師講的要和聯考配合」，對於齊老師的教課竟然「反應欠佳」。當齊老師告訴我這件事情時，他那說話的神情，很難描述，也無從形容。我只想說二句話：齊老師是很有才情的，但齊老師也是很落寞的。

訪者：聽了蔡老師的回述，覺得一中早期的老師很有風格，很有味道。剛才蔡老師提到你們的長公子也是一中校友，現已得到博士學位，回清華任教。聽說老師的女公子也很傑出，正在德國修法律博士。這都是二位老師身教和言教的體現。能否請您談談如何教育子弟？

楊：對於子女，我們實在沒有特別的教育方法。身教是做出好樣子，立個型範，不需要另立教法。言教的天地，主要在教室，家裡則以生活語言爲主，並沒有一套有系統的教法。如果一定要說有，我只能說，我們的生活語言和家常談話，大致都能通情合理，不悖道義，在平凡之中顯示一個平實正常的模態，這可能會使兒女在不知不覺中受到一些薰陶吧。其他方面，看蔡老師能不能也說一些。

蔡：我的生命立場是儒家，生活態度則帶有幾分道家的意味。爲父母者，當然關愛兒女，但兒女的成長，本就是兒女自己的事，父母不必管得太多，尤其不宜強加干涉，只須從旁照顧，必要時提醒一下就可以了。在家庭裡面，多談些家常話（不可說教）。家常話裡，自會涉及立身處世、待人接物、也會談到人生、談到知識，也會關聯到文學藝術、歷史文化、政治社會。這樣不拘形式、不立主題，而教人的宗趣方向，自在其中。

譬如我出版十幾本書，並沒有要求兒女一一研讀。書放在書架上，他們自然會取來翻閱，兒女升學，我會介紹學門科系的性質，而志願選擇則由他們自己決定。大兒子讀語言學，成績斐然，他清華的教授和M、I、T的教授都賞識他。這表示他成長得很好，他的路走得很平正穩實。女兒先讀台大歷史系，後來自己轉系讀法律，我表示支持，結果讀得很好，在台大法律系、法研所，都算是拔尖的佼佼者。到德國慕尼黑大學修博士，語文、法科也很出色，並考取了德國政府的獎學金。這個女兒不是我們用心用力教出來的，而是她自我生長調適得很順正、很健康。當然，家庭的和煦、親情的滋潤，也是使兒女的人生之路得以正常發展的基本因素。所以，我們的小兒子雖然學的是機械，但他的生命，他的人生感受，還是很人文的。

訪者：聽了二位老師的談話，覺得做你們的兒女，眞夠福氣。最後，再請老師談一談對一中的期許和一中今後的方向。

楊：這是大題目，讓給蔡老師講。

蔡：八十年前，台中一中莊嚴出世，帶著大智大仁大勇，而方方正正挺立在台灣社會。

一、本乎民族意識，明辨大是大非，是「大智」。

二、不安於漢文教育受禁止，不忍台人子弟無法享受平等教育機會，而思有以改善之，這就是「大仁」。

三、聯合全台仕紳賢豪，共同創辦一所完整的中學，以光顯漢家「崇文教、育英才」的優良傳統，這是「大勇」。這豐富充實的智仁勇，正是一中精神的綱維。

八十歲的台中一中，已經累積了豐厚深透的閱歷，培養了明敏高超的智慧，足以立宗旨、定方針，以補偏救弊，推陳出新。八十年的時光，外貌形式自不免有今昔之不同，而精神氣脈則必前後相承而一以貫之。上述的意思，正就是我們對一中的期許，也應該是一中今後發展的大方向。祝福台中一中：

持志養氣，與時俱進；周雖舊邦，其命維新。

原載《台中一中八十年史》
民國八十四年五月

夫人楊德英女士榮休

母親退休時，台中一中國文科的老師和曾受教於母親的一中校友，在校刊「育才街」上發表「歡送楊德英老師榮休」以及「獻給楊德英老師」兩文。父親讀了非常感動。我們提議將這情文相生的文字編入壽慶集中·當做母親送給父親的壽禮。父親欣然同意。

維天敬識

獻給　楊德英老師

楊老師
您是母校的一部份
如今您要退休了
我們將必——
更加懷念您，
永遠祝福您

台中一中受教校友敬禮

楊德英老師，任教台中一中三十四年。學生敬愛她，同仁親近她。她待人誠懇，做事認眞，教學方面尤其熱心負責。六十二年當選台中市優良教師，六十八年當選台灣省特殊優良教師，七十四年榮受行政院二等服務獎章，八十四年榮受一等服務獎章。其他連年獲得的記功嘉獎，更是不勝枚舉。

學生心目中的典範

楊老師教國文，有的學生這樣描寫她：「楊老師常穿一襲旗袍，臉上總是掛著溫婉和煦的微笑。她的笑，在婉約含蓄中蘊涵著嫻雅貞靜的氣質，在我眼中，她簡直就是文教精神的象徵。」（廖振富〈我的國文老師〉，一九八八年四月號《國文天地》月刊。）另有學生則如此回憶：「楊老師教我們國文和中國文化基本教材，她不只是授業、解惑、更重要的是「傳道」。在她的教授下，國文不只是語文，也不只是文學，而是文化、思想、哲學、宗教等等的統括。」（林安梧〈一中、難忘的一中〉，民國八十四年《台中一中八十年史》二九九頁。）作爲一個教師，楊老師是全職、全天候的，從早自習到放學，她一直和學生在一起。她認眞講課，認眞改作文，並且還認眞批改週記，她通過週記和學生溝通對話，充分發揮了課外輔導的教化功能。

教學延伸，師資濟美

她的教學，不但從教室延伸到課外，而且綿綿延續到學生畢業之後。學生上了大學，上了研究所，仍然常和她通信，並不時回到學校或老師家裡探訪，遇到比較深奧的思想上的問題，楊老師還會把學生介紹給她的「外子」蔡仁厚教授。蔡教授是知名的哲學學者，也是當代新儒家第三期的代表人物之一。楊老師的學生們有這樣的師丈可以隨時請益，實在是學問上莫大的福緣。有一回楊老師夫婦出席新儒學國際會議，和台大哲學系主任張永儁教授相遇，張教授說，我們系裡最能理解中國文化和儒家學術的學生，大半都來自台中一中，原來是受到賢伉儷的薰陶，佩服佩服。從張教授的話裡，也可印證楊老師的教學，確實已在「杏壇」播揚「芬芳」。

學生有成，杏壇芬芳

楊老師教過的學生，很多都已成爲社會中堅，學界菁英。有在建築業界很有表現的惠宇公司副總龔健平，有專業國際商務的名律師黃瑞明，有曾任法官而又顯名日本東京大學的鄧克銘博士，有公費留英有成任教政大財經系的黃明聖博士。其他學有專精，業有專成的，遍布台港海外。其中一位特爲傑出的學界才俊，是台大博士、留美進修研究、現任清華大學教授、並借調爲佛光大學南華哲學研究所所長的林安梧。林君出版著作六、七種，他在第一本著作裡特別表示，說他對楊老師在人文思想上的啓蒙，非常感念。

春暉漫漫，書香家風

楊老師也出版過書，書名《倫理與文化》。其中一篇〈春暉漫漫〉敘述父母和家人。她外婆是早年女學的倡導者，舅舅和阿姨是小學校長和教師，父親是將軍，母親是書法家，一手顏體字，寫得渾厚有度。楊老師婚後和夫婿一同教書，生兒育女，「斐然成章」，長子維天博士，任教清華大學，女兒維音博士，任教成功大學，次子浩天爲機械工程師，任職國產汽車公司。年前，同事送她的生日祝詞有云：「楊老師身爲將軍之女，教授之妻，博士之母。人生如此，亦可以自豪矣。」台中一中的老師們，有品學，有智慧，有才能，有功績，而「有斐君子」也該有福有祿，有緣有命。謹以此意祝福楊老師，也祝福普天之下爲人師表的人。

民國八十七年夏月

謝詞

蔡仁厚鞠躬

光陰荏苒，忽忽已屆古稀。數十年間，幸蒙賢師益友，啓迪切磋。妻子兒女，親情溫馨。故雖歷經時代之艱辛，而福命幸未虛歉。天恩祖澤，感念無已。

老來精力，尙佳尙可。惟血壓偏高，骨質疏鬆，須加調護，不宜過勞。自今以後，將專注於中國哲學史之撰述，而普通文字，一般會議，宜當免謝。尙祈諸方友朋，惠加曲諒。

十二年前，自訂學行著述年表，重在反思省察。得失之間，冷暖自知。若或措詞失衡，願虛心受教，不敢自是。如今此祝壽集，脫略俗套，別出心裁，彙編學行著述年表、論著類目、酬應感懷之什與祝壽詩文而爲一，頗見停當。兒女心意固可喜慰，而友朋情誼尤深感謝。校讀一過，覺察其中實有誠直質樸之美存焉。唯以祝壽之故，率多溢美之詞，而未獲攻錯之言，不免愧憾。憶昔花甲之歲嘗有句云：「顧我青山不肯老，白雲舒卷心悠悠。」茲再稍作修飾，綴爲四句：

青山不老　歲月悠悠
海天白雲　貞心永留

深願秉此心情，與我家人友朋，相勉互祝，共勵精誠。

戊寅臘月於台中椰風北軒

國家圖書館出版品預行編目資料

蔡仁厚教授七十壽慶集：自訂學行著述年表・論著類目 酬應感懷之什・壽慶詩文輯錄
／蔡仁厚等編著. --初版. --臺北市：
臺灣學生，1999[民88]
面； 公分

ISBN 957-15-0932-9（精裝）
ISBN 957-15-0933-7（平裝）

1.蔡仁厚 - 傳記

782.886　　88000661

蔡仁厚教授七十壽慶集：自訂學行著述年表・論著類目 酬應感懷之什・壽慶詩文輯錄

著作者：蔡仁厚等
編輯者：象山書屋
出版者：臺灣學生書局
發行人：孫善治
發行所：臺灣學生書局
臺北市和平東路一段一九八號
郵政劃撥帳號〇〇〇二四六六八號
電話：三六三四一五六
傳真：三六三六三三四

本書局登記證字號：行政院新聞局局版北市業字第玖捌壹號

電腦排版：辰益打字印刷有限公司
印刷所：宏輝彩色印刷公司
地址：中和市永和路三六三巷四二號
電話：二二二六八八五三

定價　精裝新臺幣四七〇元
　　　平裝新臺幣四〇〇元

西元一九九九年二月初版

78293

ISBN 957-15-0932-9（精裝）
ISBN 957-15-0933-7（平裝）